故都学子：
北平城市空间与大学场域中的学生群体
（1928—1937）

Students in the City Space and
Higher Education Sphere of Peiping (1928–1937)

王丽媛　著

导师　邱运华

中国社会科学出版社

图书在版编目（CIP）数据

故都学子：北平城市空间与大学场域中的学生群体：1928—1937 ／王丽媛著 . —北京：中国社会科学出版社，2024.4
（中国社会科学博士论文文库）
ISBN 978 - 7 - 5227 - 3546 - 7

Ⅰ.①故… Ⅱ.①王… Ⅲ.①大学生—群体社会学—研究—北京—1928 - 1937 Ⅳ.①G645.5

中国国家版本馆 CIP 数据核字（2024）第 091614 号

出 版 人	赵剑英
责任编辑	张 潜
责任校对	孙延青
责任印制	李寡寡

出　　版	中国社会科学出版社
社　　址	北京鼓楼西大街甲 158 号
邮　　编	100720
网　　址	http://www.csspw.cn
发 行 部	010 - 84083685
门 市 部	010 - 84029450
经　　销	新华书店及其他书店
印　　刷	北京君升印刷有限公司
装　　订	廊坊市广阳区广增装订厂
版　　次	2024 年 4 月第 1 版
印　　次	2024 年 4 月第 1 次印刷
开　　本	710×1000　1/16
印　　张	15
插　　页	2
字　　数	255 千字
定　　价	85.00 元

凡购买中国社会科学出版社图书，如有质量问题请与本社营销中心联系调换
电话：010 - 84083683
版权所有　侵权必究

《中国社会科学博士论文文库》
编辑委员会

主　　任：李铁映
副 主 任：汝　信　江蓝生　陈佳贵
委　　员：(按姓氏笔画为序)
　　　　　王洛林　王家福　王缉思
　　　　　冯广裕　任继愈　江蓝生
　　　　　汝　信　刘庆柱　刘树成
　　　　　李茂生　李铁映　杨　义
　　　　　何秉孟　邹东涛　余永定
　　　　　沈家煊　张树相　陈佳贵
　　　　　陈祖武　武　寅　郝时远
　　　　　信春鹰　黄宝生　黄浩涛
总 编 辑：赵剑英
学术秘书：冯广裕

总 序

在胡绳同志倡导和主持下，中国社会科学院组成编委会，从全国每年毕业并通过答辩的社会科学博士论文中遴选优秀者纳入《中国社会科学博士论文文库》，由中国社会科学出版社正式出版，这项工作已持续了12年。这12年所出版的论文，代表了这一时期中国社会科学各学科博士学位论文水平，较好地实现了本文库编辑出版的初衷。

编辑出版博士文库，既是培养社会科学各学科学术带头人的有效举措，又是一种重要的文化积累，很有意义。在到中国社会科学院之前，我就曾饶有兴趣地看过文库中的部分论文，到社科院以后，也一直关注和支持文库的出版。新旧世纪之交，原编委会主任胡绳同志仙逝，社科院希望我主持文库编委会的工作，我同意了。社会科学博士都是青年社会科学研究人员，青年是国家的未来，青年社科学者是我们社会科学的未来，我们有责任支持他们更快地成长。

每一个时代总有属于它们自己的问题，"问题就是时代的声音"（马克思语）。坚持理论联系实际，注意研究带全局性的战略问题，是我们党的优良传统。我希望包括博士在内的青年社会科学工作者继承和发扬这一优良传统，密切关注、深入研究21世纪初中国面临的重大时代问题。离开了时代性，脱离了社会潮流，社会科学研究的价值就要受到影响。我是鼓励青年人成名成家的，这是党的需要，国家的需要，人民的需要。但问题在于，什么是名呢？名，就是他的价值得到了社会的承认。如果没有得到社会、人民的承认，他的价值又表现在哪里呢？所以说，价值就在于对社会重大问题的回答和解决。一旦回答了时代性的重大问题，就必然会对社会产生巨大而深刻的影响，你也因此而实现了你的价值。在这方面年轻的博士有很大的优势：精力旺盛，思想敏捷，勤于学习，勇于创新。但青年学者要多向老一辈学者学习，博士尤其要很好地向导师学习，在导师的指导下，发挥自己的优势，研究重大问题，就有可能出好的成果，实现自己的价值。过去12年入选文库的论文，也说明了这一点。

什么是当前时代的重大问题呢？纵观当今世界，无外乎两种社会制度，一种是资本主义制度，一种是社会主义制度。所有的世界观问题、政治问题、理论问题都离不开对这两大制度的基本看法。对于社会主义，马克思主义者和资本主义世界的学者都有很多的研究和论述；对于资本主义，马克思主义者和资本主义世界的学者也有过很多研究和论述。面对这些众说纷纭的思潮和学说，我们应该如何认识？从基本倾向看，资本主义国家的学者、政治家论证的是资本主义的合理性和长期存在的"必然性"；中国的马克思主义者，中国的社会科学工作者，当然要向世界、向社会讲清楚，中国坚持走自己的路一定能实现现代化，中华民族一定能通过社会主义来实现全面的振兴。中国的问题只能由中国人用自己的理论来解决，让外国人来解决中国的问题，是行不通的。也许有的同志会说，马克思主义也是外来的。但是，要知道，马克思主义只是在中国化了以后才解决中国的问题的。如果没有马克思主义的普遍原理与中国革命和建设的实际相结合而形成的毛泽东思想、邓小平理论，马克思主义同样不能解决中国的问题。教条主义是不行的，东教条不行，西教条也不行，什么教条都不行。把学问、理论当教条，本身就是反科学的。

在21世纪，人类所面对的最重大的问题仍然是两大制度问题：这两大制度的前途、命运如何？资本主义会如何变化？社会主义怎么发展？中国特色的社会主义怎么发展？中国学者无论是研究资本主义，还是研究社会主义，最终总是要落脚到解决中国的现实与未来问题。我看中国的未来就是如何保持长期的稳定和发展。只要能长期稳定，就能长期发展；只要能长期发展，中国的社会主义现代化就能实现。

什么是21世纪的重大理论问题？我看还是马克思主义的发展问

题。我们的理论是为中国的发展服务的，绝不是相反。解决中国问题的关键，取决于我们能否更好地坚持和发展马克思主义，特别是发展马克思主义。不能发展马克思主义也就不能坚持马克思主义。一切不发展的、僵化的东西都是坚持不住的，也不可能坚持住。坚持马克思主义，就是要随着实践，随着社会、经济各方面的发展，不断地发展马克思主义。马克思主义没有穷尽真理，也没有包揽一切答案。它所提供给我们的，更多的是认识世界、改造世界的世界观、方法论、价值观，是立场，是方法。我们必须学会运用科学的世界观来认识社会的发展，在实践中不断地丰富和发展马克思主义，只有发展马克思主义才能真正坚持马克思主义。我们年轻的社会科学博士们要以坚持和发展马克思主义为己任，在这方面多出精品力作。我们将优先出版这种成果。

2001年8月8日于北戴河

摘　　要

从 1928 年国民政府迁都到 1937 年抗日战争全面爆发这一时期，北平城市空间和大学场域中的学生群体，在日常生活、知识接受和社会实践等方面参与了一系列的活动，发表了诸多的言论。这些活动不仅取决于他们的主体能动性，而且受到政治环境、教育当局、学院知识分子和报刊舆论等外部因素的影响。他们在时代潮流与个人追求之间面临怎样的心理困惑与现实选择，由此建构了怎样的社会形象，实现了怎样的群体历史价值，是本书尝试考察与回答的问题。

第一章论述作为大学生活动空间的城市北京，探索近代以来北京两次重要的城市身份转型中教育功能所起的作用，以及读书人对北京/北平形成的认同。上述两次转型一是从科举制中心向新文化发源地的转变，二是 1928 年由政治中心向"大学城"的转变。

第二章讨论 1928 年到 1937 年北平大学生的日常生活，考察北平城市空间中多元的大学生活风格，学生在物质生活方面关于"贵族化"和"平民化"的讨论，女学生的都市"摩登"和两性社交，以及社会舆论对于学生生活的描绘和评价。

第三章将学生放置于教育决策者、大学当局、教授等多种权力因素交织的北平高等教育场域内，考察其知识接受活动。论述入学考试、课程规划、学会组织等教育方式，如何引导和塑造学生的知识结构与价值观念，并且讨论学生在这一过程中通过学校刊物和社团活动发挥其话语权和能动性的一面。

第四章探讨学生的社会实践活动，主要是具有启蒙立场的社会调查和社会服务活动与受到民族主义和左翼话语双重影响的民族救亡运动这两方面。国、共两党不同的意识形态作用和自由主义教授对学生社会实践的看法，也将在本章被讨论。

结语部分指出，尽管在日常生活、知识接受、社会实践等不同领域，1928年到1937年北平大学生的身份形象呈现多元化，但是总体而言，学生们受到现实环境影响和政治、文化势力制约，发挥自主性的空间相对有限。学生们对中国传统文化和自身社会责任的认知困境，则是中国现代历史进程中的普遍性存在。

关键词：北平；大学生；城市空间；大学场域

Abstract

During the period from 1928 to 1937, the students in the city space and higher education sphere of Peiping participated in a series of activities and made many statements in terms of everyday life, knowledge acceptance, and social practice. These activities were not only determined by their subjective consciousness, but also influenced by external factors such as the political environment, educational authorities, academic intellectuals, and the press. The psychological confusion and practical choices they faced between the trends of the times and their personal pursuits, the social image they constructed, and the historical value they realized as a group are the questions that this book attempts to examine and answer.

Chapter One discusses the city of Beijing as a space for university student activities, exploring the role of the educational function in the two significant transformations of Beijing's city identity since modern times, as well as the identification formed by scholars towards Beijing/Peiping. The two transformations mentioned are the shift from the center of the imperial examination system to the birthplace of new culture, and the transformation from a political center to a city of higher education in 1928.

Chapter Two discusses the everyday life of university and academy students in Peiping from 1928 to 1937, examining the diverse styles of life within the city space of Peiping, discussions on the "aristocratization" and "commonerization" of students' material life, the "modernity" of female students and their social interactions, as well as the portrayal and evaluation of student life by social public opinion.

Chapter Three places students within the field of higher education in Peiping, where they are influenced by various power factors such as educational decision-makers, university authorities, and professors. It examines their knowledge acquisition activities, discussing how educational methods such as entrance examinations, curriculum planning, and academic organizations guide and shape students' knowledge structures and value concepts. It also discusses how students exercise their discourse power and agency through publications and club activities.

Chapter Four explores students' social practice activities, focusing on social surveys and services with an enlightenment stance and patriotic movements influenced by both nationalism and leftist rhetoric. The chapter also discusses the different ideological roles of the Kuomintang and the Communist Party, as well as the views of liberal professors on students' social practices.

The concluding section points out that although the identity image of university and academy students in Peiping from 1928 to 1937 is diverse in various fields such as daily life, knowledge acceptance, and social practice, overall, the students' space for autonomy is relatively limited due to the influence of the actual environment and constraints from political and cultural forces. The dilemmas students face regarding their understanding of traditional Chinese culture and their own social responsibilities represent a universal existence in the process of modern Chinese history.

Key words: Peiping; Students; City Space; Higher Education Sphere

目　录

绪　论 …………………………………………………………（1）

第一章　活动空间：作为大学城的北平 ………………………（17）
　　第一节　从科举制中心到新文化发源地 …………………（17）
　　第二节　1928年后北平"大学城"的建构 ………………（31）
　　第三节　大学师生群体的城市选择 ………………………（41）

第二章　北平大学生的日常生活与都市体验 …………………（55）
　　第一节　城市空间中的学生生活 …………………………（56）
　　第二节　"贵族化"与"平民化"之议 ……………………（74）
　　第三节　女学生的都市"摩登" …………………………（84）

第三章　北平的大学场域与学生的知识接受 …………………（100）
　　第一节　大学格局的重建 …………………………………（101）
　　第二节　入学考试中的知识遴选 …………………………（108）
　　第三节　课程规划与学生的接受
　　　　　　——以清华大学为例 ……………………………（120）
　　第四节　学科教育的课外形式
　　　　　　——以大学中的国文学会为考察中心 …………（131）

第四章　后五四时代北平大学生的社会实践 …………………（148）
　　第一节　作为启蒙的社会调查与社会服务 …………………（150）
　　第二节　民族救亡运动的兴起
　　　　　　——以燕京大学为考察中心 ……………………（161）
　　第三节　从街头运动到"生活路线" …………………………（181）

结　语 …………………………………………………………（198）

参考文献 ………………………………………………………（207）

索　引 …………………………………………………………（220）

后　记 …………………………………………………………（223）

Contents

Introduction ··· (1)

Chapter 1　Peiping as a City of Higher Education ···················· (17)
　　Section 1　From the Center of the Imperial Examination
　　　　　　　System to the Birthplace of New Culture ················ (17)
　　Section 2　The Construction of City of Higher Education After
　　　　　　　1928 ·· (31)
　　Section 3　The City Choices of Faculty and Students of Higher
　　　　　　　Education ··· (41)

**Chapter 2　Everyday Life Experience of Peiping Students of
　　　　　　Higher Education** ··· (55)
　　Section 1　Student Life in City Space ···································· (56)
　　Section 2　The Debate on "Aristocratization" and
　　　　　　　"Popularization" ··· (74)
　　Section 3　The "Modern" City Life of Female Students ············ (84)

**Chapter 3　The Higher Education Sphere and Students'
　　　　　　Knowledge Acceptance** ······································ (100)
　　Section 1　The Reconstruction of the Higher Education
　　　　　　　Structure ··· (101)

Section 2　Knowledge Selection in Entrance Examinations ……… (108)
Section 3　Curriculum Planning and Student Acceptance:
A Case Study of Tsinghua University ……………… (120)
Section 4　Extracurricular Forms of Disciplinary Education:
Taking the Chinese Literature Association in
Universities as the Focus of Investigation …………… (131)

Chapter 4　Social Practice of Peiping Students of Higher Education in the Post-May Fourth Era …………………… (148)
Section 1　Enlightenment Through Social Surveys and
Services ………………………………………… (150)
Section 2　The Rise of Patriotic Movements:
Taking Yenching University as the Center of
Investigation ……………………………………… (161)
Section 3　From Street Movements to the Routine Activities …… (181)

Conclusion ……………………………………………………… (198)

Bibliography …………………………………………………… (207)

Index …………………………………………………………… (220)

Postscript ……………………………………………………… (223)

绪　　论

一　研究目的与旨趣

中国近现代高等教育诞生与发展早期，高等教育机构在空间分布上主要集中于政治、文化、经济中心城市。尤其是北京和上海，集聚着为数众多的高等院校。到1932年7月，根据国民政府教育部对全国103所专科以上学校的统计，位于北平的学校有15所，位于上海的有22所，二者就已占据了全国高校数量的36%。[①] 不同城市的不同大学，往往展现出颇具差异性的社会特征与文化倾向。1927年南京国民政府成立后中国高等教育的分裂形象，就被学者叶文心描述为北京、上海与南京的"三城记"：

> 在当时人眼里，这三者在学生的衣着上可以找到明显标记。有人身着飘逸蓝袍，是北大的新文人。有人西装革履，是圣约翰大学的资产阶级子弟。有人穿着笔挺的中山装，是中山大学和中央大学的未来国民党干部。对当时的青年人来说，无论选择其中的任何一种风范，都可以有所传承，也都有所缺失。[②]

[①] 《全国专科以上学校之分布》，载教育部高等教育司编《二十年度全国高等教育统计》，南京：教育部高等教育司1933年版，第9—10页。

[②] [美]叶文心：《民国时期大学校园文化（1919—1937）》，冯夏根等译，中国人民大学出版社2012年版，第123页。

这虽然是一种概括性的描述，却十分形象地说明了受到不同城市文化传统和教育格局的影响，以及不同大学办学风格的塑造，大学生的实践活动、形象特征与身份期待迥然有别。

就高等教育和学术地位而言，北京的重要性和典型性显而易见。它是自明成祖迁都之后到1928年国民政府再次迁都之间500余年的国家政治中心和教育文化中心。教育制度的历史变迁以及读书人[①]在北京这座城市的社会文化生活和日常人际交往，都潜移默化地影响着城市文化空间的建构。随着科举制的废除、民国的建立以及新式学校的不断发展，新式大学成为追求知识的青年们读书、问学、办刊、交友的最重要的城市空间。1928年国民政府迁都，改北京为北平，失去首都地位的北平成为"故都"，政治经济地位衰落，官商显贵大批离开，学院中的知识分子则开始畅想将北平打造成一个较少受到政治影响的"大学城"。

就大学而言，统一南北之后的国民党政府加强了对于全国高等教育的控制。北京大学、北平大学、北平师范大学、清华大学等公立大学，面临着机构和人员重组等问题。燕京大学、辅仁大学等私立教会大学，则需要进一步走向中国化以获得在华办学资格。总体来说，这一时期北平各个重要大学的经费比较充裕，无论是学术型大学还是一般的私立学院，都尽力促进自身发展。整个北平的高等教育界处于重要的调整发展期。北平的文化氛围和高等教育资源吸引了大量学生来此就读。除了日常的读书生活，他们也参与城市的文化娱乐活动以及社会调查等实践活动。1931年"九一八"事变之后，中国华北地区日益受到日本侵略者的骚扰，民族主义成为一种普遍的社会潮流，五四时期既已提出的"读书"与"救国"的争论在时事的刺激下再次成为学生们选择的焦点。

---

① 本书用"读书人"这一概念，意图涵盖传统教育熏陶下的士人和士大夫，以及新式教育体制下的知识人和知识分子。

在中国近现代史上，众多在新式学校接受新式教育的学生，曾经扮演启蒙者和革命者的重要历史角色，同时这一群体也承担了西潮东渐、中国传统社会解体以及外敌侵略、国家社会剧烈变动过程中的种种冲突和压力。学者罗志田认为学生界随着中国新教育的发展而诞生，是一种"边缘知识分子"，介于知识分子精英和普通社会大众之间，和此二者的界限并非完全明晰与固定。从边缘走向中心的驱动力，使学生们的行动和意识不断溢出教育和学术的范围，成为中国近现代史上一个重要而特殊的群体。[①] 中国近现代史上，学生对其群体身份及社会价值的选择和确认，是一个值得深思的话题。在接受现代西方理念及生活方式与延续中国传统文化秩序之间，在专注象牙塔内的知识研究与走上十字街头接触真实的社会之间，大学生们的实践、话语和心理状态都十分值得探讨，外界对他们的阐释、动员与讨论更值得深思。

本书主要聚焦于1928年国民政府迁都到1937年抗日战争全面爆发这一时期，北平城市空间和大学场域中的学生群体。在日常生活、知识接受和社会实践等方面，北平的大学生有何经历，他们如何谈论自己的经验和观点？当时的政治势力、教育当局、学院知识分子、报刊舆论等对于大学生又有何定位，对于他们的思想和行为产生了怎样的影响？在时代潮流与个人追求之间，北平的大学生面临怎样的心理困惑与现实选择，由此建构了怎样的社会形象、实现了怎样的群体历史价值？以上是本书尝试考察与回答的问题。

日常生活是大学生最基本的实践领域。学生们在不同大学校园中的生活惯习、在衣食住行等物质层面的选择和话语论述，具有表征大学校园文化以及学生自身的社会出身背景、城市阶层想象、性别和身体意识乃至民族身份认同等不同身份特征的重要作用。此外，社会舆论等外部势力对于学生生活方式的议论乃至干预，也是观察这一时期

---

① 罗志田：《近代中国社会权势的转移：知识分子的边缘化与边缘知识分子的兴起》，《开放时代》1999年第4期。

北平大学生群体的一个重要面向。知识接受是学生在大学中接受教育和学术训练的最为本位性的方面，其内容和价值取向反映出当时政府教育部门对于高等教育的主导、大学当局和教授知识分子对于学生的引导。而学生们的接受过程与现实反应暗含了他们对中西古今、文科实科等不同知识体系及其背后所隐含的价值观念的态度与选择。社会实践方面，从服务社会的城市调查和民众学校到有组织地参与爱国救亡运动，一部分学生的行动和言论溢出校园，引发了不同人士关于学生"职责"这一问题的论争。

　　本书从上述三个方面着手，探索北平大学生群体在不同实践领域中所展现的行动和言论。他们不只是在高等教育场所中被动地接受知识，还通过一系列能动的实践来"体验"和"感受"1928年到1937年的种种社会状况和历史条件。在这一能动的历史过程中，北平的大学生们因为各自不同的选择而培养了不同的"群体意识"。本书对特定历史时期大学生群体的考察，受到E.P.汤普森（Edward Palmer Thompson）关于英国工人阶级研究的启发，尤其注重群体意识的文化建构性，关注学生们在日常生活、知识接受和社会实践中的种种习惯传统、团体组织、话语表达及其背后的价值体系和思想观念。[①]

　　本书在论述过程中比较有意识地强调北平城市空间和大学场域对于学生群体的影响。首先，北平的大学和学生受到所在城市空间的影响，生活风格和社会实践具有区域差异性，比如生活在紫禁城附近公寓中的北京大学学生，生活在北平城西郊封闭校园中的燕京大学、清华大学学生，以及生活在西单商场附近的私立中国学院、民国学院学生，展现了不同的群体形象。其次，本书借鉴了布尔迪厄（Pierre Bourdieu）的场域

[①] E.P.汤普森在讨论英国工人阶级的形成时，强调了阶级意识和阶级经历的差别。他认为，阶级经历是由客观的生产关系决定的，阶级意识是将阶级经历用文化方式建构和塑造后形成的，其体现于传统习惯、价值体系、思想观念和组织形式中。参见[英] E.P.汤普森《英国工人阶级的形成（上）》，钱乘旦等译，译林出版社2013年版，"前言"第2页。

理论，以关系性的眼光看待城市中高等院校的差异性，并将对大学生的考察置于这种差异性的体系中，观察城市中不同大学的教育方式和校园文化形塑学生群体的不同倾向。[①] 事实上，北平的城市空间和大学场域不仅影响大学生的行动与话语实践，反过来也受到大学生诸多实践和言论的影响。这种反作用本身也说明大学生群体实践的能动性。

需要说明的是，本书虽然以1928年至1937年北平大学生的活动空间、日常生活、知识接受和社会实践为主要考察内容，但是并不致力于写作一部北平大学生活动史。首先，这一时期北平的大学众多，本书不可能覆盖所有这些学校的学生，只是在涉及对相关学生活动领域的叙述时，将具有典型性的学校学生纳入考察范围。其次，学生群体本身的活动多种多样，本书主要选择其中涵盖面最广的几个领域，描绘这一时期北平大学生的群像，探讨他们在历史中发挥作用的方式和其背后隐含的价值选择。

二 相关研究成果回顾

关于近现代中国学生在教育领域、社会领域、思想领域以及日常生活等方面的生存状态，目前已经有一些单独考察一方面或者多方面的研究成果。这些研究为我们了解近现代中国高等教育与中国学生的整体状况以及进一步思考1928年到1937年北平大学生的历史实践与社会形象提供了知识背景和方法借鉴。

传统的教育史研究主要聚焦于中国近现代高等教育制度和教育机构

---

① 在专著《学术人》与《国家精英——名牌大学与群体精神》中，布尔迪厄用"教育场域"的概念来阐释由于经济资本和文化资本的不平等而分化的法国高等教育图景。《国家精英——名牌大学与群体精神》调查了法国84个高等教育机构的学生的社会出身，并提供了对21所重点高校的更具深度的社会与学术背景的分析，探索了其中15所重点高校学生的文化实践、政治态度以及宗教信仰。由此，布尔迪厄指出，由学术上非常挑剔的重点高校提供的专业训练不仅传输技术知识与技巧，而且通过一系列仪式与符号方面的培训传输一种精英身份文化。参见［美］戴维·斯沃茨《文化与权力：布尔迪厄的社会学》，陶东风译，上海译文出版社2012年版；［法］P. 布尔迪厄《国家精英——名牌大学与群体精神》，杨亚平译，商务印书馆2005年版。

的历史演变，对相关史料进行梳理和评价。比较有代表性的研究著作有金以林的《近代中国大学研究（1895—1949）》①，该书通过翔实的史料梳理，较为系统地介绍了中国高等教育制度自清末引入以来到中华人民共和国成立前夕，在制度演进、机构设置以及教育成果等方面的历史概况，为我们相对全面地了解近代中国高等教育的发展变化提供了基本的历史线索。加拿大学者许美德的《中国大学 1895—1995：一个文化冲突的世纪》②是一本介绍 20 世纪中国大学概况的著作。该书提出了超越"现代化"的经典研究范式，采取了一种注重教育的文化模式的比较教育学视野，将中国现代大学放在与中国传统书院教育以及西方经典大学教育比较的纵横轴上，从整体上探讨其在知识结构、地理分布、女性教育等方面展现出的历史特点与走向。

在社会史和思想史领域，相关研究主要从学生参与社会活动以及历史人物的思想言论入手，考察近现代中国学生群体在转型时代的社会角色和思想转变。桑兵的《晚清学堂学生与社会变迁》③研究五四以前的学生群体，考察新式学堂学生通过一系列社会行动和团体实践强化群体独立性，建立身份认同，并最终推动中国社会民主化和现代化的过程。周策纵在《五四运动史》④一书中，分析了五四时期大学生的年龄和教育背景、思想与心理特点以及集体性的生活习惯和学生组织形式，同时也考察了学生在思想文化传播、社会服务、政治参与、妇女解放等各方面展开的言论和实践活动，凸显了五四一代大学生的反传统性和社会参与性。黄坚立的《难展的双翼：中国国民党面对学生运动的困境与决策（1927—1949）》⑤揭示了 1927 年后国民党对于学生运动的政策。作

---

① 金以林：《近代中国大学研究（1895—1949）》，中央文献出版社 2000 年版。
② [加] 许美德：《中国大学 1895—1995：一个文化冲突的世纪》，许洁英译，教育科学出版社 1999 年版。
③ 桑兵：《晚清学堂学生与社会变迁》，广西师范大学出版社 2007 年版。
④ [美] 周策纵：《五四运动史》，陈永明等译，岳麓书社 1999 年版。
⑤ [新加坡] 黄坚立：《难展的双翼：中国国民党面对学生运动的困境与决策（1927—1949）》，商务印书馆 2010 年版。

者详细阐释了成为执政党的国民党为了将学生群体及其活动"去政治化"而采取的所谓"双翼政策",并且指出这一重新规范学生团体及其活动与培植效忠党国的学生活跃分子的政策,不仅没有限制学生的政治活动,而且日益将学生推向了提倡建立统一战线的共产党。罗志田在《近代中国社会权势的转移:知识分子的边缘化与边缘知识分子的兴起》[1]一文中提出了"边缘知识分子"这一概念,探讨了废科举兴学堂的举措带来的思想变化与社会变迁。在该文后半部分,通过对1903年创刊的《湖北学生界》杂志上的相关文章以及一些保存下来的当时学堂学生自述的分析,他指出中国的学生开始成为一个具有独立自觉意识的社会群体始于1903年前后。这一群体无论身心都徘徊在城市与乡村、精英与大众之间,所谓"边缘"即两边都涉足,但是两边都得不到完全的认同。该论文指出,这一群体具有一种"过渡"特征,一旦他们完成了高等教育,也就成了知识分子。但是事实上更多接受过一定新式学堂教育的学生并没有走进更高学府的机会。身份边缘的他们对于社会承认的期望往往需要寄托于一种更为高远的理想,这也导致这一群体对社会政治等的参与感和实际参与比其他社会群体更强。在《课业与救国:从老师辈的即时观察认识"五四"的丰富性》[2]一文中,罗志田以考察《新教育》杂志上的文章为主,呈现了五四时期老师辈视野中的学生形象。在老师们看来,"学生"这一近代新教育的社会成果日渐脱颖而出,体现出群体的自觉,并被赋予救国救民的重任,却也越来越疏离于教育和学术本身。瞿骏的论文《辛亥前后的学堂、学生与现代国家观念普及》[3]以历史参与者的日记、自传等为材料,研究辛亥革命前

---

[1] 罗志田:《近代中国社会权势的转移:知识分子的边缘化与边缘知识分子的兴起》,《开放时代》1999年第4期。
[2] 罗志田:《课业与救国:从老师辈的即时观察认识"五四"的丰富性》,《近代史研究》2010年第3期。
[3] 瞿骏:《辛亥前后的学堂、学生与现代国家观念普及》,《华东师范大学学报》(哲学社会科学版)2011年第5期。

后全新的学堂建制如何与报刊舆论等相结合，为现代国家观念的普及提供强有力的平台，并进一步探讨了国家观念在新式学堂的普及如何深刻地影响了学生们的生活世界、知识世界乃至感觉世界。此外，在《"没有晚清，何来五四"之再思——以"转型时代"（1895—1925）学生生活史为例》①一文中，瞿骏通过梳理相关历史人物的日记、自传等材料，讨论了科举废除和新式学堂开办对于学生及其家庭造成的经济压力，以及对于帝制政权的认同危机所带来的学生对传统生活方式的摒弃和对阅报、听演讲等新的生活方式的确认。该文还描述了民国初期学生们通过就业向教育、出版等权势网络靠拢但是往往结果不甚理想的现实境遇，以及在这一过程中背离乡土和传统、身处新旧之间的矛盾和迷茫，并且认为上述情况最终通过五四新文化运动中个人生活的巨变以及重估一切价值的追求而获得转机。

此外，受到国外微观史研究和新文化史研究范式的启发，一部分国内的学者开始致力于对学生日常生活史的考察。如丁钢主编了"中国教育叙事研究丛书"，其在《声音与经验：教育叙事探究》②一书中提出将叙事学方法引入教育学领域，作为探讨教育实践中日常经验的工具。丛书中孙崇文的《学生生活图景：世俗内外的教育冲突》③，通过梳理中国基督教大学的建立以及这些学校学生的宗教生活、学习生活、政治生活和校园文体生活，试图再现民国时期基督教大学学生生活的真实境况以及此类大学日益中国化的发展过程。丛书中张素玲的《文化、性别与教育：1900—1930年代的中国女大学生》④考察了20世纪初期中国女大学生在教育、文化和各种社会权力关系的影响下，通过学术、创作、日常生活等一系列实践活动

---

① 瞿骏：《"没有晚清，何来五四"之再思——以"转型时代"（1895—1925）学生生活史为例》，《学术月刊》2009年第7期。
② 丁钢：《声音与经验：教育叙事探究》，教育科学出版社2008年版。
③ 孙崇文：《学生生活图景：世俗内外的教育冲突》，教育科学出版社2008年版。
④ 张素玲：《文化、性别与教育：1900—1930年代的中国女大学生》，教育科学出版社2007年版。

不断确立和建构自己的性别角色和社会身份的过程。周洪宇主持出版了"中国教育活动史专题研究丛书"。在《学术新域与范式转换——教育活动史研究引论》①一书中,他将以往在教育史研究中被忽视的教育活动史提升到与教育思想史和教育制度史同等重要的地位,认为其是后二者的基础和前提,并且提出了以人的教育活动以及活动的人为中心的研究取向。丛书中刘训华的《困厄的美丽——大转局中的近代学生生活（1901—1949）》②,借助学生的口述与回忆资料,从学生心态、阶层流动、课堂生活、集体住宿、课外实践、考试经历、师生关系、校园仪式、学生社团、学生运动、战乱生活、情感生活、留学生活等方面入手,展示了近代大转局时期学生生活的多维图景。刘训华的另一本专著《学业、革命与前程——大转局中的清末浙江学生（1901—1911）》③,运用154人的样本库对清末浙江学生进行职业、家庭、地域、教育背景等定量、定性分析,探讨其进入社会前的学堂生活、革命事件、思想学业以及进入社会后的前程和命运,基于学生视角思考近代中国的社会分层与社会流动问题。此外,施扣柱的《青春飞扬：近代上海学生生活》④一书,强调了研究对象的地域性因素,对近代上海新式学堂学生群体的学业生活、体育生活、日常生活等几个方面做了细致论述,并且注意到救亡图存大背景下非富家子弟、外来子弟等群体在上海学校中的生存状态。

关于民国大学生文化的综合性研究,叶文心的《民国时期大学校园文化（1919—1937）》⑤无论是在问题意识上还是在研究方法上都对本书

---

① 周洪宇：《学术新域与范式转换——教育活动史研究引论》,华中科技大学出版社2011年版。
② 刘训华：《困厄的美丽——大转局中的近代学生生活（1901—1949）》,华中科技大学出版社2014年版。
③ 刘训华：《学业、革命与前程——大转局中的清末浙江学生（1901—1911）》,中华书局2018年版。
④ 施扣柱：《青春飞扬：近代上海学生生活》,上海辞书出版社2009年版。
⑤ [美]叶文心：《民国时期大学校园文化（1919—1937）》,冯夏根等译,中国人民大学出版社2012年版。该书英文名为 *The Alienated Academy: Culture and Politics in Republican China, 1919–1937*,可以直译为"疏离的学院：民国时期的文化与政治（1919—1937）"。

的写作有很大的启发。其从民国时期上海与北京的国立大学、教会大学与私立大学的办学风格和校园生活切入，考察民国时期的政治与文化在高等教育领域和大学生日常生活中的体现。叶文心认为，一方面，近现代大学的西化追求将城市知识阶层从本土根源和传统文化价值观中剥离出来，使其处于传统和现代的紧张关系之中；另一方面，科举制的废除在一定程度上限制了阶层流动，学而优则仕的预设破碎，文化与政治的关系发生断裂，使中国知识界在追求学术、科学、艺术以及专门职业技能的过程中呈现出一种独特的对社会和政治的疏离感。她将民国时期的高等教育分为四种主要的类型：清朝创建的国立大学、西方（主要是美国）教会学院、私立中国学院、各级政府主办并得到国民党支持的学校。这些学校因为政治背景和学术传统的不同区别开来，并进而展现出具有某种社会特征以及与此相联系的文化倾向。通过对北京大学、上海圣约翰大学、上海交通大学、复旦大学、中国公学、上海大学、广州中山大学、南京中央大学等典型个案的考察，叶文心论述了不同大学因城市文化、政治背景、学术传统等因素形成的不同校园文化。此外，根据相关的教育年鉴、档案、数据统计、回忆录、文学作品等，叶文心试图重构当时大学校园生活物质和精神两方面的情境。她一方面对学生的学费负担、就业状况、课余生活、穿衣风格等进行描述，并与社会大环境以及城市文化语境相联系；另一方面通过当时的文学作品去解读大学生群体的苦闷和幻灭感，并进一步阐述了国民党、革命者、学院派对当时大学生面对的诸多问题的解释和提供的解决方案。这部著作从文化层面研究了民国高等教育和学生日常实践，使很多以前不被关注的材料焕发了新的价值。不过作者将主要研究精力放在对20世纪20年代上海高校的考察上，这为关于北京/北平大学生文化的研究留下了更多的可开拓空间。

关于北京高等教育及学生群体的研究，首先有一部分作品是具体大学的个案研究，其中比较有代表性的如学者苏云峰的《从清华学堂到清华大学，1928—1937：近代中国高等教育研究》①。该书以非常翔实的一手文献呈现了1928年国立化之后的清华大学在教育理念、课程学制、教学设施、教师聘任、学生生活、学生运动、毕业生成就等方面的历史实践和成果，为我们了解这一时期的清华大学以及中国高等教育的发展提供了经典案例。刘超的《学府与政府：清华大学与国民政府的冲突及合作（1928—1935）》②，通过诸多一手材料梳理1928年到1935年清华大学在制度建立、学科发展的过程中与南京国民政府的冲突与合作，探讨学府崛起背后"政""学"权力之间的博弈问题。黄延复的《水木清华：二三十年代清华校园文化》③论述了20世纪二三十年代清华大学的学生生活管理、社团、刊物、体育活动以及衣食住行、两性文化、学生运动等多个方面。此外，美国学者魏定熙在研究北京大学的两部著作《北京大学与中国政治文化（1898—1920）》④与《权力源自地位：北京大学、知识分子与中国政治文化，1898—1929》⑤中引入"政治文化"的概念，讨论20世纪前三十年的北京大学知识分子在重塑中国政治文化的过程中发生的作用。他将北京大学看作中国古代太学与德日现代大学的融合体，试图打破传统研究思路以新文化的反传统性遮蔽历史丰富性的倾向，强调中国历史新旧互动过程中，知识分子秉承士大夫精神传统，以北京大学为阵地教化天下所展现的历史"连续性"。李浩泉的《躁动的青春——民国时期北京大学的学生社团活动（1912—1949）》⑥通过较为详尽的资

---

① 苏云峰：《从清华学堂到清华大学，1928—1937：近代中国高等教育研究》，生活·读书·新知三联书店2001年版。
② 刘超：《学府与政府：清华大学与国民政府的冲突及合作（1928—1935）》，天津人民出版社2015年版。
③ 黄延复：《水木清华：二三十年代清华校园文化》，广西师范大学出版社2000年版。
④ ［美］魏定熙：《北京大学与中国政治文化（1898—1920）》，金安平、张毅译，北京大学出版社1998年版。
⑤ ［美］魏定熙：《权力源自地位：北京大学、知识分子与中国政治文化，1898—1929》，张蒙译，江苏人民出版社2015年版。
⑥ 李浩泉：《躁动的青春——民国时期北京大学的学生社团活动（1912—1949）》，武汉：华中科技大学出版社，2014年。

料对民国时期北京大学学生社团的组织方式、活动内容以及历史作用等进行了呈现和分析，并且立足当下进行了反思。《私立北京辅仁大学，1925—1950：理念、历程、教员》[①] 是学者柯博识（Jac Kuepers）的著作，该书以详尽的一手文献介绍了辅仁大学的创建理念和历程、教员组成和教学、学生生活点滴、财务和校园场地等方面的情况，指出了该校在中西文化交流方面的历史贡献。

学术史方面，桑兵的《近代中国学术的地缘与流派》[②] 一文论述了民国时期浙江学人把持北京学术界的不良影响以及1928年之后北京大学面对外部不利局势调整人员构成，形成现代中国学术地缘与流派格局的过程。陈平原的《首都的迁徙与大学的命运——民国年间的北京大学与中央大学》[③] 一文强调不应当完全由城市政治地位衰落来判断大学的式微，而应当在研究这一问题时考虑政治因素之外的学术传统等更多层面。刘超的《论1927年后北平在中国知识界的地位》[④]《民国文化格局中的平津知识界——一项基本性的翻案》[⑤]《现代中国知识界的"南北问题"——以东大和清华为例》[⑥]《战前十年知识界脉象发微——基于两种谱系的考察》[⑦] 等文，通过史料梳理和数据统计，论述了民国学术界的南北问题，并且尤其强调了北京知识界相对于南京、上海等城市在学术方面的渊源与成就。涉及1928年之后学术史时，部分研究强调了北平在迁都后仍然在

---

① [荷兰] 柯博识：《私立北京辅仁大学，1925—1950：理念、历程、教员》，袁小涓译，台北：辅大出版社，2007年。
② 桑兵：《近代中国学术的地缘与流派》，《历史研究》1999年第3期。
③ 陈平原：《首都的迁徙与大学的命运——民国年间的北京大学与中央大学》，《文史知识》2002年第5期。
④ 刘超：《论1927年后北平在中国知识界的地位》，《北京社会科学》2008年第4期。
⑤ 刘超：《民国文化格局中的平津知识界——一项基本性的翻案》，《社会科学战线》2008年第8期。
⑥ 刘超：《现代中国知识界的"南北问题"——以东大和清华为例》，《社会科学论坛》2011年第2期。
⑦ 刘超：《战前十年知识界脉象发微——基于两种谱系的考察》，《江苏社会科学》2008年第2期。

整体上保持了学术水平和师资力量等方面的强劲实力。许小青的博士后出站报告《首都迁移与"最高学府"之争——以北大、中央大为中心的探讨（1919—1937）》[①]，以北京大学和中央大学在南京国民政府迁都前后的历史境遇为研究对象，探讨了迁都对南北学术格局升降变迁的一系列影响，以及20世纪30年代两所大学在学术方面和文化运动方面的历史状况。

此外，还有部分著作和论文研究了北京/北平大学生在社会服务、学生运动、文学活动、日常生活等具体领域内的实践活动。代表作如陈尔杰的博士学位论文《民国北京"平民教育"的渊源与兴起（1912—1920）》[②]，讨论了学生的社会实践。该文意欲通过对民初时期"通俗教育阶段"相关史实的打捞，从而贯通五四和晚清的历史界限，以"历史化"的研究方法重构五四新文化的多元性。在具体的研究过程中，这一时期北京大学、清华大学等校学生的平民教育活动成为重要的考察对象。欧阳军喜的《一二九运动再研究：一种思想史的考察》[③]一文，讨论了"一二·九"运动时期的学生对于民族主义和马克思主义的吸纳与认同，并且认为学生对于中国共产党建立联合战线主张的理解与运用以及学生自我身份认同的调整是影响"一二·九"运动走向的重要思想因素。季剑青所著《北平的大学教育与文学生产：1928—1937》[④]从大学作为"知识生产场所"以及"教师和学生组成的文化共同体"这两个层面，研究了20世纪30年代北平的大学教育与文学生产。该书不仅通过考察清华大学、北京大学等精英大学的文学教育的具体历史情境来思考学术领域内的文学生产所面对的新与旧、中与西等文化价值矛盾，而且引入场域理论研究了学术化程度不同的清华、北大与北平师范大学、中国大学两类

---

① 许小青：《首都迁移与"最高学府"之争——以北大、中央大为中心的探讨（1919—1937）》，博士后出站报告，中山大学，2008年。
② 陈尔杰：《民国北京"平民教育"的渊源与兴起（1912—1920）》，博士学位论文，北京大学，2012年。
③ 欧阳军喜：《一二九运动再研究：一种思想史的考察》，《中共党史研究》2014年第2期。
④ 季剑青：《北平的大学教育与文学生产：1928—1937》，北京大学出版社2011年版。

大学空间中文学社团和人际网络结构的不同方式，及其对于从事文学活动的大学生及校外青年的影响。姜涛的《公寓里的塔：1920年代中国的文学与青年》①讨论了20世纪20年代北平的文学青年，其中涉及学院中的大学生群体。该书从代际角度着手，借鉴社会学的研究方法，讨论新文学如何为五四后的一代青年提供介入历史的方式。涉及北京学生群体的具体话题包括：这些文学青年如何通过学院、报刊、公寓等城市中的文化和社会空间建构人际网络和身份认同，他们与文学"导师"的关系和对话，以及他们如何在革命动员中展开论争并走向分化，等等。日常生活方面，许慧琦的《故都新貌：迁都后到抗战前的北平城市消费（1928—1937）》②一书，聚焦于1928年之后北平的城市消费，认为在因迁都而政治经济地位下降的北平，城市消费主力由曾经的政商权贵转移至文人学者和青年学生，从而孕育了一种寓传统文化于现代追求的另类的城市现代化发展模式。被当时舆论视为北平"养命之源"的数量众多的青年学生，虽然个体消费能力不及文人学者，但是以量取胜，通过衣食住行以及消费娱乐等活动，一方面带动了学校附近的旅馆、饭店等商业的发展；另一方面因其趋新心态与崇洋价值观，促成了跳舞、溜冰、看电影、逛商场等新式休闲娱乐业的兴起和进一步发展。作者同时注意到学生内部的分化和区隔，指出富家子弟与贫寒学生在消费方式和程度方面的巨大落差，以及趋新崇洋的消费模式和受古城文化气息影响的游庙会、听京戏、逛琉璃厂等传统消费模式之间的差异。林峥在《"到北海去"——民国时期新青年的美育乌托邦》③一文中提出，1925年后开放的北海公园通过引入茶座、图书馆、公共体育场等一系列设施，为新文化运动之后成长起来的新一代青年提供了补充学校教育的现代美育空间，

---

① 姜涛：《公寓里的塔：1920年代中国的文学与青年》，北京大学出版社2015年版。
② 许慧琦：《故都新貌：迁都后到抗战前的北平城市消费（1928—1937）》，台北：台湾学生书局有限公司2008年版。
③ 林峥：《"到北海去"——民国时期新青年的美育乌托邦》，《北京社会科学》2015年第4期。

从而进一步促进其确立群体精英身份。

总体而言，目前从不同角度讨论中国近现代大学文化和学生在各方面的实践与思想活动的研究成果已有不少，但是以1928年到1937年的北平为研究范围对大学生展开综合研究，仍然是一个可以开拓与推进的方向。

三 研究方法与材料

本书主要采用文化研究的方法。雷蒙德·威廉斯（Raymond Henry Williams）在《漫长的革命》[①]中将文化理论定义为"对整体生活方式中各因素关系所作的研究"[②]；文化分析即是"在一个完整的过程中对模式和关系进行研究"[③]。他提示了文化研究的三个要点：一是注重对价值层面、文献层面、社会层面（包括制度和日常行为）等多方面的生活方式的考察；二是强调跨越整体生活方式中不同领域的边界，研究不同因素之间的复杂关系；三是尊重研究对象的过程性和历史变化性。在具体操作层面，由于本书的研究对象不是《漫长的革命》那种对一个长时段内一个国家文化变革的宏观研究，而是相对微观层面的十年间一个社会群体在特定城市空间和文化机构中的历史实践与价值追寻问题，因此，本书同时借鉴了福柯、布尔迪厄研究社会模式和文化机构对个人影响的后结构主义理论以及民族志方法返回意义生产现场从实践本身出发考察对象的研究取向。本书在承认北平城市空间与大学场域中复杂的权力网络和惯习传统对于大学生的规训和区隔的同时，强调考查学生接受这些影响的过程，并尽量从学生自身的实践活动出发展开论述，由此反思历史主体的能动性和实践的复杂性。

具体操作上，一方面，结合城市空间和大学场域的结构特点组织关

---

① [英]雷蒙德·威廉斯：《漫长的革命》，倪伟译，上海人民出版社2013年版。
② [英]雷蒙德·威廉斯：《漫长的革命》，倪伟译，上海人民出版社2013年版，第55页。
③ [英]雷蒙德·威廉斯：《漫长的革命》，倪伟译，上海人民出版社2013年版，第110页。

于大学生实践的分类和论述，由日常生活、知识接受、社会实践等几个方面来考察这一时期北平大学生如何在特定文化空间中展开一系列实践活动；另一方面注意到北平大学场域的分化以及大学生群体内部的区隔与分裂，并从北平城市文化的特定传统及现实语境、不同大学的资源掌握情况以及不同学生的家庭出身情况等因素来分析影响其历史实践的客观条件，从而使原本看起来琐碎而无规律的大学生实践活动细节具有连接个体和社会结构、反映社会变迁的作用。在具体论述时，本书将充分发掘北平大学生的历史实践中涉及的来自政治权力、城市文化传统、高等教育诉求、社会舆论话语、学院派知识分子意见、大学生自身的意义创造等多个层面，注重这些不同层面彼此缠绕、相互影响的复杂关系，避免将大学生的生活、学习、社会实践的不同领域截然划分，完全概念化和结构化。

本书研究中涉及的资料主要是当时北平大学生的生活、学习、社会实践方面的历史资料，以及有关这一时期北平城市和北平各大学的材料。就目前的研究现状和可见资料来看，关于这一时期北平城市身份建构和大学资源重组的研究已经提供了比较充足的线索和资料，其中包括相关的档案、地图、报刊、研究性文章。关于学生生活、学习、社会实践的资料主要涉及当时教育部的教育年鉴、高等教育统计等政府教育文献和档案汇编；当时各个大学的学校介绍、投考指南、同学录、校刊校报和后人编撰的校史及校史资料汇编；当时北平的《世界日报》《晨报》《独立评论》，天津的《大公报》《益世报》等旧报刊有关教育界的报道；各校教授和学生当时的作品、日记、书信和后来出版的回忆录、文集，以及后人为其编写的年谱、传记；还有当时涉及大学生形象的文学作品；等等。笔者尽量搜集其中有价值的线索和信息，并且注意辨析文献中叙述者本身的立场和视角，以求能尽量接近当时的历史情境，贴近本书的研究对象，以相对翔实而有针对性的史料重现一代大学生的面貌，以"了解之同情"的态度体会他们的历史选择与思想感受。

第一章

活动空间：作为大学城的北平

空间不仅是人生活的物理性存在，而且承载了一系列社会意义，人们通过空间中的实践生产出一定的社会关系和文化秩序。近代以来，中国读书人的空间选择不只是地理范围上的选择，也是价值观和生活方式的选择。对于大学生来说，在不同的城市接受高等教育，一是接受不同城市的文化熏陶，二是受到不同城市教育传统的深刻影响。自明成祖迁都以来500余年的国都历史和积淀深厚的教育文化资源成就了北京/北平这座城市独特的城市文化，而1928年迁都和城市身份转型又给北平带来了特殊的历史境遇，这是我们了解1928—1937年北平大学生一系列实践活动及其群体形象的背景和前提。

第一节 从科举制中心到新文化发源地

近年来，随着列斐伏尔、大卫·哈维等西方人文地理学学者理论的盛行，空间越来越受到城市史研究者的重视。越来越多的研究者意识到，空间不仅是人类行为和社会关系发生和展开的地点和场所，而且是在社会进程中随着人的实践和公共生活的展开不断被生产与塑造的产物之一。[1] 从上

---

[1] 参见包亚明编《现代性与空间的生产》，上海教育出版社2003年版；[美] 大卫·哈维《巴黎城记——现代性之都的诞生》，黄煜文译，广西师范大学出版社2010年版。

述研究视角出发就会发现，北京从明清至1928年一直是国家政治中心和教育文化中心，其城市文化空间的建构和变迁，不仅是国家权力意志和城市市政规划的结果，而且受到教育制度变革以及读书人生活方式、交往方式转型的深刻影响。这一城市文化空间的生产，与中国近代教育转型时期读书人社会交往和日常实践的开展相伴而生。其反映了晚清以来读书人发挥群体能动性的可能性，以及这一群体实现其社会价值的外部条件变迁。

一 科举制时代的宣南士乡

从1421年明成祖迁都北平，改北平为北京，到1928年国民政府迁都南京，又改北京为北平，这座城市连续500余年一直是中国的首都。明清两朝，一方面，作为全国政治中心的北京为中国的官员和读书人提供极为精英化和高级的社交圈及文化生活方式，另一方面，随着科举制度的兴盛发达，作为全国教育中心的北京吸引了来自各地的大量人才和资源。民国时期的历史学者瞿兑之将北京比喻为"全国的心房"，认为其起到促进全国各种事业不断"活泼"的作用。[①] 就人才而言，明清时期北京每两三年有一次会试，平时又有各种零星之"投考、选缺、引见、解饷"等事，于是各省有志上进之人，都想到北京"结声气、谋出路"。[②] 他们在北京住一段时间后，见识学问长进，交游声气扩大，再向外省发展，又可培养出第二批人来，将来再来接受北京的教育。这种处于良性循环之中的人才流动也带动了北京的工商业，使书籍、美术品、装饰品等各省的上等货色集中到北京，北京的上好货色又分散到各省。[③]

北京凭借其政治和教育功能凝聚促进了国家知识人才和文化资源的生产与再生产。显而易见的是，这种功能和效应是基于这座城市的国都

[①] 铢庵（瞿兑之）：《文化城的文化》，《宇宙风》第29期，1936年11月。
[②] 铢庵（瞿兑之）：《文化城的文化》，《宇宙风》第29期，1936年11月。
[③] 铢庵（瞿兑之）：《文化城的文化》，《宇宙风》第29期，1936年11月。

地位而言的，其内容更多是指向国家层面而非城市本身。引入城市空间这一研究视角，则有助于将对北京教育文化功能的考察导向更为微观和在地化的方向。

新式学校在北京建立之前，清朝京城的文化中心是围绕宣南地区这一士人聚居区域形成的。由于清政府采取满汉分离的居住模式，限制汉人和外来人口在内城居住，大部分官员、学者、士子的居住地都位于外城。在一百年中，围绕着南城，尤其是被称为"宣南士乡"的宣武门以南区域，形成了京城士大夫居住、交往、观剧、买书等的生活与活动空间。清初，在明代望族别业的基础之上，新兴的名士显宦兴建了一些名园大宅，围绕这些宅第，经由同乡、同年、门生等纽带，形成了一些士大夫相对集中的街区。① 比如琉璃厂附近的海波寺街，这里的古藤书屋寓居过金文通、龚鼎孳、何元英、朱彝尊、章云等名臣、名士。② 宣外西部的慈仁寺，是清朝初期著名的书市，顾炎武、王士禛等人都曾在此处流连买书，在附近居住交游。③

清朝中叶，即乾隆嘉庆年间，会馆在宣南地区开始勃兴。据统计，明代北京仅有会馆33个，而且大部分位于内城。清代北京建有会馆300多个，其中有50余个服务于各地工商业人士的工商会馆，主要分布在前门和崇文门外。而为各地前来北京应试的举子提供住宿的士子会馆数量多达300余个，并且都位于宣南地区。④ 这些举子会馆的住户，通常因为三年一度的会试而周期性地更换。每至会试之年，会馆住满来自全国各地的举子，虽

---

① 学者吴建雍将之概括为三个小区，一是琉璃厂附近街区，西起宣武门外大街，东至琉璃厂、梁家园，北起护城河河沿，南至骡马市大街；二是宣外西部，北起上斜街，南抵广宁门大街，西起下斜街，东达宣外大街；三是以半截胡同为中心的小区，北起广宁门大街东段、骡马市大街西段，南至横街，西起轿子胡同，东至下洼子。见吴建雍等《北京城市生活史》，开明出版社1997年版，第246—251页。

② 戴璐：《藤阴杂记》，北京古籍出版社1982年版，第82—84页。

③ 孙殿起：《琉璃厂小志》，北京古籍出版社1982年版，第290—291页；杨钟羲：《雪桥诗话》，北京古籍出版社1989年版，第549页。

④ 上述数据根据胡春焕、白鹤群《北京的会馆》（中国经济出版社1994年版）提供的资料统计而成，转引自吴建雍等《北京城市生活史》，开明出版社1997年版，第253页。

然每科最终录取的人数仅为三百名左右，但是前来应试者则多达六七千人。① 上述人群也刺激了相关产业在宣南地区的发展。随着会馆的兴盛以及《四库全书》修撰的进一步影响，琉璃厂一带自乾隆年间逐渐成为京师最大的书市和文化中心，不仅有书店书摊，还有古董、字画、碑帖、纸笔等文化用品，以及某些专门以赶考举子为服务对象的行业。②

围绕名士住宅和士子会馆形成的士人阶层生活与交往空间，同时也是讲学乃至议政的地方。乾嘉之后，由于国内局势稳定，士大夫群体有余暇从事文化活动，而且思想控制相对放松，士大夫自由讲学的风气在北京大为兴盛。一时间，这里成为学术思想的中心：

> 嘉庆中翁覃溪一班人讲碑板，法时帆一班人讲掌故，道光中祁春浦一班人讲说文，何愿船、张石舟一班人讲西北史地，魏默深、汤海秋、龚定庵一班人讲经济，曾涤生、倭艮峰一班人讲理学，同治、光绪之间，京中士大夫讲气节，讲风雅，光绪中叶讲时务，讲变法，辛丑壬寅以后讲新政。百年中风尚变迁，大略如此。尤其是讲变法以来，除了纯粹学术以外，又加上政治上的放言高论，更觉有声有色。③

晚清的宣南地区也是一系列政治集会和联名上书的发起地。士人在此讨论甲午战争、维新变法等事件，并且酝酿集体行动，由此形成了政治实践的空间。据考证，宣南地区多处是翰林院等京官集会的习惯场所。甲午战争时期，他们多次在宣南地区的全浙会馆、谢公祠、松筠庵等处集会具稿、联名上书。至"公车上书"事件，集会和上书规模因为会试

---

① 魏泉：《士林交游与风气变迁：19世纪宣南的文人群体研究》，北京大学出版社2008年版，第5页。
② 孙殿起：《琉璃厂小志》，北京古籍出版社1982年版，第100—102页。
③ 铢庵（瞿兑之）：《文化城的文化》，《宇宙风》第29期，1936年11月。

期间来京举子的加入而呈数量级放大。"来京参加会试的新举人,须有同乡京官的印结,方能参加会试前的复试;都察院代奏举人们的上书,也须有同乡京官的印结,方能收下。""入京会试的举人有不少人住在家乡会馆,而这些会馆多由同乡京官维持。"[①] 因而,举人与他们的同乡京官之间、举子与举子之间被会试和会馆紧密地联系到一起,最终形成"公车上书"的数以千人次的规模。

维新变法发生的晚清时期毋宁说是一个颇具象征意义的历史阶段。一方面,这一时期的宣南地区是中国士大夫传统在京城的物质与文化结晶。寓居于此的士人阶层对国家政治和权力充满认同与向往,并通过会馆这样充满乡土色彩和地域认同的空间形式进一步维系;另一方面,维新变法开始提倡并探索新式政治形式和文化建制,这也预示着新的文化秩序和社会结构的生发。在一个相对传统的社区开展新式的政治和文化实践,一定程度上象征了中国教育文化制度和读书人群体意识由传统向现代的循序渐进的转型,同时也展现了宣南士乡在推动上述过程中的可能性和有限性。所谓可能性,主要来自晚清读书人对新的教育和交往方式的觉醒与探索;其有限性则是由宣南士乡本身的性质决定的。正如我们在上文分析的,宣南士乡不只是一个历史事件发生的物理空间,同时也是一个人们通过交往和实践建构的社会文化空间。从这一意义来说,这一基于科举制度和传统乡土观念而形成的士人聚居区,与维新变法所提倡的学会、学校、报刊等现代文化形式及公共空间具有一定的冲突和竞争关系。随着近代教育制度的变迁和北京内、外城界限的日益消弭,尽管仍然有一些新文化人士刚到北京时住在宣南地区的会馆或者在此开展集会活动,但是宣南士乡的空间优势逐渐淡化,读书人的生活和社交场所逐渐向新式学校转移。新的城市文化中心应运而生。

---

① 本段引文及主要论述参见茅海建《"公车上书"考证补(一)》,《近代史研究》2005年第3期。

二　作为新文化中心的北大沙滩

1905年，科举制度被废除，新式教育以新式学校为核心。曾经作为中国科举制中心的北京，随着新式教育的发展展现了诸多变化。1918年，时任北京青年会基督教干事的甘博（Sidney David Gamble）在北京开展了一个相对全面的社会调查，并概括了当时北京新式教育的两个显著特点。其一，北京的教育中心的地位与其政治中心的地位不可分割，并且继承自科举制时期教育与行政职能紧密联系以及最高等考试必须在北京考场中举行的历史传统。虽然此后中国的教育制度和政治体制都发生了诸多变化，但是北京仍然保持着国家教育中心的地位，教育与政治紧密相连。甘博指出，当时诸如公立北京大学、师范学院、海关学院、美国庚子赔款所建的清华学校以及其他各部所属院校，都位于北京及其附近。和全国其他城市相比，这一时期的北京拥有更多高等院校的学生。[①] 根据甘博的调查，1912年在公立北京大学和高等师范学校，来自南方的学生数量超过北方，最多的是来自浙江、广东两省的学生。[②] 由此可见，北京高等院校在全国的影响力和辐射力，以及北京作为全国教育中心的地位。

其二，根据甘博的调查和统计，自1905年9月5日科举制废除之后，以新式学校为核心的新式教育虽然面临制度、经费、校舍、器材、师资等诸多方面的困难，却仍然快速地建立和发展起来。到1907年，北京已拥有200所学校、1300名教员和17053名学生。其中的新式学校中，有9500名学生属于初级小学水平，中学有近1000名学生，高校的在校学生有1840人。此外，教育改革前既已建立的八旗官学仍然有4000余名注册学生。[③]

[①] [美] 西德尼·D. 甘博：《北京的社会调查》，邢文军等译，中国书店2010年版，第123页。

[②] [美] 西德尼·D. 甘博：《北京的社会调查》，邢文军等译，中国书店2010年版，第124页。

[③] [美] 西德尼·D. 甘博：《北京的社会调查》，邢文军等译，中国书店2010年版，第125页。

这时的北京已建立起四所高等学校：(1) 外文专修馆，有500名学生，由外交部组建，培养外事服务的外交官；(2) 法政学校，有740名学生，是北京最大的学校之一；(3) 高等技工学校，有200名学生；(4) 北京大学，包括预科及在校各系注册生400名。[①] 到1919年，北京的公立、私立学校数目为324所，其中28所是大学或相当于大学水平，18所为中学或大学预科。[②] 依照甘博收集的数据，这一时期北京的学生有近55000人，在公立的中、高等学校中，男生为13770人，女生为638人。[③] 据1917年的教育部报告，1915—1916年北京的教育经费为1894433元，其中4/5用于高等教育，大学及专门学校的学生费用每人294元至362元不等。[④] 根据甘博在这一时期北京城区图上标注的中、高等学校位置分布（见图1-1）可知，新式学校主要在内城，此外外城的宣南地区有一小部分。[⑤]

在新式大学的发展历史中，北京大学这所民国初期的全国最高学府在1917年蔡元培长校后，以学术研究为发展宗旨，逐渐形成思想自由、兼容并包的校园风气，引领了新文化运动的风潮。那么北京大学、新文化运动与北京的城市空间是什么关系？它们仅仅是城市中的景观和现象，还是对城市空间的建构具有实质性的影响？我们不妨将眼光进一步放宽，不仅关注重要事件中核心人物的思想及行动，同时观察这一时期以北京大学为中心的沙滩地区，如何经由北大学人和新青年的日常生活和文化实践产生影响力，最终转化为北京城市新的文化中心。

---

① ［美］西德尼·D. 甘博：《北京的社会调查》，邢文军等译，中国书店2010年版，第125页。
② ［美］西德尼·D. 甘博：《北京的社会调查》，邢文军等译，中国书店2010年版，第127页。
③ ［美］西德尼·D. 甘博：《北京的社会调查》，邢文军等译，中国书店2010年版，第127—128页。
④ ［美］西德尼·D. 甘博：《北京的社会调查》，邢文军等译，中国书店2010年版，第128页。
⑤ ［美］西德尼·D. 甘博：《北京的社会调查》，邢文军等译，中国书店2010年版，第131页。

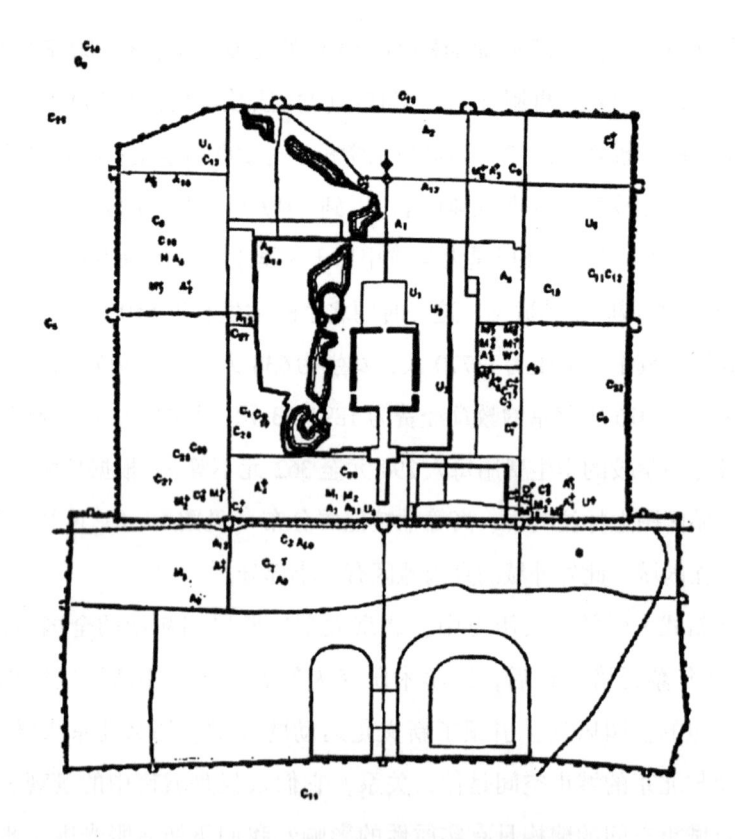

图 1-1　20 世纪 10 年代北京中、高等学校分布

图片来源：[美] 西德尼·D. 甘博《北京的社会调查》，邢文军等译，中国书店 2010 年版，第 131 页。

所谓沙滩，实际上是汉花园、银闸、北池子、景山东街之间的一个路口的街名。这附近分布着北大的一院、二院和三院三个不同的校区。[①] 北大最初的主校区是 1898 年成立的京师大学堂旧址，即马神庙，主要是文科和图书馆；北河沿校区是预科及法科所在地。1918 年汉花园红楼落成，将文科及法科迁入红楼，理科留在马神庙。此后，红楼被称为一院，

---

① 朱海涛：《沙滩》，原载《东方杂志》40 卷 14 号，1944 年 8 月，见陈平原、夏晓虹编《北大旧事》，北京大学出版社 2009 年版，第 316 页。

马神庙是二院，北河沿为三院。学者魏定熙在其研究北京大学的著作中指出，蔡元培任用诸位新文化人士进入该校，由未曾谋面，仅凭通信或者拜读对方的文章，到互相拜访，当面谈论政治、学术和私事，面对面的日常交流对于新文化人士的思想和行动产生的影响不可低估。① 周作人在文章中回忆了当时北大一部分教员日常交流的情况：

> 那时是民国六年（1917年）的秋天，距我初到北京才只有五六个月，所以北大的情形还是像当初一个样子，所谓北大就是在马神庙的这一处……进门以后，往北一带靠西边的围墙有若干间独立的房子，当时便是讲堂，进去往东是教员的休息室……许多名人每日都在这里聚集，如钱玄同、朱希祖、刘文典，以及胡适博士，还有谈红楼故事的人所常谈起的，三沈二马诸公，——但其时实在还只有沈尹默与马裕藻而已。②

凭借北京大学全国最高学府的平台，这些新文化教员"由被剥夺政治权力的圈外人，一转身成了位高禄厚的圈内人，由星散民间的同仁，变成了在同一所顶级学府任教的同事"③，从而产生了文化和政治的双重影响力。使这种影响放大和推进的另一个重要群体，是北京大学及其周围追求新文化的青年学生。这一时期，北京大学学生的一个特点是不仅包括本校的注册学生，还吸引了诸多外校甚至外省前来的知识青年和文学青年。此时，最高学府以及最高学府中的名师，已经逐渐代替科举制时代的宣南地区以及宣南地区的名士重臣，成为新的吸引外地学子的所在。

---

① [美] 魏定熙：《权力源自地位：北京大学、知识分子与中国政治文化，1898—1929》，张蒙译，南京：江苏人民出版社，2015年，第135—136页。
② 周作人：《卯字号的名人（一）》，载《周作人文选·知堂回想录》卷3，群众出版社1999年版，第314—315页。
③ [美] 魏定熙：《权力源自地位：北京大学、知识分子与中国政治文化，1898—1929》，张蒙译，江苏人民出版社2015年版，第135页。

新文化运动时期的北京大学，以自由开放的校园精神闻名。其一方面来自北大对外开放，允许校外学生到课堂上听课、到图书馆看书的制度。胡适曾经在20世纪30年代的一篇文章中提到北大"偷听"制度的有趣："旁听"是要考的、要缴费的；"偷听"是不考的、不注册的、不须缴费的。只要讲堂容得下，教员从不追究这些为学问而来的"野"学生。往往讲堂上的人数，比点名册上的人数多到一倍或两倍以上。① 另一方面，北大周围大大小小的胡同和胡同里提供学生食宿的公寓，则为学生们在此居住、学习和交往提供了现实的物质空间和文化环境。这些公寓并不是一开始就存在的。北大在三个校区校园或附近建有四个学生宿舍，后来又租用了民房为"五斋"和"六斋"。② 但是学校的宿舍仍然不能满足学生的需求，于是学生公寓相继出现在沙滩地区附近。根据北大斋务课1919年的报告，"大学四周开设学员公私寓所，其数近百"。③ 到1923年，北大附近公寓的数量已经过百。④ 由此可见北大沙滩附近公寓的兴盛以及人员的众多。这些公寓中除了住着因为学校宿舍房间不足而外宿的北大学生，还云集了众多由全国各地来北大"偷听"或者应试的青年。

北大自由开放的校园风气以及周围居住方便的公寓，对于有志学术或者文学的青年学子形成了有力的吸引。由此，沙滩地区形成了以学术和文学为核心的文化空间，并进一步吸引更多向往新知识、新文化的青年前去。正如20世纪30年代《世界日报》上的一篇文章所指出的，北大附近一带，代表的是一种自由研究学术的"生活方式"，相应的，这里的居住者也以"穷书生"为主，而没有大贾、没有富豪。其为民国以来的文学革命、新文化运动，提供了领导者和重要的参与者，同时也为日后的政界、学术界、文学界培养了诸多人才。⑤

---

① 适之：《编辑后记》，《独立评论》第131号，1934年12月16日。
② 李向群：《老北大校园变迁回顾》，《北京档案史料》2005年第1期。
③ 《斋务课通告》，《北京大学日刊》第297号第1版，1919年1月27日。
④ 《斋务课致中一区王署长函》，《北京大学日刊》第1348号第2版，1923年11月24日。
⑤ 杰天：《北平"拉丁区"的一鳞半爪》，《世界日报》1935年1月17日第10版。

从思想界来说，五四前后的北大沙滩地区处于研究主义、讨论问题的全盛时代。无政府主义、虚无主义，在那时风起云涌，家庭问题、婚姻问题，都是寓居于此的知识青年讨论的内容。罗敦伟、易家钺、郭梦良等提倡革命，先后组织《奋斗旬刊》《家庭研究》发表其思想主张。① 他们不仅是学校的学生，在舆论界也很有影响力。朱谦之在北大预科的时候，很少坐在讲堂上听学校的功课，而更多坐在图书馆"著书立说"。有一段时期，他住在光明学社，与梁漱溟、黄庆过从甚密，他们时常一起讨论宇宙和人生问题。② 新文化运动中的重要学生刊物《新潮》，也诞生在北大沙滩。1917年蔡元培长校后，住在北大西斋同一宿舍的傅斯年、顾颉刚，以及他们的邻居许彦之、傅斯年的朋友罗家伦、顾颉刚的朋友潘介泉在闲谈中决定筹办杂志。③ 他们周边聚集着一批对新文化和新文学感兴趣的青年。除了宿舍，他们也常聚在北大红楼的两间办公室探讨问题。其一是二层国文教员休息室，钱玄同等经常在这里；其二是一层图书馆主任李大钊的办公室。根据罗家伦回忆：

> 在这两个地方，无师生之别，也没有客气及礼节等一套，大家到来就辩，大家提出问题来大家互相问难。大约每天到了下午三时以后，这两个房间人是满的。……当时的文学革命可以说是从这两个地方讨论出来的，对于旧社会制度和旧思想的抨击也产生于这两个地方。④

这一时期的北大附近还居住过诸多后来成名的作家。现代文学史上著名的出版社北新书局最初位于沙滩地区的翠花胡同。住在附近的章衣萍、

---

① 杰天：《北平"拉丁区"的一鳞半爪》，《世界日报》1935年1月17日第10版。
② 杰天：《北平"拉丁区"的一鳞半爪》，《世界日报》1935年1月17日第10版。
③ 傅斯年：《〈新潮〉之回顾与前瞻》，《新潮》第2卷第1号，1919年10月30日。
④ 罗家伦：《蔡元培时代的北京大学与五四运动》，台湾《传记文学》第54卷第5期，1978年5月。

曙天等作家经常往来此地，北大的学生也会来此看书购书。① 此外，王鲁彦住在东高房，丁玲、胡也频住过沙滩汉园公寓，沈从文常常在北大二院对面的华顺居吃饭。② 学者姜涛认为，20世纪20年代由宣南的"酉西会馆"迁入沙滩公寓的沈从文，对生活空间的选择与北京城市格局的转变相吻合，接近了"正在生成之中的文化秩序"。其最初居住的宣南会馆虽然满足了基本的生存条件，却没有提供足够的社会参与性。而北大沙滩地区的公寓，由于云集了众多向往新文化、新文学的知识青年，而为沈从文带来了新的人际网络，促使其通过文学活动融入城市、实现自我价值。③

综上所述，围绕着北大的教学楼、图书馆、学生宿舍以及周边胡同里的书店、公寓等处，不仅形成了新文化教员聚会交流并且将文化主张上升到政治层面的影响空间，而且形成了新青年交往、互动的文化空间，他们在这里交流新思想、新观点并通过创办刊物发表观点。也正是在这一过程中，新文化通过教员与教员之间、教员与青年之间以及青年与青年之间的信息传递在北大产生了重要的影响力，经过相关刊物的进一步传播，最终酝酿成具有全国效应的运动。

三 北京城市文化中的知识精英传统

无论是科举制时期的宣南士乡还是新文化运动时期的北大沙滩地区，北京的城市文化中心或者建立在士大夫聚居之地，或者形成于国家级大学周边，其所依托的都是国家教育文化制度的支持。这种依托于政治制度逻辑的文化发展模式与北京悠久的国都历史有关。很多时候，北京都是一个具有象征意义的政治空间，不断吸引着从早期的士大夫到近现代以来的新型知识分子来到这座城市，追求全国性的政治和文化资源，以

---

① 杰天：《北平"拉丁区"的一鳞半爪》，《世界日报》1935年1月17日第10版。
② 杰天：《北平"拉丁区"的一鳞半爪》，《世界日报》1935年1月17日第10版。
③ 姜涛：《公寓里的塔：1920年代中国的文学与青年》，北京大学出版社2015年版，第157—166页。

实现个体的价值认同。因此，知识精英传统这一由北京的国都地位带来的文化特征是北京城市文化中非常重要的一部分。

"士大夫"这一群体由先秦的"游士"发展而来，秦汉之后逐渐成为官员选拔的对象，并且随着唐、宋、明、清科举制度的发达而进入高度成熟的发展阶段。这一群体不仅具备深厚的文化教养，而且是正统儒家意识的继承者。[1]"士大夫"这一身份称呼的着眼点在于这一身份的社会文化功能，其所反映的是中国古代官员和读书人身份重合的文化特色，以及政治性和社会性交错的身份秩序。有学者指出，士大夫文化是一种缔结群体身份认同和产生巨大社会影响力的共同文化。但是其并非随着士大夫阶层的出现自然形成，而是通过一系列行动、制度与事件的促成，在实际社会互动过程中产生的。京城作为国家政治中心，是各地域社会的士人间的物质媒介与具体互动空间，其一方面为中国的士大夫提供最高级的社交圈的空间与机制，另一方面其所具有的文化符号是士大夫身份认同的要素。[2]

科举制时期的宣南士乡，虽然因为满汉分居的政策被隔离在外城，但是仍然凭借与京城的密切联系，一方面聚集了重要的汉族官员和士大夫，另一方面又建有方便地方士人进京的会馆。在此聚集的士大夫和读书人，基于"学缘"和"地缘"等关系缔结方式，或者聚集在某一位核心官员、士大夫周围，互相提携、诗词唱和，或者聚集在以家乡为纽带的会馆里，得以在离开故土之际仍然受到照顾和扶持，并且结识同乡。

随着1905年科举制度废除，士大夫这一将知识文化和国家政治直接相连的身份群体终止了两千多年的发展历史。都市之中的新式学校、报刊媒体和社团作为现代文化发展的"基础建构"[3]逐渐吸引追求学术独立和思想自由的新型知识分子。不过有学者指出，清末民初的中国社会价

---

[1] 阎步克：《士大夫政治演生史稿》，北京大学出版社1996年版，第1—6页。

[2] 甘怀真：《汉唐间的京城社会与士大夫文化》，载邱仲麟主编《中国史新论·生活与文化分册》，台北：联经出版事业股份有限公司2013年版，第165—198页。

[3] 张灏：《转型时代在中国近代思想史与文化史上的重要性》，载《张灏自选集》，上海教育出版社2002年版，第109—114页。

值体系，主要还是政治与文化一体化的结构。① 北京大学作为晚清以来的全国最高学府，并不只是一个发展学术和教学的高等教育机构，同时还是国家上层文化体系的一部分。新文化运动的发生，其实质是"从思想、文化层面向政治、舆论层面的转换"，从而成为"与传统上层文化抗衡的文化势力"。② 从这一层面来说，新文化知识分子主导的新文化运动仍然继承了前一时期士大夫文化与政治相关联的知识精英传统。但是，由学而优则仕到以文化影响政治，其依托的制度条件、社会基础和思想策略毕竟发生了转变。

就上述论证的北京大学而言，这一时期校园知识分子通过学校、刊物、社团，乃至日常居住消费的宿舍、公寓和书店等公共空间的交往，不断地讨论新的社会问题，生产新的文化知识，创作新的文学作品。他们一方面经由彼此之间的对话和辩论实现知识的流动，建立以新文化为核心的公共空间；另一方面通过社团和刊物将他们的新知识和新思想传播出去，进而影响更大的范围和更多的人群。由此新文化运动进入个人和群体的实践领域，并且对人们的思想和行动产生作用，最终形成具有学术和文学氛围的城市新型文化空间。在这一过程中，新文化知识分子日益聚焦于新知识、新思想的交流与传播，基于北大沙滩这一城市文化和生活空间形成群体生活方式和交往秩序，传统的乡土观念和学而优则仕的心理有所淡化。③

从宣南士乡到北大沙滩，北京的城市文化中心随着科举制的废除和新式大学的创办而发生了改变和转移，其既是读书人和知识分子社会关系转变的结果，同时又反过来制约着他们认识自我和群体的客观条件。在这种转折和断裂之中，埋伏着一脉相通的知识精英文化传统。这一方

---

① 杨早：《清末民初北京舆论环境与新文化的登场》，北京大学出版社2008年版，第214页。
② 杨早：《清末民初北京舆论环境与新文化的登场》，北京大学出版社2008年版，第217页。
③ 事实上，到20世纪30年代北平的各大学仍然有同乡会，会馆也依然存在，但是其在学生的思想中已经成为某种相对落后的事物，或者是用以讨论新问题的旧的组织形式。

面是因为北京的国都地位导致了此处教育事业的传承，尽管科举制废除、新式学校出现切断了教育直接指向入仕的途径，但是政治权力作为公立学校的资助者，仍然深刻地影响着学校的发展和知识分子活动的限度，同时知识分子也试图借助国家最高学府——北京大学的特殊地位以文化影响政治。

此外必须强调的是，在新旧文化交替更迭、并置杂糅的历史阶段，不同的读书人群体对于各自生活和行动空间的选择极具复杂性。一方面，新派人士和旧派人士可能占据着代表新派和旧派的不同文化空间，另一方面，北大这样兼容并包之处也可以同时容纳不同的文化派别。更多的情况是，很多人的生活和实践空间同时兼及新旧事物和新旧城市区域，他们的思想观念中也是既含有传统的乡土和道德，也包括现代的新知识与新文化。因此，本节虽然重点在于讨论城市文化空间的生产与转移，但并不否认新旧文化空间的同时存在，及其在不同群体观念中的不同地位。

第二节　1928年后北平"大学城"的建构

1928年之前，北京是国家政治中心和教育文化中心。在北京城市文化的知识精英传统中，文化与政治权力一直密切联系、相互交错。从士大夫的文化服务于政治，到北大最高学府知识分子试图以文化影响政治，新兴的中国高等教育一直承担着社会的、政治的责任，甚至成为某些权势人物谋取政治利益的工具。[1] 1928年6月，北伐军进入北京之后，改称北京为北平，这座城市失去了其历史悠久的国家政治中心地位。这一时

---

[1] 学者许美德在其以比较教育学方法研究中国现代教育的著作中指出，欧洲大学最根本的教育价值观是自治权与学术自由（当然，她也指出上述自治权与学术自由的有限性与相对性）。民国时期的中国教育在引进西方模式的同时，也引进了关于自主与学术自由的价值观，当试图将这种价值观与中国关于高等教育与政府的关系的传统观念整合时，产生了种种矛盾。见［加］许美德《中国大学1895—1995：一个文化冲突的世纪》，许洁英主译，教育科学出版社2000年版，第10、19页。

期的北平被称为"文化古城"①，因为失去政治地位后其可利用的资源主要是帝都时期的历史文化资源以及各种大中小学、图书馆等教育与学术文化资源。北平应该如何利用这些资源重建城市身份？北平的教育文化和知识精英传统在脱离此前的国都身份后，具有怎样的发展空间？

一　迁都后的城市身份难题

1928年6月，北伐军进入北京，将北京改称北平，列为中央直辖的"特别市"，1930年降为普通市，隶属河北省。"故都"阶段的北平，不但称谓改变，而且失去了优先调用各种资源的特权。北京是一个围绕着国家政治和文化精英所形成的消费型城市，其在政治、经济、文化等各方面所拥有的优势和资源都来自其国都地位。一旦失去这一地位，缺乏自给自足能力的北平将要面对的不仅是名义上的身份失落，还有从政治到经济再到社会风俗、民生秩序的全面危机。梁启超在其家信中描述道："北京一万多灾官，连着家眷不下十万人，饭碗一齐打破，神号鬼哭，惨不忍闻。……所谓新政府者，不名一钱，不知他们何以善其后。党人只有纷纷抢机关、抢饭碗（京津每个机关都有四五伙人在接收），新军阀各务扩张势力，满街满巷打旗招兵。"②瞿兑之更是悲观地将1928年迁都对北平的打击与1900年的义和团运动相提并论："整个的多年蕴藏之重器国宝，逐渐转移，而丧失其固有意义，其多年沿袭以来的社会秩序、人民生计，也受绝大之波动。自明太宗建都以来，孕育滋生不离窟穴盈千累万之居民，恐从此更不能维持其血脉。北平之历史意义，从此殆摧毁无余矣。"③

迁都初期，作为城市主要消费人群的官商阶层大量流失，一时间市

---

① "十年时间，中国的政治、经济、外交等中心均已移到江南，北京只剩下明、清两代五百多年的宫殿、陵墓和一大群教员、教授、文化人，以及一大群代表封建传统文化的老先生们，另外就是许多所大、中、小学，以及公园、图书馆、名胜古迹、琉璃厂的书肆、古玩铺等等。"见邓云乡《文化古城旧事》，河北教育出版社2004年版，第1页。

② 梁启超：《与思顺书》（1928年6月23日），见丁文江、赵丰田编《梁启超年谱长编》，上海人民出版社2009年版，第762—763页。

③ 铢庵（瞿兑之）：《北游录话》（七），《宇宙风》第26期，1936年。

面萧条、民生困顿。① 在此之前，北京一直没发展并形成独立自足的生产性行业，政治地位的衰落同时意味着其经济状况陷入窘境。此后一段时间，社会各界不乏重新建都北平的呼声，却均未奏效。② 迁都只是一个开始，随着国内政治势力对北平的争夺以及日本军方对中国东北、华北地区的进犯，北平的社会环境一直处于起伏之中。1930年，军阀阎锡山试图在北平建立与南京抗衡的另一国民党党部，不久被归属蒋介石的张学良军队打败，从此北平重登首都之位几无可能。③ 虽然城市繁荣程度大不如国都阶段，但是20世纪30年代后北平城市内部的局势逐渐稳定下来。然而，城市外部日本侵略势力虎视眈眈，一步步威胁着北平的安危。日军于1931年发动"九一八"事变占领东北，并于1933年元旦攻破榆关（山海关），当年5月迫近北平东南的通县，国民政府被迫签订停战的《塘沽协定》。④ 1935年5月，日军再次挑起"河北事件"，迫使国民政府签订了《秦土协定》与《何梅协定》。⑤ 失去首都地位又缺乏发展动力的内忧和日本侵略者不断骚扰的外患结合在一起，构成了1928年到1937年北平的城市发展大环境。

失去了政治地位的北平到底应扮演什么角色呢？围绕这一问题，北平民间有很多提议，比如将其建设为国故中心、学术美术艺术中心、东方文化表现中心、交通运输中心、陆地实业中心、观光游览中心、中外客人住宅区、国防中心等。⑥ 在具体的市政实施过程中，北平市政府在20

---

① 燕伯：《旅店行之调查》，北平《新晨报》1928年11月13日第6版；《平市经济状况之今昔观》，北平《新晨报》1928年12月4日第6版。
② 《建都北平运动》，北平《新晨报》1928年8月14日第3版；《全国商界均主张建都北平》，北平《益世报》1928年8月13日第7版；《总商会昨开董事会 讨论议案多项》，《世界日报》1928年8月16日第7版；《力主建都北平之建议者》，北平《新晨报》1928年8月27日第7版。
③ 曹子西主编，习五一、邓亦兵撰著：《北京通史》第九卷，中国书店1994年版，第45页。
④ 曹子西主编，习五一、邓亦兵撰著：《北京通史》第九卷，中国书店1994年版，第51页。
⑤ 曹子西主编，习五一、邓亦兵撰著：《北京通史》第九卷，中国书店1994年版，第61页。
⑥ 朱辉：《建设北平意见书》，1929年1月8日，北京市档案馆，档号：J1-4-1，见《北京档案史料》1989年第3期；《北平市各自治区公所关于繁荣北平意见呈》，1933年3月8日，北京市档案馆，档号：J1-7-35，见《北京档案史料》1997年第2期。

世纪 30 年代采纳了以整理古物为中心的繁荣北平计划与北平游览区计划,将北平特有的古代文化遗产,尤其是皇家文化资源视为民族历史文化的象征,通过整理、保护和旅游化开发将北平打造成国家文化中心和东方旅游城市。① 在此规划之下,天坛、正阳门牌楼、东西四牌楼等都得到整修,"在北平城中心登高一望,倒是金碧辉煌,衢路修直,一种新气象反比帝制时代还要整齐些"②。这毋宁说是北平市政当局基于这一时期的民族主义思潮与文化倾向提出的一套诠释与整理城市传统资源的方案。但是,这样的城市规划和具体实施一方面依赖于中央政府的认同以及财政支持,③ 另一方面则需要在一个较为稳定的社会环境中通过多部门的长期合作才能完成。就 1928 年至 1937 年的现实条件而言,上述规划的充分实施显然很难达成。

二 教育与学术文化空间的开发

帝制的历史文化资源对于北平来说更多是一种"象征"和"文化"层面的城市符号,相对而言,自清末以来就在北京积累下来的教育资源(尤其是高等教育资源),在北平的城市身份转型中发挥了更为实质性的作用。如上一节所述,北京不仅是北京大学这一国家最高学府的诞生地,而且以此为中心孕育了影响全国的新文化运动和五四运动。20 世纪 20 年代中后期,北平高等教育领域内的各种风潮不断,集中体现了政府和文化界的矛盾,很多学生也卷入其中。像女师大风潮、国立八校罢教索薪风潮等学潮,令北平的大学校园和大学生活动日益走向政治化,严重影响了正常的教学秩序和学术研究。迁都之后,北平政治地位不再,南京国民政府的主要势力难以到达北平。北平师生迎来了安心发展教育与学

---

① 参见许慧琦《故都新貌:迁都后到抗战前的北平城市消费(1928—1937)》,台北:台湾学生书局有限公司 2008 年版,第 151—159 页。
② 铢庵(瞿兑之):《北平的运命(北游录话之十)》,《宇宙风》第 31 期,1936 年。
③ 《北平市政府为建设北平市政拟定筹款办法致行政院驻平政务整理委员会呈》,1934 年 9 月 26 日,北京市档案馆,档号:J1-5-116,见《北京档案史料》1999 年第 3 期。

术的重要机遇。当时留居北平的学者刘半农就曾指出，迁都为北平发展出自由独立的学术氛围提供了非常好的条件，以往的"腐败空气"可以借此"廓清"，留在北平的知识分子，可以"息心静气的读书，安安闲闲的度日"，并且期待过上数十年之后，"能把这地方造得和日本的京都、英国的牛津剑桥一样"。①

此外，国民政府在教育方面采取了一系列措施，整顿高等院校学风，② 筹措办学经费，力图提高北平高等教育的学术化水平。1928年至1937年期间，北平的高等学校在国民党政府的整顿下数量大为减少，但保留下来的学校办学质量显著提高，相对于前一阶段可以说是"少而精"。国民政府于1929年7月颁布《大学组织法》和《专科学校组织法》，规定大学以"研究高深学术，养成专门人才"为宗旨，具备三个学院以上者，才可称大学，否则只能称独立学院。"教授应用科学，养成技术人才"则是专科学校办学宗旨。③ 根据1934年的全国高等教育统计，该年度北平共有专科以上学校17所，包括国立北平大学、国立清华大学、国立北京大学、国立北平师范大学、省立东北大学、私立燕京大学、私立辅仁大学、私立中法大学8所大学；私立朝阳学院、私立中国学院、私立民国学院、私立北平铁路学院、私立协和医学院5所独立学院；国立北平艺术专科学校、公立北平盐务学校、公立北平税务学校和市立北平市体育专科学校4所专科学校。④

办学经费是高校延请名师、扩大组织和购置图书设备等的保证，

---

① 刘复：《北旧》，载刘半农著，徐瑞从编《刘半农文选》，人民文学出版社1986年版，第208—209页。
② 例如北平师范大学，一度因为学生风潮过于活跃，而被国民政府以学术性不足为由关停，后经校方多重努力得以重新开设。
③ 李铁虎编著：《民国北京大中学校沿革》，北京燕山出版社2007年版，第9页。
④ 《全国各大学校址校长姓名及所设院系名称一览》，载教育部统计室《二十三年度全国高等教育统计》，南京：教育部统计室1936年版，第48—49页；《全国各独立学院院址院长及所设院系名称一览》，载教育部统计室编《二十三年度全国高等教育统计》，南京：教育部统计室1936年版，第126—127页；载教育部统计室编《全国各专科学校校址校长及所设科组名称一览》，《二十三年度全国高等教育统计》，南京：教育部统计室1936年版，第195页。

往往被视作学校实力的象征。据1934年的全国高等教育统计,当年北平的4所国立大学所得经费仅次于中山大学、中央大学和武汉大学这些国民党政府重点扶持的高校,比上海的同济大学、暨南大学等校的经费高出了将近一倍。① 民国时期,接受海外资金资助的高校力量不可小觑,其不仅在办学资金方面拥有绝佳优势,同时受惠于西方更丰富的现代高等教育办学经验和师资援助。这一时期的北平,除了受到美国所还庚款资助的清华大学,还有法国庚款资助的中法大学,外国教会支持的燕京大学和辅仁大学,以及美国洛克菲勒基金支持的协和医学院。相对安定的城市环境,加之有效的资金支持,使清华大学、燕京大学和辅仁大学在这一时期迅速崛起,改变了此前北京只有北京大学一家独大的局面。

这一时期,北大、清华、燕大、辅仁等北平知名院校都以学术为发展重心。此前被胡适认为"开风气则有余,发展学术则不足"② 的北京大学在蒋梦麟和胡适的共同主持下,革新人事,努力发展学术,尤其注重文史学科。清华大学在罗家伦的主持下实现国立化,同时在梅贻琦治下广纳人才,营造"教授治校"的学术化氛围,发展文、理、法等基础学科,兴建工学院。燕京大学和辅仁大学也在制度和课程上"去宗教化"和追求"中国化",从而得到南京国民政府的认可,实现学术方面的进一步发展。有学者对比了20世纪30年代北平和上海高等教育界的基本数据,认为北平高等教育以高层次的学术型名校为核心,而上海的高等教育更为市场化,向私立教育和职业教育倾斜(见表1-1)。

---

① 《全国各大学概况总表》,载教育部统计室编《二十三年度全国高等教育统计》,南京:教育部统计室1936年版,第50—51页。

② 《教务长胡适之先生的演说》,陈政记录,《北京大学日刊》第1138号第2版,1922年12月23日。

表1-1　　　　　　　　1934年平沪高等院校数据对比

		教职员人数	教员人数	教授人数	副教授人数	在校生人数	藏书册数
北平	国立	1510	977	301	34	4453	598518
	市立	218	118	34	3	586	39168
	私立	475	295	98	15	1543	438492
	合计	2203	1390	433	52	6582	1076178
上海	合计	1201	817	430	41	6774	439971
	国立	600	386	127	31	1966	151850
	私立	601	431	303	10	4808	288121

资料来源：刘超《民国文化格局中的平津知识界——一项基本性的翻案》，《社会科学战线》2008年第8期。

由表1-1可知，20世纪30年代上海的高等院校以私立院校为主，其国立和私立院校的教职员、教员数量加起来还不如北平的国立大学，师资力量明显落后于北平。藏书量更是远远落后于北平。虽然上海高等院校的数量多于北平，但是学生总数只是略高于北平。[①] 由此可以一窥北平高等教育的整体实力。

除了高等院校，这一时期北平还有诸多研究所、博物馆、图书馆和学术团体等学术文化机构。其中最具代表性的是李石曾于1929年9月主持建立的国立北平研究院，该院的建立与南京的中央研究院形成南北对峙局面。另外，一些国家级学术机构着眼于华北地区丰富的古迹古物和相对适宜的研究环境，在这一时期由其他城市迁往北平。其一是蔡元培组织建立的古物保管委员会，于1929年1月从南京迁到北平，致力于古物的整理以及对外国学术考察团的审核。其二是傅斯年主持的中央研究院历史语言研究所，1929年6月由广州迁往北平，从事历史、语言、考

---

① 刘超：《民国文化格局中的平津知识界——一项基本性的翻案》，《社会科学战线》2008年第8期。

古等方面的研究。这一时期，负责管理美国所还庚款的中华教育文化基金董事会也设在北平，对推动此地的学术文化事业起到不可替代的作用。除上述清华大学，该基金1929年促成了国立北平图书馆与北海图书馆的合并，并于1930年拨款修建北平图书馆新馆舍。① 同时，在北平图书馆新馆西侧建西式三层楼房，作为由其资助的静生生物所和社会调查所的所址。②

  在有形的高等院校和学术文化机构之外，尚有人际网络、学术刊物、思想言论等无形的学术文化空间的开拓。林徽因的"太太的客厅"、朱光潜的"读诗会"以及胡适领衔的《独立评论》等学人聚会和刊物运作，往往将其实践和影响范围控制在学院派高级知识分子内部，或者在城市上层社会精英中产生影响。各个大学不同专业、不同学生社团的一些专业期刊，也主要是在学科内部或者团体内部产生一定的作用。与此同时，在北平的报纸杂志上，则出现了大量关于教育界的新闻和对北平学界的介绍，以及各学校教授、学生创作的相对通俗易懂、利于普通市民阅读的专栏。这一现象反映了北平的学术界与城市市民社会的一种互动关系。兼顾学界和具有一般文化能力市民的北平媒体，一方面为教育界提供相关信息，另一方面又将教育界的信息介绍给市民。这本身说明了教育界的活力及其对北平城市文化的重要影响乃至共生的关系。根据1931年在燕京大学就读的夏鼐日记记载，当时校内报纸有《北平晨报》《京报》《民国日报》《华北日报》《全民报》《益世报》《世界日报》《英文导报》（以上北平出版），《大公报》《庸报》（以上天津出版），《申报》《时报》（以上上海出版）。他基本上每天午后都会阅读各个报纸，并且认为北方的日报在评论和副刊方面都比较精彩，而上海的报纸完全商业化，除要讯外几乎不值一看。③

---

  ① 以上各机构介绍，详见李文裿编《北平学术机关指南》，北平图书馆协会1933年版，第81、346、75、343、137页。
  ② 社会调查所编印：《社会调查所概况》，北平，1933年，第7页。
  ③ 《夏鼐日记》卷一，华东师范大学出版社2011年版，第23页。

第一章 活动空间：作为大学城的北平

以20世纪30年代在北平发行和销售量较大①的《世界日报》为例，该报自1925年创办以来就以注重教育方面的新闻报道见长，借此招徕大量的读者，并因此在北京激烈的同业竞争中生存下来。1928年国都南迁，北平百业凋零，《世界日报》凭借教育版内容获得"意外的发展"，从此将之视为自己的"生命线"。② 教育新闻在《世界日报》的地位与国内外要闻同等重要，有专门负责的记者。1932年后，《世界日报》又邀请北平几所著名大学的学生担任特约记者，专门报道各学校的新闻，按稿计酬。1934年9月起，《世界日报》增辟"学生生活"版，其发刊词强调了学生群体在北平的重要性，并向读者介绍北平学生生活对于北平学校当局、社会人士和各校之间联系的有益性：

> 北平为文化之区，学校林立，各省市大、中、小学生就读于此者，何虑十数万人，几居全市人口之十一。而学校当局，社会人士对此众多青年课内外、校内外之生活实况，似未深切之注意，真实明了。殊觉目光所及，稍见周详。本刊之使命，在汇集描写学生各种方面生活实况之文字，随时刊布。以引起负有指导监督之责者之注意。俾进而探讨何者为应纠正，何者为应倡导。庶使莘莘学子，知所遵循，无歧路彷徨之苦，而渐臻于善、美之境。此一义也。
>
> 在北平市圈内之大、中、小学，为数近百。而各校间素少联络，同学向亦隔膜。本刊极愿以此短小篇幅，公之于众，尽量传播各校及同学之团体或个人之消息，庶能声气相求，共同迈进，此一义也。③

1935年初，为了向教育界纵深发展，加强与教育界上层人士的联系，

---

① 1930年底，《世界日报》销售量突破一万大关，成为当时北平销量最多的报纸。见张友鸾等《世界日报兴衰史》，重庆出版社1982年版，第92页。
② 张友鸾等：《世界日报兴衰史》，重庆出版社1982年版，第82页。
③ 《写在发刊之日》，《世界日报》1934年9月1日第10版。

《世界日报》在"教育界"新闻版增辟"学人访问记"专栏。在刊登第一篇经济学家李达访问记时，《世界日报》社长成舍我写了《编者附识》登在文首：

> 处在国防第一线上的故都——北平，一切差不多都已到了"不堪言状"的地步；勉强来支撑门面的，还是靠着所谓"教育界"，因之"文化区"的头衔，也就加上了。在这"文化区"里面，既已"学校林立"，当然有不少专门学者，对于某一种学问，他们都有深刻的研究，深厚的权威，所以本报打算对于各大学的名教授，一一加以访问，作一个有系统的介绍，想必是读者乐意知道的。[①]

为了吸引更多读者阅读，而不是将读者范围局限在学术领域之内，这一专栏在访问对象和叙述语言方面都很讲究策略。一是在采访对象上偏重有学术成就和公共影响力的学者。二是精练顺畅地呈现被访问者的成长经历和学术成就，采用浅显明白的语言，尽可能地将访问内容故事化和通俗化，确保学术圈外的读者也能理解其内容，感受学者们的精神风范。到1937年7月抗日战争全面爆发时，该栏目访问了56位学者，成稿总计70万字，深得北平读者认可，一度准备出版单行本，终因战事未能达成。总之，在这一时期，诸如《世界日报》的教育新闻和教育专题版、《北平晨报》的"学园"专版、天津《大公报》的"文艺"副刊等，都与北平大学校园中的师生群体有着密不可分的联系，成为北平学院空间在城市传播媒介上的延伸。

如果说五四时期的北京学界主要是通过思想方面的贡献引领全国风潮，那么到了20世纪30年代，北平的高等教育和学术机构是在国民政府更为严格的管理以及在此的学院知识分子的推动下，进入了一个相对前

[①] 《编者附识》，《世界日报》1935年1月28日第7版。

一阶段更为注重教育和学术本位的建设阶段。这一时期，北平以其学术文化以及作为学术文化载体的教育和研究机构为中介，连通了国家和地方，为本地吸引了大量的人才资源和教育科研经费，从而将活力和生机灌注于北平城市发展进程之中，延续了其自明清以来的文化和教育"心房"作用。[1] 诚如1933年傅斯年在致丁文江的信中所言："'北平为中国文化中心'一说，是非且不论，北平之有学术空气，他处无之，乃是实在。"[2] 1928年后的北平，在先前积累的学术文化传统之上，发展学术机构、开拓学术空间，吸引了大批学术人才和全国学子，将城市发展的重心落到教育和学术上。从这一层面来说，称其为"大学城"才是所谓"全国文化中心"的题旨所在。

第三节 大学师生群体的城市选择

近代以来，读书人在中国不同地域的聚集往往出于对地区特定文化和生活方式的选择与认同。而读书人群体的迁徙与流散也常常伴随着国家政治、文化等方面的变迁和权势网络的转移。在本章第一节，我们已经论述了科举制时代的北京如何吸引士大夫阶层的向往，新文化运动时期的北京大学又如何集结了全国有声望的新文化知识分子和慕名而来的青年学子。历史的脚步走到20世纪20年代中期，1926年的"三一八"惨案对北京高等教育界造成重创，4月奉系军阀进入北京，身处北京高校之中的新文化知识分子和学生大量南下，成为彼时引起全国注目的潮流和现象。[3] 他们散落在上海、武汉、南京、厦门、广州各处，在一定程度

---

[1] 铢庵（瞿兑之）：《文化城的文化》，《宇宙风》第29期，1936年11月。
[2] 《1933年6月傅斯年致丁文江》，台北："中研院"历史语言研究所藏傅斯年档案，转引自桑兵《抗战时期国民党对北平文教界的组织活动》，《中国文化》第24期，2007年春季号。
[3] 1925年后从北京南下的学者包括陈独秀、胡适、鲁迅、林语堂、顾颉刚、黄侃、汪东、陈中凡、王世杰、沈兼士、郁达夫、朱希祖、钱端升、张歆海、温源宁、刘文典、陈源、王星拱、容庚、容肇祖、周鲠生、马寅初、顾孟余、朱家骅等，以北大、清华教授为主。

上预示着中国文化和政治关系的重新"洗牌"。1927 年, 随着南京国民党政府这一在形式上统一全国的政权建立, 城市的选择对于知识分子来说成为一个非常具有象征意义的行为。

一 追求学术与雅文化的北平学者

有学者指出, 1927 年之后, 除了郑振铎等少数人外, 北大、清华等北平名校教授自愿离开者非常少见。而 1930 年后, 平津学界出现了"南人北上"的现象。这些从南方来到北平学界的学者包括: 胡适、傅斯年、顾颉刚、杨树达、余嘉锡、刘文典、汤用彤、徐志摩、潘光旦、吴泽霖、闻一多、陈嘉、雷海宗、浦江清、向达、王万里、王绳祖、陆维钊、王庸、郭廷以、陈梦家、陆志韦、吴有训、赵忠尧、顾毓琇、曾昭抡等。[①] 上述北来的学者主要可分为三类: 一是原北大和清华教师因眷恋北方而再度北上, 二是清华庚款留美生在上海、南京等地任教后重返母校, 三是东南大学(南高师)、金陵大学的毕业生北上清华、燕大二校。[②] 吸引他们北上北平的最为重要的原因, 是傅斯年所说的北平的"学术空气"。比如 1926 年南下厦门大学的历史学者顾颉刚, 将南下视为迫于生计的暂时选择, 因而只将此"算作一旅行而已", 在北京的"书籍什物, 一切不动"。[③] 1927 年顾颉刚又辗转广州中山大学, 并在给胡适的信中抱怨"广州的不能研究学问"是"极明显"的, 因为书籍"不够参考", 并且无人"商量学问"。[④] 1929 年顾颉刚进入燕京大学历史系任教, 终于达成返回北平的愿望。

除了对于学术资源的青睐, 学院派知识分子对于北平的选择还有意识形态方面的因素。1928 年 2 月, 留居北京的大学教授兼文学家朱自

[①] 刘超:《论 1927 年后北平在中国知识界的地位》,《北京社会科学》2008 年第 4 期。
[②] 刘超:《论 1927 年后北平在中国知识界的地位》,《北京社会科学》2008 年第 4 期。
[③] 顾潮:《历劫终教志不灰——我的父亲顾颉刚》, 华东师范大学出版社 1997 年版, 第 99 页。
[④] 《顾颉刚致胡适》(1929 年 8 月 20 日), 载中国社会科学院近代史研究所中华民国史组编《胡适来往书信选》上册, 中华书局 1979 年版, 第 536 页。

清在上海的新文化知识分子刊物《一般》上发表了长文《那里走》①。该文将这一时期全国最重要的几个城市区分为两种不同类型,武汉、广州代表政治的一类,而北京和上海是文化的城市。他认为,在文化的城市,人们总是倾向于"享乐",并且以学术、文学和艺术为"消耗精力的场所":

> 在旧时代正在崩坏,新局面尚未到来的时候,衰颓与骚动使得大家惶惶然。革命者是无意或有意造成这惶惶然的人,自然是例外。只有参加革命或反革命,才能解决这惶惶然。不能或不愿参加这种实际行动时,便只有暂时逃避的一法。这是要了平和的假装,遮掩住那惶惶然,使自己麻醉着忘记了去。享乐是最有效的麻醉剂;学术,文学,艺术,也是足以消灭精力的场所。所以那些没法奈何的人,我想都将向这三条路里躲了进去。这样,对于实际政治,便好落得个不闻理乱。虽然这只是暂时的,到了究竟,理乱总有使你不能不闻的一天,但总结账的日子既还没有到来,徒然地惶惶然,白白地耽搁着,又算什么呢?乐得暂时忘记,做些自己爱做的事业;就是将来轮着灭亡,也总算有过称心的日子,不白活了一生。这种情形是历史的事实;我想我们现在多少是在给这件历史的事实,提供一个新例子。不过我得指出,学术,文学,艺术,在一个兴盛的时代,也有长足的发展的,那是个顺势,不足为奇;在现在这样一个衰颓或交替的时代,我们却有这样畸形的发展,是值得想一想的。

上文中,朱自清以"我们的路"为小标题,以上海和北京所代表的文化城市的生活来探讨自己所属的小资产阶级(petty bourgeoisie)在革命

---

① 朱自清:《那里走》,载《朱自清全集》第4卷,江苏教育出版社1990年版,第226—244页。

时代应该"怎么活着"、应该走"那些路"。他认为在这样"动摇"的时代,自己"既不能参加革命或反革命",总得"找一个依据",才可以"安心地过日子"。此时的朱自清面对时代转折与群体分化的处境,一方面,以阶级分析的观点将自己划入小资产阶级的阵营,并且为自己躲避革命和追求学术、文学、艺术感到"惶惶然";另一方面,又不能摆脱新文化知识分子对于文化和学术意义的坚持与认同,认为北京的学院生活仍然为自己提供了一个可以安心过日子的依据。在朱自清这里,北京作为文化的城市,代表了以学术、文学和艺术为主的生活方式,也是知识分子群体在政治和革命之外可以寄托价值与身份认同的所在。

1930年北上北平的胡适,正是着眼于北平相对非政治化的环境,带着对中国高等教育和学术发展的相对通盘的考虑回归的。1929年,时任上海中国公学校长的胡适因为连续发表《人权与约法》《我们什么时候才可以有宪法?》《新文化运动与国民党》等文章批评国民党政府,而被警告、围攻和查禁文章,并不得不离开中国公学。1930年11月底,胡适携全家从上海迁往北平。根据胡适这一时期的日记,其北返的抱负主要有三个方面:其一是改革北大,从而带动全国大学的现代化;其二是推动中华教育文化基金董事会的编译计划,大量翻译西方名著;其三是促进中国历史与文化研究,从而将"汉学"(Sinology)的中心从日本京都和法国巴黎移到中国,特别是当时的北平。[①]

胡适回归北平的抱负首先建立在北平本身的高等教育和学术文化基础之上,这里有北京大学这样的全国性精英大学,有中华教育文化基金董事会这样依靠庚款赞助学术事务的基金组织,还有从事汉学研究的机构、人才和资料。在这些客观基础之上,胡适回到北平,试图通过个人的影响力以及对于中国高等教育和学术发展的规划,网罗人才,推动北大建设与名著翻译、国故整理等教育学术文化事业的开展。

[①] 参见曹伯言整理《胡适日记全编》第5、6册,安徽教育出版社2001年版。

其位置在北平,其抱负却是希望促成全国甚至世界性的成就,在时间上也可说是为百年树人,为学术开源流。上述这一切规划,都必须建立在北平的客观条件基础之上,在当时中国的任何其他地方都无法实现。胡适等对于这一时期北平的高等教育和学术事业的选择,体现出这一批知识分子试图通过教育、文化、学术等方面实现自我价值的身份认同。

20世纪30年代以后,随着五四时期新文化知识分子的进一步分化,他们分别选择了不同的城市。一部分左翼知识分子向拥有发达的商业化传媒和租界保护的上海流动,而诸多以学术为志业的自由主义知识分子则将教育和学术机构集中的北平作为栖居地。到1933年的"京派"和"海派"之争,则从一开始沈从文由文学创作出发进行区分,引向北平和上海两个不同地域的文学、教育、学术各方面的区别。这一时期的沈从文,不再是前一个十年那个徘徊在北京大学附近的街道和公寓中寻找文学梦的青年,而是进入北平学术名流圈子,并凭借《大公报》文艺副刊聚拢学院内外的文学家和文学青年的"文学引路人"。京派文人以学院派知识分子为核心、以自由主义无功利的审美为追求的文学主张,本身与20世纪30年代北平的学院文化密不可分。也难怪更多的学者将京派的内涵由文学扩大到教育和学术。

朱自清在1947年谈论"北方的学术空气浓厚"这一普遍看法时,提及"京派"与"海派"的分别。他认为,抗日战争前,大致而言,京派所抱的态度是"为学术而学术",而海派是"为名利而撰作"。[①] 而鲁迅在京、海派之争中,犀利地点明了京派是"官的帮闲",海派是"商的帮忙"之后,也指出京派文人学者的理论、研究或创作环境"比海派来得优越"。因为,北平"究竟还有古物,且有古书,且有古都的人民",京派学者文人往往又有着"讲师或教授的本业",因而也更有可能出现"学

---

① 朱自清:《论学术的空气》,原载《世纪评论》1947年第9期,见《朱自清全集》第4卷,江苏教育出版社1990年版,第490—495页。

术上，或者文艺上的大著作"。① "京派"和"海派"的争论背后，涉及北平和上海两座城市在20世纪30年代不同的社会构成、文化环境、教育传统与知识分子的生活方式。

20世纪30年代，上海城市社会结构中最具活力的是崇尚职业化和西化生活方式的城市资产阶级，他们一方面引领了上海相对西化的生活模式，另一方面也通过培养专业化和职业化人才的高等院校实现阶层再生产。与作为商业中心的上海不同，无论从民族、宗教还是政治、文化变迁等角度来看，北平的社会结构都更为复杂。1928年后的北平，是一个五方杂处的城市，其居民中具有消费能力和购买力者包括前清依靠宫廷谋生者，以及民国后在北京政府当官或者借助军阀势力得利的人，但是他们在1928年之后往往处于失势状态，整体表现并不活跃。与之形成鲜明对比的是依托教育文化机关生活的教师、学者。他们着眼北平稳定的学术环境和相对充足的资金支持在此定居，并且因为其他城市阶层的转移以及失势而上升为北平最具活力和影响力的社会群体。这一以英美留学生为主体的学术群体将北平的大学教育提升到一个历史性高度，并因此吸引了不仅是北方，而是全国的学生来此报考和就读。同时，他们也以追求文化内涵和审美情趣的高雅品位引导城市文化。

根据学者陈明远的研究，20世纪30年代北平学者的收入主要来源于教课或者文章著作的稿费及编辑费，大致分为四个等级。教授级的学者每月薪金300—500元，副教授、讲师、助教等不同级别的学者薪金依次递减，兼职或者兼写作的收入进一步增加。而30年代北平市内生活水平较低，一户普通人家每月生活费平均约30元。生活水平较高的学者每月必需生活费全家大约是80元，盈余的钱即可用于买书订报、收藏古董字画等。② 他们的文化和娱乐休闲活动包括吃馆子、逛书铺书摊、听戏、逛

---

① 鲁迅：《"京派"与"海派"》，原载《申报·自由谈》1934年2月3日，见《鲁迅全集》第5卷，人民文学出版社2005年版，第453—454页。
② 陈明远：《三十年代文化人的经济状况（上）》，《社会科学论坛》1999年第7—8期。

公园等。① 这些活动既活跃了北平的商业和文化市场，也因高雅又不失人情味的文化格调而与这座老城安静闲适的韵味相得益彰。②

二 不同层次、目的的来平学生

20世纪30年代，北平城里的大学生来源广泛，这从各高校的招生范围可见一斑。根据1931年的全国高等教育统计，尽管这一时期全国已经有13所国立大学、9所省立大学和19所私立大学，但是由于学校性质和办学传统不同，真正能在影响范围和招生范围上辐射全国的大学数量并不多。13所国立大学中，招生范围能涵盖全国的主要有5所大学。其中中央大学位于国民党政府所在地的南京，作为首都大学资源优渥，其余的北平大学、北平师范大学、北京大学和清华大学均在北平。而像四川大学、中山大学、浙江大学、武汉大学、山东大学等，是这一时期受到国民党政府扶植，在不同省份建立的国立大学，其招生范围主要是大学所在附近区域。位于上海的暨南大学、交通大学、同济大学等，以培养技术和职业人才为主，生源往往局限在上海附近的地域。而当时的9所省立大学的招生范围也主要是在各省辖区内部。私立大学中，大部分大学的招生范围在其周边地区，比如上海的7所私立大学，生源主要在江浙一带。而招生范围辐射全国的私立大学主要是燕京大学、辅仁大学、南开大学、齐鲁大学、中法大学这5所，基本上都位于华北地区，其中燕京大学、辅仁大学、中法大学均在北平。综上所述，20世纪30年代初，北平的公、私立7所大学全部面向全国招生，由此可见北平高等教育的广泛影响力。③

根据1931年北平各大学在全国不同省份的招生人数，我们可以

---

① 谭其骧：《代序》，载邓云乡《文化古城旧事》，河北教育出版社2004年版，第4页。
② 详见许慧琦《故都新貌：迁都后到抗战前的北平城市消费（1928—1937）》，台北：台湾学生书局有限公司2008年版，第202—223页。
③ 本段数据和信息据《全国各大学学生之籍贯》综合而成，见教育部高等教育司编《二十年度全国高等教育统计》，南京：教育部高等教育司1933年版，第90—91页。

看出，除了清华大学和燕京大学，这一时期北平各大学的招生数都以河北省为最多，这与此时隶属于河北的北平和天津两个城市中学教育发达有关。除了河北省，山东、四川、浙江、江苏、广东等人口较多或教育较发达的南北省份也为这些大学贡献了相对多的生源。而清华大学学生中，所占比例最高的是来自江苏的学生，1931 年占全校学生人数的 1/5，其次是河北、浙江和广东，这几处都是当时经济和教育比较发达的地区。尤其是江苏、浙江和广东，都有一些比较知名的大学，学生们仍然选择清华大学，很大的原因恐怕是着眼于清华大学领先全国的教育质量和学术层次，以及留学海外的宝贵机会。而燕京大学的学生以广东省为最多，占全校学生人数的 1/4，其次为河北、福建、江苏和浙江。该校学生广东和福建人较多，据笔者推断，一是因为这两个地区的学生家庭富裕的多，二是由于两地华侨多，所以选择收费高、外国色彩较浓的教会大学。整体而言，这一时期北平各大学对于全国不同地区学生的吸引，其根本原因在于学校办学质量和学术层次高，为那些想上名牌大学又追求教育质量的学生提供了机会。

20 世纪 30 年代，北京大学和清华大学的影响力和号召力是全国性的，很多学生都希望能到北平的这两所学校读书。1930 年进入清华大学读书的季羡林曾在文章中描述了当时学生们报考北平不同大学的情形和心理动机。据他回忆，当时很多山东学生的父母都认为上大学就等于"考举人"，去北平考试相当于"进京赶考"。虽然 1930 年时北京已经改为北平，但是当时山东省唯一的一所高中——济南高中的文、理两科毕业生一百多人，除了经济条件实在不行的，有八九十人都会赶到北平报考大学。"根本没有听说有人到南京上海等地去的，留在山东报考大学的也很少听说。"季羡林说，这是"当时的时代潮流"，"是无法抗御的"。孔孟之乡——山东的考生和家长，对于北平大学的认可，实际上是对北平城市文化中的文教传统和士大夫传统的认同。在新旧交替的时代，北平的高等教育机构仍然承载着很多考生和家长的"鱼跃龙门"的希望。据季羡林描述，这一时期每年来北平考大学的学生，并不限于山东，"几乎全国各省都有，连僻远的云南和贵州也不例外"，据他估计有六七千人或八九千人。北平各大学"分头招生"，"有意把招生日期分开"，使学生可以参加不同大学的考试。一般而言，全国来北平的学子都会报考北京大学和清华大学。"即使自知庸陋，也无不想侥幸一试。"但是两校的录取人数极其有限，清华大学在五六千应试者中录取约200人，而北大的录取百分比不及清华一半。对于自己的水平颇为自信的季羡林只报考了北大和清华，并且都被录取。季羡林经过"一番考虑"，为了"留洋镀金"，而"把宝压到了清华上"。[①]

季羡林对于自己去北平考大学的叙述，令我们看到在传统和现代交替的时代，尽管新式的教育制度已经取代了传统的科举制，但是在很多学生和家长的观念层面，进入精英大学、拿到大学文凭，就相当于进阶为举人和进士，相当于传统的"鱼跃龙门"，而出国留洋更是他们进一步"镀金"从而加入精英阶层的凭借。

这一时期，清华大学的办学经费充裕，各个学科师资力量雄厚，课程丰富充实，再加上有留学的庚款资助项目，吸引了很多学生慕名而来，比如这一时期从天津南开大学数学系毕业的陈省身。其1926年进入南开大学时，南开大学的理科每个系只有一位教授，数学系也不例外，直到1928年南开大学数学系才又增加了一名教授。1930年陈省身大学毕业，由于他意识到"要进步必须要出国"，而清华大学当时预备开办研究院，成绩优异者可派送出国，于是就报考了清华的研究生。迎接陈省身的清华大学数学系，有熊庆来、孙光远、杨武之、郑桐荪等名教授，并有后来成为著名数学家的华罗庚任助理，可谓人才济济。陈省身在清华担任了一年助教后开始攻读硕士学位，并于1934年拿到硕士学位前往德国汉

[①] 本段引文均见季羡林《1930—1932年的简略回顾》，载季羡林《清华园日记》，青岛出版社2015年版，第72—73页。

堡大学攻读博士学位。①

再如后来成为史学家的何炳棣。何炳棣在回忆录中提到，自己九岁时即接受父亲的教导："这种年头，如不能出洋留学，就一辈子受气。"因此，孩童时期的他即开始"以考清华作为头一项大志愿，考留学作为第二项更大的志愿"②。1934 年 8 月，何炳棣在全国参与清华大学入学考试的 4000 余人中脱颖而出，在被录取的 317 人中名列 21，后进入清华大学攻读历史专业。③ 不过何炳棣的留学梦因为战争等而延宕，其最终于 1944 年夏考取清华大学第六届留美公费生，后进入美国哥伦比亚大学深造。④

由上述陈省身和何炳棣的例子可看出，他们在很早的时候就立下了要出国留学的志向，而北平的清华大学则因为能提供极高水准的教育和留学机会被他们选择。他们选择清华以及留学的动机，一是要"求上进"，希望在学术上有所成就，二是不想"一辈子受气"，事实上即要成为社会精英。这正是二者在对北平和清华大学的选择中所体现的自我认知与期许。

还有一个例子是吴春晗（后改名吴晗），其于 1930 年 8 月离开上海中国公学来到有名校、名师的北平求学。起初想要转入燕京大学历史系，但是因为英语不达标而放弃。⑤ 因考期已过，吴春晗住到北京大学沙滩附近的一个公寓里，每天去北海公园的北平图书馆读书，后经中国公学教授推荐在燕京大学图书馆工作。1931 年初，吴春晗离开燕京大学图书馆，预备投考北京大学史学系。他向在中国公学读书时的老师胡适求助，希

---

① 陈省身：《算学六十年》，原载《南开周报》1986 年 10 月 13 日，见《陈省身文选：传记、通俗演讲及其它》，科学出版社 1989 年版，第 38—39 页。
② 何炳棣：《读史阅世六十年》，中华书局 2012 年版，第 9 页。
③ 何炳棣：《读史阅世六十年》，中华书局 2012 年版，第 55 页。
④ 何炳棣：《读史阅世六十年》，中华书局 2012 年版，第 193 页。
⑤ 《吴晗致胡适》，1931 年 5 月 5 日，原件存于中国社会科学院近代史研究所，转引自苏双碧、王宏志《吴晗传》，上海人民出版社 1998 年版，第 18 页。

望数学没有基础的自己可以得到时任北大文学学院院长的胡适帮助,[①] 但是终因数学零分,未被北大录取。吴春晗考清华数学也是零分,但是清华大学因其文史成绩特别优秀而破格录取了他。从此吴春晗从北大沙滩的公寓中搬到清华园里,并且得到胡适从生活上到学术上多方面的关照,而走上了自己的学术道路。[②]

由于这一时期北平各大学在办学名望和教育实力上的吸引力,很多上海、南京的学子,以及天津南开大学的学生从外校转学而来。比如费孝通,其1928年高中毕业后进入上海东吴大学医学预科,读完两年预科之后,因为受到当时流行的研究社会科学的思潮影响,而决定弃学医学,改学社会学。于是费孝通没有像其他医学预科的同学一样投考协和医学院,而转学到北平的燕京大学,于1930年秋进入该校社会学系,并于1933年毕业后进入清华大学社会学与人类学系攻读人类学方向的研究生。[③] 北平的燕京大学和清华大学作为当时中国学术界研究社会学的重镇,为向往社会学和人类学研究的费孝通提供了接受社会学专业训练的平台和机会。

此外,仍以东吴大学学生为例,1931年秋冬,东吴大学发生了学潮,导致学校停课,开学无期。杨绛等毕业班同学认为这样等于浪费时间,于是请当时已经在燕京大学就读的老同学费孝通帮他们办理转学手续。1932年2月,杨绛就与同班同学周芬、孙令衔等一行共五人结伴北上。后来杨绛由清华好友引荐进入清华大学借读,其他四位东吴大学的同学则在燕京大学注册入学。因此,这些东吴学生大四最后一年在北平的清华大学和燕京大学借读,并最终于1932年7月回到东吴大学取得文凭。

[①] 《吴晗致胡适》,1931年5月5日,原件存于中国社会科学院近代史研究所,转引自苏双碧、王宏志《吴晗传》,上海人民出版社1998年版,第18页。

[②] 《胡适致吴晗》,1931年9月12日,原件存于中国社会科学院近代史研究所,转引自苏双碧、王宏志《吴晗传》,上海人民出版社1998年版,第22—23页。

[③] 费孝通:《学历简述》,1981年4月8日原稿,1988年3月15日续成,见《费孝通文集》第11卷,群言出版社1999年版,第309页。

杨绛在晚年时曾经感慨，"东吴旧事"都是"无聊的"，自己到了清华，"才用功听课，不再懒懒散散"，自己"生平最大的遗憾是没有上清华本科"。① 清华大学在杨绛心中的至高地位，一定程度上说明了此类精英名校在20世纪30年代大学生中的影响力。

这一时期，还有很多来到北平投考的学生无法考中上述精英大学，只能选择一些教学和学术质量一般的独立学院。根据1931年的全国高等教育统计，在这一年全国的5所国立学院、11所省立学院和18所私立学院中，招生范围辐射全国各省份的主要有10所②，其中朝阳学院、民国学院、中国学院、华北学院4所位于北平。1931年，北平的学院中，除了协和医学院因为招生人数少、上学费用高，所以学生一般来自发达省份外，其他4所学院都在全国有一定影响力。但是与上述北平的综合性大学不同，这4所私立学院的学生来源相对而言更集中于华北、东北和西北地区。比如朝阳学院学生人数最多的省份是河北、辽宁、山东、吉林、山西和黑龙江，民国学院学生人数最多的省份是河北、山东、吉林，中国学院学生人数最多的省份为河北、山东、辽宁、河南、黑龙江、山西。③

和当时北平的公、私立大学相比，这些独立学院的招生数量巨大，④

---

① 以上关于杨绛的叙述，见吴学昭《听杨绛谈往事》，生活·读书·新知三联书店2008年版，第69—75页。

② 包括广东法科学院、上海商学院、河北女子师范学院、朝阳学院、民国学院、中国学院、中国公院、持志学院、华北学院、南通学院，见《全国各独立学院学生之籍贯》，载教育部高等教育司编《二十年度全国高等教育统计》，南京：教育部高等教育司1933年版，第163—164页。

③ 本段数据和信息据《全国各独立学院学生之籍贯》，载教育部高等教育司编《二十年度全国高等教育统计》，南京：教育部高等教育司1933年版，第163—164页。

④ 据1931年全国高等教育统计，北平大学学生2152人，北平师范大学学生1288人，北京大学学生941人，清华大学学生664人，燕京大学学生549人，辅仁大学学生548人，中法大学学生202人；朝阳学院学生1709人，民国学院学生1490人，中国学院学生1725人。见《全国各大学学生之籍贯》，载教育部高等教育司编《二十年度全国高等教育统计》，南京：教育部高等教育司1933年版，第90—91页；《全国各独立学院学生之籍贯》，载教育部高等教育司编《二十年度全国高等教育统计》，南京：教育部高等教育司1933年版，第163—164页。

其主要通过学生学费来维持学校的正常运转，学术化程度非常有限，最终录取的主要是附近省份想要接受高等教育获得文凭，又考不上精英大学的学生。据季羡林回忆，当时北平的高等院校数量多，难免良莠不齐。有的学校，一个暑假就招生四五次，刚开始的时候招生很严格，后来条件越来越宽松，前者是为了学生的考试报名费，后者则是为了学费。这类学校"教授和学生水平都不高，马马虎虎，凑上四年，拿一张文凭"。而这些拿到文凭的学生，回到家乡以后，在"乡下人眼中，他们的地位就等于举人或进士了"。①

此外，1931年"九一八"事变之后，东北沦陷导致大批流亡青年进入北平的学校里，本来在沈阳的省立东北大学也在这一时期迁来北平。据一位当时的东北流亡学生叙述："东北大学逃难学生，先后到北平的不下六七百人，约为原在校生的1/3。"② 学生们刚开始只能挤在校方借到的安庆会馆、江西会馆和奉天会馆等处。后来学校借到南兵马司前税务监督署旧址，并于10月18日在此开学复课。经校方洽妥，高年级学生分别到北京大学和清华大学借读，而农学院各系学生全部到开封河南大学借读。此后，学校以沈阳东北大学的师生为主体，分别于1932年和1933年收容了锦州东北交通大学逃难来平的学生，以及"九一八"后从沈阳迁到北平的私立冯庸大学的学生，形成了这一时期北平东北大学的阵容。③

值得注意的是，东北大学的学生以及从东北流亡进入北平其他高校的学生，成为日后"一二·九"学生运动的主力。比如燕京大学的黄华，原在东北交通大学读书，"九一八"后来到北平，1932年考入燕京大学，

---

① 季羡林：《1930—1932年的简略回顾》，载季羡林《清华园日记》，青岛出版社2015年版，第72页。
② 徐景明：《开始流亡的东北大学》，载齐红深编《流亡——抗战时期东北流亡学生口述》，大象出版社2008年版，第68页。
③ 王振乾、丘琴、姜克夫编著：《东北大学史稿》，东北师范大学出版社1988年版，第34—35页。

1935年与其他东北学生和左翼学生一起负责燕大学生会。其中，东北学生张兆麐被选为燕京大学学生会主席，黄华则被选为燕京大学学生会执行委员会主席。在燕京大学相对宽松而少受政府监管的环境中，他们一面通过燕京大学同学会和《燕大周刊》等学生组织和刊物传播抗日救亡的理念和左翼思想，一面与清华大学、东北大学的左翼学生组织联络，利用燕京大学教会学校的保护色从事抗日救亡活动，在"一二·九"运动中发挥了至关重要的发起和推动作用。这一时期的北平，对于这些东北流亡学生和左翼学生而言，已经不只是学术氛围浓厚的"大学城"，而且是抗日救亡活动的"最前线"。他们赋予自己的角色也不是校园中安心读书做学问的书生，而是领导学生和民众从事救国运动的急先锋。

通过对上述1928年到1937年来到北平读大学的学生个案的梳理，我们发现不同的学生选择的学校不同，接受教育的层次不同，来北平的目的也不同。除了那些追求教育质量和学术水平而进入北京大学、清华大学、燕京大学这些精英大学就读的学生，也有一部分进入教育质量一般但可以提供大学文凭的独立学院就读的学生。前者中很多来自教育水平高、经济发达的地区，后者则更多集中于华北、东北和西北地区。虽然所在高校教育质量和学术水平不同，但这些不同大学的学生无疑都以接受高等教育作为其社会地位上升的途径，并希望凭借拿到的大学文凭成为全国性或者地方性的精英。此外，1931年"九一八"事变爆发后，民族危机的影响渗入学生们的日常生活当中，尤其是东北流亡学生的到来，为"一二·九"爱国运动预备了最初的发动者和参与者。

那么，这些来自全国各地的学生，进入北平"大学城"后的生活具体如何呢？他们的衣食住行、人际交往，他们的课堂学习、学会社团，他们的社会活动、爱国运动等一系列实践活动如何展开，又受到来自政党、教育者、媒体舆论等怎样的塑造和评价？其中体现了怎样的身份定位和价值理念？这些是我们要在下文中着重讨论的话题。

第二章

北平大学生的日常生活与都市体验

日常生活是一个意义相对驳杂的研究领域，我们一般将之理解为包括日常消费、日常交往、日常意识等方面的生活方式。① 关于日常生活，哲学、社会学和文化研究领域的学者都有不同的理论阐释。就文化研究而言，日常生活（everyday life）是一个和现代性经验密切相关的领域。西美尔（Georg Simmel）、本雅明（Walter Benjamin）、列斐伏尔（Henri Lefebvre）和德赛都（Michel de Certeau）等学者在各自著作中所讨论的日常生活，都与现代工业社会的出现以及现代都市生活对于人类生存经验和实践的影响有关。② 在社会学领域，日常生活则被用于探讨个人行为与社会结构之间的关系。③ 在中国近现代史研究领域，日常生活史也是近年来的热点。随着20世纪90年代新文化史研究范式被引入国内，学者们将对身体、记忆、空间等方面的文化阐释与经济—社会史的结构性分析结合在一起，一方面促进了日常生活史研究走向多学科交叉的发展趋势，另一方面也致力于架起个体经验与总体结构之间的桥梁，在特定历史语

---

① 汪民安主编：《文化研究关键词》，江苏人民出版社2007年版，第268页。
② ［英］本·海默尔：《日常生活与文化理论导论》，王志宏译，商务印书馆2008年版，第32—57页。
③ ［英］安东尼·吉登斯：《社会学》，赵旭东等译，北京大学出版社2003年版，第74页。

境中提出认同、建构、表征等问题。①对日常生活的考察是群体研究的一个可以深入的方面。

大学生是随着近现代高等教育制度以及作为这一制度直接体现的现代大学在中国的建立而出现的一个重要的社会群体。他们在现代大学校园中不仅汲取新知识与新思想，而且要习得新的城市生活方式。其日常生活不只是个人的衣食住行和日常行为，更是从微观层面反映着这一群体对特定时空语境下政治、经济、文化等宏观层面的感知与接受，同时其生活方式也面对着社会的审视和舆论的议论。20世纪30年代，北平各大学学生的日常生活，经常作为被描写和议论的对象出现在不同的出版物上，比如北平《世界日报》的"学生生活"专栏、北平的《现代青年》期刊、南京的《青年月刊》以及各大学的校刊和一些中学的校刊。通过这些出版物，北平一些大学及其学生的基本状况，被介绍给大、中学校的学生以及准备升学的中学生的家长。40年代之后，也有很多人通过回忆描述20世纪30年代在北平的大学校园生活。各校学生关于自己大学的自述以及关于其他大学的评价，为我们提供了了解20世纪30年代北平不同大学学生日常生活和历史形象的切入点。

第一节 城市空间中的学生生活

在近现代中国，教育制度和城市空间都发生着剧烈的变动，多种异质性因素常常同时存在于不同的空间和群体之中。不同群体对于这些不同因素以及作为其载体的城市空间的选择和利用，导向了不同的文化风格和群体形象。20世纪30年代，北平大学生的空间实践和城市生活体验并非完全自觉，而是受到学校本身办学风格和校园风气的影

---

① 胡悦晗、谢永栋：《中国日常生活史研究述评》，《史林》2010年第5期。

响，同时也为城市舆论所讨论和塑造。引入城市空间这一视角考察 20 世纪 30 年代北平的大学，使我们不只将研究视野聚焦在北京大学、清华大学、燕京大学这些精英大学的学术等方面，还注意到在当时的北平城市空间中也扮演着重要角色的一般性大学及其学生。根据这些不同大学在北平城市空间中的分布状况，以及学生们在校园空间及城市空间中的相关活动，我们可以进一步洞悉不同大学学生生活的文化风格和价值选择。

一 20 世纪 30 年代北平高等院校的空间分布

自京师大学堂建立以来，北平的大学在性质、归属和空间分布等方面都经历了诸多变化。直到 20 世纪 30 年代南京国民政府时期，教育部才通过相关的制度和法规，基本确认了各个大学的内部结构、办学规模以及建筑设备等方面的条件。这一时期，北平各大学的空间格局在政府和学校自身的设定与实践下达到了一个相对稳定的状态。比如北京大学于 1935 年形成了"三院五斋"的基本格局；[①] 北平师范大学于 1931 年合并了女子师范大学，并且重新分配了校址；[②] 北平大学延续了 1928 年北平实行大学区制度留下的成果，成为女子文理学院、工学院、农学院、商学院、法学院、医学院、艺术学院等分布在北平城区不同地点的学院综合体。[③]

20 世纪 30 年代，人们根据各大学在北平城的集聚情况，将它们划分为三片区域：东城区一片、西南城区一片以及西郊一片（见图 2-1、表 2-1）。东城区的大学主要包括北京大学一院、二院、三院（A1、A2、

[①] 朱海涛：《北大与北大人·住》，原载《东方杂志》40 卷 21 号，1944 年 11 月，见陈平原、夏晓虹编《北大旧事》，北京大学出版社 2009 年版，第 324—327 页。

[②] 教育部中国教育年鉴编审委员会编：《第一次中国教育年鉴》丙编"教育概况"，上海：开明书店 1934 年版，第 47 页。

[③] 教育部中国教育年鉴编审委员会编：《第一次中国教育年鉴》丙编"教育概况"，上海：开明书店 1934 年版，第 38—40 页。

A3）以及中法大学（D）、辅仁大学（E）这几所邻近且比较重要的学校。西南城区则主要是西单附近的中国学院（H）、民国学院（I），以及北平大学的多个学院（C1—C9）和北平师范大学的两个校区（B1、B2）。西郊则是清华大学（F）和燕京大学（G）。在每一片区内部，诸多服务学生的生活和文化设施应运而生，比如饭馆、公寓、文具店、服装店、日用品商店等，都尽量组合在各学校周边。① 北平图书馆（LIB）、北海公园（P1）、中山公园（P2）、东安市场（M1）、西单市场（M2）、琉璃厂（M3）等重要的文化和消费场所，也因附近大学教授和学生的光顾而被带动发展。

在一篇介绍20世纪30年代北平学生生活的文章中，作者描述了学生在城市不同空间中流连的一般情形：

> 要散步，在北平有着挺美丽的北海公园与中山公园。中山公园适合普通的散步与应酬，北海公园，因为有山有水，所以除了作普通的散步外，同时最适合与情人谈天。看电影有光陆，平安，真光等处，片子都是精选得上乘的。看完电影该去逛逛，或者如吃零食之类。这种地方有市场，中原公司，两个大场合。中原公司是大规模的百货公司，不过学生多半是愿意在市场中交易。因为在市场中不但可以买卖东西，并且还可以去买新旧的书籍杂志，只要自己稍微留心些，有时是可以买到些很宝贵的书籍的。再一个人花不上两角钱，便可吃着一顿便宜饭。为着一般的学生都爱闹的原故，于是比较像样的饭馆中，都有女士任招待。看完电影，吃饱了饭，就可以坐着十八个铜子一站的便宜电车回到学校里去。②

---

① 张继馨：《北平的学生生活》，《读书顾问》第4期，1935年1月。
② 张继馨：《北平的学生生活》，《读书顾问》第4期，1935年1月。

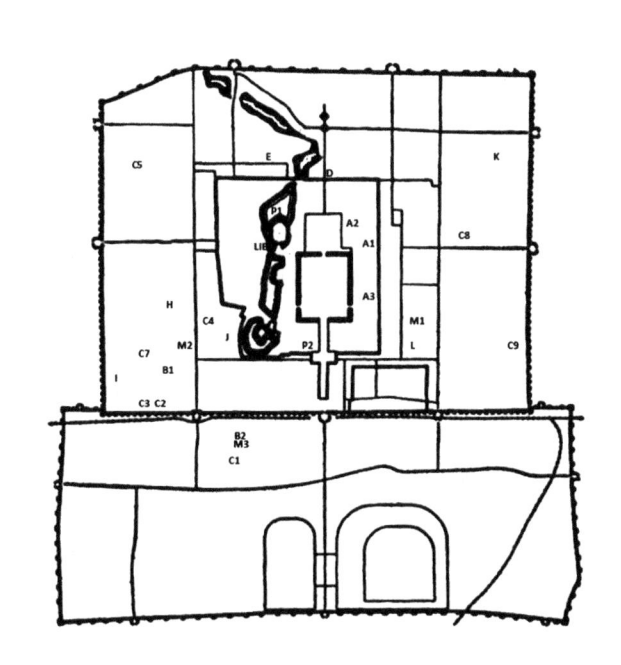

第二章　北平大学生的日常生活与都市体验　　　　　　　　　　　　59

图 2-1　20 世纪 30 年代北平主要大学及学院分布

说明：图 2-1 由笔者在民国北京城区简图上标注 20 世纪 30 年代北平部分高等院校、文化机构和消费场所的图标后完成。

资料来源：《北京的高等学校图》，载［美］西德尼·D. 甘博《北京的社会调查》，邢文军等译，中国书店 2010 年版，第 131 页；《最新北平全市详图》，北平西单牌楼迤南建设图书馆发行，1934 年；教育部中国教育年鉴编审委员会编：《第一次中国教育年鉴》丙编"教育概况"，上海：开明书店 1934 年版。

表 2-1　　　　　　　图 2-1 所示院校详细信息说明

图示	学校	地址	教职员人数（1934 年）	学生人数（1934 年）
A1	国立北京大学第一院	东城汉花园		
A2	国立北京大学第二院	东城景山东街马神庙	293	1001
A3	国立北京大学第三院	东城北河沿		

续表

图示	学校	地址	教职员人数（1934年）	学生人数（1934年）
B1	国立北平师范大学文学院	西城石驸马大街	229	847
B2	国立北平师范大学教育学院及理学院	南新华街		
C1	国立北平大学医学院	和平门外后孙公园	651	1451
C2	国立北平大学法学院一所	宣武门内国会街		
C3	国立北平大学法学院二所	宣武门内国会街		
C4	国立北平大学法学院三所	西城李阁老胡同		
C5	国立北平大学工学院	西城祖家街		
C6	国立北平大学农学院	阜成门外罗道庄		
C7	国立北平大学艺术学院	西城西京畿道		
C8	国立北平大学女子文理学院	朝阳门内北小街		
C9	国立北平大学商学院	东城东总部胡同		
D	私立中法大学	东皇城根	154	233
E	私立辅仁大学	李广桥西街	130	660
F	国立清华大学	西郊清华园	337	1154
G	私立燕京大学	西郊海甸	191	650
H	私立中国学院	西城二龙坑	190	1082
I	私立民国学院	西城太平湖醇王府	88	752
J	私立北平铁路学院	西城李阁老胡同	51	359
K	私立朝阳学院	海运仓	76	1324
L	私立协和医学院	东单三条	140	97

资料来源：参见图2-1资料来源，以及教育部统计室编《二十三年度全国高等教育统计》，南京：教育部统计室1936年版。

20世纪30年代，北平各大学的空间分布和区域性集聚，虽然不是法国、日本等国家那样有意规划的结果，但是在事实层面形成了每一片区之内学校学生生活的关联和对该片区城市功能的利用。比如东城区的北京大学及其周边具有很强的空间开放性和分享性,附近中法大学的学生可以进入北京大学学生的生活空间,同时这一地区的学生也会共同居住在附近的公寓,在周围的饭馆吃饭,或者去附近的国立北平图书馆看书。而西南城区的学生时常出入西单牌楼附近的消费和娱乐场所,在类似的城市生活空间中培养出某些相似的城市生活惯习。西郊清华和燕京大学的学生生活在景色宜人并且设备先进齐全的大学之中,因而又培养出另一类对大学校园和校外空间的利用方式。

二 沙滩"拉丁区":开放空间与想象自由

有人说,北平的沙滩一带,从北河沿直到地安门,可说是北平的"拉丁区"。在这里,有许多从各地来的学生。或是准备考大学;或是在北大的各系"偷听";或是自己做点专题研究。

——胡适《一三一号编辑后记》,《独立评论》1934年12月16日

拉丁区(Latin Quarter)是法国的大学区和文化区,位于巴黎塞纳河左岸,因为早期在这里生活的大学师生主要使用拉丁语而得名。其在13世纪就成为欧洲的学术中心之一,15—16世纪后,大量的旅馆、咖啡馆、书店在此地发展起来,并且吸引了法国各地的作家、画家等艺术家来此住宿、流连。19世纪30—60年代,拉丁区进入学术发展的黄金时代,同时也成为波希米亚式流浪、随意的艺术生活的代名词,日益吸引着世界各地的学生和艺术家。[①] 直到第一次世界大战之后,仍然有大量的外国学生,包括中国留学生来此居住、求学。

民国时期的北京大学,以沙滩和红楼这些地址和建筑为代名词。在第一章我们已经介绍过,沙滩是汉花园、银闸、北池子、景山东街之间的一个路口的街名。汉花园东口是一院红楼,由此沿河向南去即是三院。

[①] 《巴黎拉丁区之今昔》,《文化月刊》第8期,1934年。

沙滩往北走是东斋和松公府，1935年以后，这里便耸立起了三座新式洋楼，中间是现代化的图书馆。松公府往西拐的一条街通到二院、西斋和五斋。二院是古式的清代四公主府，主要是理学院学生所在。① 自从取消了三斋，北大的宿舍共计五处：西斋（一舍）、东斋（二舍）和五斋（女生宿舍），距一院、二院最近，上课非常方便。三院和四斋一南一北，离一院、二院较远。② 穿梭在上述"三院五斋"之间的是诸多的小胡同和供学生住宿的公寓。其中东老胡同、中老胡同、西老胡同以及银闸胡同都是公寓聚集地。③

以北京大学的校园和周围的公寓为主要空间的北平"拉丁区"，在20世纪30年代极具空间开放性。这种开放性可以从北京大学自身空间的对内和对外开放两个层面来理解。就对外开放而言，这一时期北京大学的课堂、校园等日常生活空间接纳了诸多外校学生和知识青年。其中最为典型的是邻近的中法大学的学生。由于中法大学没有宿舍，所以学生基本上都住在北大附近的公寓中，并且与北大的学生分享图书馆、运动场、食堂、浴室等空间。④ 此外，这一时期北平延续了自五四时期既已形成的接纳"偷听生"的传统。"偷听生"免费在北大的课堂上听课学习，校方并不过问，教授也大度包容。北大学生也在课堂上、浴室中和球场上频频与他们会面，甚至愿意在校外相遇时为他们证明拥有北大学籍，以帮助他们渡过警察盘问等难关。⑤

这些"偷听生"之所以能够在这一时期的北大学习，一方面是由于学校环境的开放，另一方面则是依托于"拉丁区"的生活和学习环境。20世纪30年代初期到北大求学的朱海涛在40年代回忆：

---

① 朱海涛：《沙滩》，原载《东方杂志》第40卷第14号，1944年8月，见陈平原、夏晓虹编《北大旧事》，北京大学出版社2009年版，第316页。
② 阿满三郎：《北大学生吃穿住》，《世界日报》1934年12月25日第10版。
③ 见《最新北平全市详图》，北平西单牌楼迤南建设图书馆1934年发行。
④ 《北平城区的大学生》，天津《益世报》1934年4月6日第4版。
⑤ 朱海涛：《"拉丁区"与"偷听生"》，原载《东方杂志》第40卷第15号，1944年8月，见陈平原、夏晓虹编《北大旧事》，北京大学出版社2009年版，第319页。

第二章 北平大学生的日常生活与都市体验

沙滩附近号称为"中国之拉丁区"。这一带有着许多许多的小公寓，里面住着一些不知名的学人。这些人也许是北大的学生，也许不是。这些小公寓通常是一个不太大的四合院，院中种上点鸡冠花或者牵牛花之类，甚至有时有口金鱼缸，但多半是并不十分幽美的。东西南北一间间的隔得自成单位。里面一副铺板，一张窄窄的小书桌，两把凳子，洗脸架，运气好也许还有个小书架。地上铺着大小不一的砖，墙上深一块淡一块，裱糊着发了黄或者竟是发黝黑的白纸。衬着那单薄、残废、褪色的木器，在十六支灯光下倒也十分调和。公寓的钟通常比学校的快半点，这样，老板娘夜间好早点关电门。

在这里面的物质设备，尽量保存着京师大学堂的原状：不干净的毛房，雨季从墙里面往外渗的霉气，每天早晨你得拉开嗓门洪亮的喊"茶房！打水！"但是有着成百成千的人从几百几千里路外来到北平，住到这十九世纪的公寓里，恋恋的住了一年，两年，甚至三年，四年，直到迫不得已，才恋恋不舍地离开。①

朱海涛描摹了这一时期北京大学附近小公寓的艰苦生活环境，与此同时，他又强调这里为那些无名的学子们提供了埋头苦学的理想学习区域。首先，这些公寓的收费低廉，而附近又有很多便宜的小饭馆，从而保证了居住者能以较低的花费维持基本生活。其次，北大图书馆和北平图书馆都对读书人开放，可以对北大校内外的学生提供免费且优质的读书空间。在他看来，学术是天下的公器，开放大学的学术和生活空间，是一种追求学术自由的表现。②

---

① 朱海涛：《"拉丁区"与"偷听生"》，原载《东方杂志》第40卷第15号，1944年8月，见陈平原、夏晓虹编《北大旧事》，北京大学出版社2009年版，第317—318页。
② 朱海涛：《"拉丁区"与"偷听生"》，原载《东方杂志》第40卷第15号，1944年8月，见陈平原、夏晓虹编《北大旧事》，北京大学出版社2009年版，第318—319页。

对于北大内部自身的学生，学校也给予充分的城市空间的活动权利。北京大学学生的城市漫游，体现了一种更为传统和学术化的价值取向。据20世纪30年代《世界日报》上的一篇报道，虽然中央公园、北海、电影院都离得很近，北大学生在休闲时间却更爱光顾市场上的旧书摊和戏院。在东安市场里，晚间能遇见许多北大的学生，"他们都聚在那些旧书摊前一本本地仔细翻阅那些二手书。外面商店涩滞的留声机他们似乎没有听见，五光十色的洋货，并没有引他们抛了手里的旧书"。[①] 在对公园、电影院与旧书摊、戏院这新旧两类城市空间的区分中，北大学生的偏爱和选择，体现了他们对旧式学者身份的认同以及对新式城市生活方式的谨慎。

对于北大校园空间的开放性，这里的学生并非没有自觉。他们认为，自己的行为自己负责，宿舍的大门是锁不住人的。"将你搁在十字街头受那官僚封建腐烂的北平空气蒸蒸而不染，那才是一个真能改造中国的人。关在'象牙之塔'受尽保护的，也许出得塔门，一阵风就吹散了。"[②] 在一部分北大人的眼中，"十字街头"的意象代表的是一个向城市开放的大学空间，学生们在城市中不同的公共空间与消费场所漫游，目睹与体验新旧杂陈、藏污纳垢的城市生活，获得对城市的直观印象，也寻找适合自己的位置和事情。

无论是向校外求学者的开放，还是北京大学自身对于校内学生校外活动的不加约束，都包含了校方、北大学生以及求学青年对于学术自由、思想自由、人格自由的想象。借由这种想象以及对相关城市空间和生活方式的书写，北大周边被赋予了"拉丁区"的称谓，并且自五四时期以来就吸引着各地的求学青年前来居住、学习。可以说，北平的"拉丁区"代表的是一种以学术为核心、以空间开放为特色的大学文化风格和大学生在城市空间中的生活模式。

[①] 王龙：《北大老（上）》，《世界日报》1934年9月10日第10版。
[②] 朱海涛：《"胸""松""空"三部曲》，原载《东方杂志》第40卷第16号，1944年8月，见陈平原、夏晓虹编《北大旧事》，北京大学出版社2009年版，第367页。

三　西郊两大学：封闭校园与构建集体

> 如果我今生曾进过"天堂"，那"天堂"只可能是1934—1937年间的清华园。天堂不但必须具有优美的自然环境和充裕的物质资源，而且还须能供给一个精神环境，使寄居者能持续地提升他的自律意志和对前程的信心。
>
> ——何炳棣：《"天堂"与"精神"》，《读史阅世六十年》2012年版

20世纪30年代，清华园和未名湖这两处地点是除了沙滩之外，报考北平的大学生最经常提到的学校代称。[①] 国立清华大学和私立燕京大学位于北平西郊，远离城市核心区域，以景色优美和校园设施先进齐全而著称。就空间格局而言，这两所大学代表了与被称为"拉丁区"的北京大学周边完全不同的另一种类型。北京大学更类似于法国等欧洲大陆国家自由开放的大学空间和文化风格。清华大学和燕京大学，一所是由留美预备学校发展而来的国立大学，一所是美国教会支持和资助的教会大学，其办学方式较多借鉴了英美大学的寄宿型学校风格。作为美国大学体制的重要渊源之一，牛津大学的不同学院，即是从学生的寄宿社（boarding houses）逐渐转变为教学与生活两相结合的空间。哈佛、耶鲁、普林斯顿等美国东岸的名校以及散布在全美国的数百间小型的人文教育学院则延续了上述传统。在英美寄宿制大学的办学理念中，大学是师生共同营造的陶冶身心的园地。从事教学的讲堂不是学生学习的唯一地方，日常生活的宿舍以及集体活动的校园也是知识积累和人格提升的所在，是大学教育不可分割的重要空间。[②]

[①] 朱海涛：《沙滩》，原载《东方杂志》第40卷第14号，1944年8月，见陈平原、夏晓虹编《北大旧事》，北京大学出版社2009年版，第315页。

[②] Mark Ryan, "Residential Colleges: A Legacy of Living & Learning Together", Change, 14.5 (Sep. - Oct., 1992), pp. 26-35, 转引自江勇振《舍我其谁：胡适（第二部 日正当中1917—1927）》，浙江人民出版社2013年版，第55页。

和北平城区的大学相比，清华大学和燕京大学的校园面积都很广阔。20世纪30年代出版的《第一次中国教育年鉴》记载，清华大学的面积是1090亩，燕京大学的是790亩，而城区中的其他大学面积一般是一二百亩。① 这两校校园内外景色优美、设备完善。以清华大学为例，20世纪30年代其囊括了清华园、近春园、长春园东南隅等清代皇家园林，并且临近西山、颐和园等风景名胜，又有万泉河水穿过。水木清华的园林景致，工字厅、古月堂等清朝建筑，以及清华学校成立后所建的各种西式或中西合璧的建筑，共同营造了优美宜人的校园环境。而兼顾教室、宿舍、食堂功能的一院、二院、三院等大楼，大礼堂、图书馆、科学馆、体育馆、工艺馆、生物馆等场馆，以及校医院、邮局、合作社等日常生活设施，则为20世纪30年代的清华大学学生提供了读书、食宿、体育锻炼、文化娱乐、日常购物等一系列学习、生活、娱乐的空间。②

由于校园相对封闭加之校方管理严格，清华大学的学生生活一般十分规律。早七点起床，洗漱、吃早点后上课。除非有不得已的要事，学生一般不会请假。下午四点以后，学生们都聚在体育馆做自己喜欢的运动，打球、游泳、吊环、体操、跑步等；之后洗澡、吃饭，到校园里散步；七点半去图书馆学习，直到晚十一点所有人都回宿舍入睡。为了增加学生生活的乐趣，清华大学为他们安排每星期看一次电影，片子由学生们选择，在礼堂放映。隔几个星期会有音乐会、跳舞会或者联欢会。在很多清华大学的学生看来，清华校园内的生活没有城市的喧嚣，但是内容丰富，不会令他们感到枯燥和寂寞。③

---

① 教育部中国教育年鉴编审委员会编：《第一次中国教育年鉴》丙编"教育概况"，上海：开明书店1934年版，第60、121页。
② 教育部中国教育年鉴编审委员会编：《第一次中国教育年鉴》丙编"教育概况"，上海：开明书店1934年版，第60页。
③ 清华人：《清华可通融（下）》，《世界日报》1934年10月6日第10版。

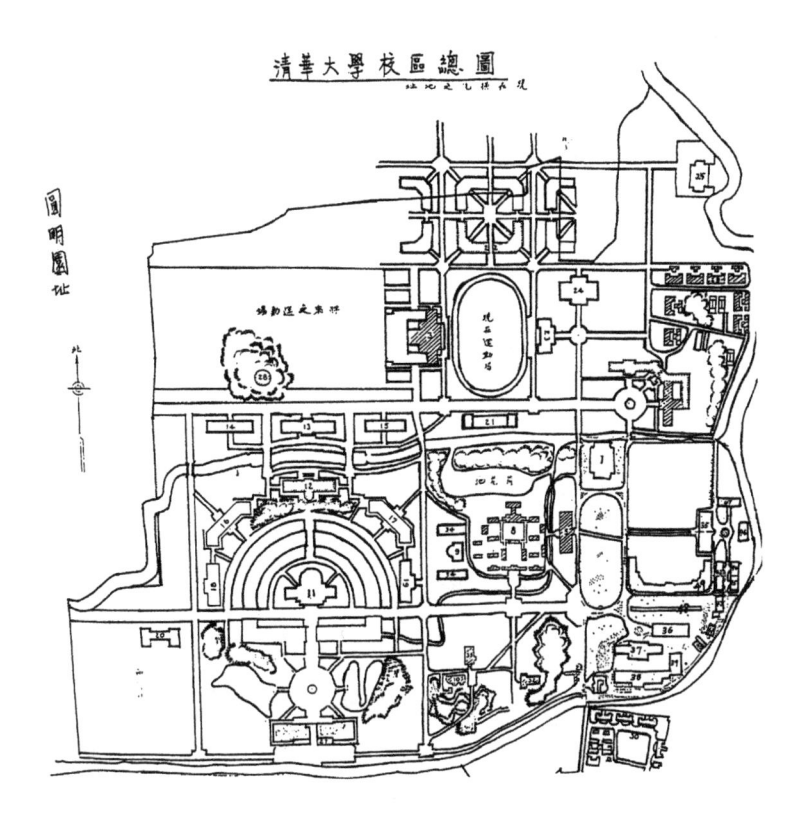

图 2-2　20 世纪 30 年代清华大学校区

图片来源：苏云峰《抗战前的清华大学（1928—1937）》，台北："中研院"近代史研究所 2000 年版，附页。

燕京大学的校址与清华大学临近，周边环境相近。其也以清朝的皇家园林为建造基础，将传统园林建筑之美和新式大楼结合在一起，又有未名湖点缀其间。就学生生活而言，燕京大学同清华大学类似，对上课下课的时间、主要门户的启闭、亮灯熄灯、膳食供应等都有较为严格的规定。[1] 燕京大学是一个崇尚集体生活的大学，同学间、教授间、同学和教授间，有各种组织相联结。一是举办各类学会，二是组织联欢、音乐、

---

[1] 李素：《燕园生活忆往》，载董鼐总编辑《私立燕京大学》，台北：南京出版有限公司 1982 年版，第 193 页。

体育、宗教、社会事业等方面的小团体,不定期的各种聚会也非常多。甚至有一段时间,燕京大学还兴起了"不进城运动",将生活最大限度地集中在校园之中。① 清华大学和燕京大学面积广大但是相对封闭的校园,对于学生们来说不仅是一个共同生活的空间,还是一个建构集体和培养归属感的地方。通过上述校园中规律的共同生活、共同读书、共同运动和集体活动,学生们在互相交往中建立了对学校的认同以及对于彼此的深厚情谊。

虽然清华大学和燕京大学的学生生活在远离城市核心区且相对封闭的大学校园中,但是他们并不缺乏走出校园、体验北平城不同空间的机会。清华大学校门口有收费的校车,学生可以坐校车30多分钟到达城里。如果想节省费用,走路或者骑脚踏车也可以。此外,校门口还有人力车和骡子车,可作为学生们出行的代步工具。到了周末,一部分学生会坐校车去城里,到公园、市场、电影院、戏院等处消费和娱乐,还有一部分学生会骑着驴去北平郊区的香山、八大处、温泉等地游逛。② 在一些燕京大学的学生看来,不同的空间去向甚至在一定程度上代表了学生的"阶级身份"。星期六和星期日,"中上阶级"会提着小皮箱,登上大陆公司的汽车前往"平安""光陆"等城里的电影院,而所谓或自称"普罗"者,则是骑骑驴、爬爬西山或远足野餐。③

清华大学和燕京大学学生在北平的城市活动,自有其独特之处。首先,和北大学生倾向于传统的京戏、旧书摊相比,清华和燕京大学的学生整体而言对于新式城市娱乐休闲和消费空间的接受能力更强。这在某种程度上反映了清华大学和燕京大学学生的生活方式相对而言更为西化的倾向。其次,由于地处西郊的地理条件,这两校的学生享受到更多北

---

① 谭邦杰:《我所认识的燕大学生生活》《现代青年》(北平)第7卷第1期,1937年4月。
② 唐炯炎:《清华大学学生生活》,《青年月刊》(南京)第4卷第1期,1937年4月。
③ 舟山:《燕京杂话》,《世界日报》1934年10月4日第10版。

平郊区风光的滋养和陶冶。由此可见，学校的位置对于学生活动空间和活动内容有颇多影响。

四　西南城的学院：都市浪漫与舆论批评

> 在这一区内的学生，虽然学校差不多都是有宿舍的，可是究竟人数过多，且有的完全只是混混的，所以民房及公寓较之东城反而要多些，价钱贵些，尤其是因为在最热闹的西单牌楼一带，他们的饮食及其他完全是与东城区差不多的。不过因为，份子的复杂，所以生活多半是要浪漫随便些。
>
> ——《北平城区的大学生》，天津《益世报》1934年4月6日

公寓是民国时期北平特有的一种居住空间，其诞生和发展与北平中学和大学林立、学生群体人数众多有关。[①] 随着1928年国都南迁，"北平没有从前那样的派势了，机关没有那样的多，官员也没有那样的豪富"，由"首善之区"一变而为"文化都市"。北平的商家也将挣钱的希望从官员转向学生，"从学生身上找饭吃"，经营诸般事业。"大城里边，有不少处官立私立的大学中学，每个学校多则千八百人，少有二三百人"，学生"在外求学，衣食住三项，都要自己用心经营，学校预备宿舍的还有，承办伙食的则是很少很少，即便学校有宿舍，有伙食，学生也不愿受着约束"。[②] 在这样的背景下，包食宿的公寓成为这一时期北平一些大学生的住所首选。

像东城的北大附近一样，北平的西南城区也是公寓密集区。西南城区的大学（尤其是中国学院、民国学院等私立学院）经费设备相对短缺，主要依靠学生学费支持，因而追求招生数量，但对学生的要求和管理则

---

① 掷冰：《大学生在公寓里》，天津《益世报》1934年1月22日第14版。
② 《小饭铺投机，专靠学生找饭吃》，天津《益世报》1934年9月19日第8版。

不甚严格。① 这些学校宿舍资源严重匮乏，学生中又有很多不重学业而耽于享乐者，因而兼管吃住又不约束学生行动的校外公寓成为他们的最佳选择，他们的生活也多围绕这些公寓而经营。

20世纪30年代，位于西单商场附近的中国学院是北平外宿学生最多的大学。根据1934年的全国高等教育统计，当时中国学院学生人数为1082人，② 但是直到1936年，学校里的4个男生宿舍仅能提供200余人的住宿，2个女生宿舍只可容30余人，其余学生只能"走读"，一般即住到校外公寓里。③ 这些外宿的学生为公寓的发展提供了市场。中国学院附近的二龙坑和皮库胡同成为这一时期北平城区公寓分布最为集中的一带，据说"十步以内必有公寓"。④

由于学校性质和求学目的的差别，学生的生活风格和空间活动展现出巨大的反差。北大附近的很多学生出于旁听、投考大学或者迫不得已而选择居住廉价而破旧的校外公寓，但是中国学院、民国学院的很多学生是来"混文凭"的，所以往往出于公寓生活的自由少监管而特意选择，加之位置处于"最热闹的西单牌楼一带"，因而这一地区的民房和公寓较之东城"反而要多些，价钱贵些"。⑤ 如果说北京大学这一学术型大学周边"拉丁区"的公寓生活体现的是在艰苦条件下追求学术自由的生活方式和价值取向，那么民国学院和中国学院附近的公寓生活则在某种程度上意味着这些一般私立学院的学生对于都市生活的想象和体验。

无论是学生们对于这一时期公寓生活的描摹还是报刊记者对于此类

---

① 学者邓云乡在文章中提到，20世纪30年代，北平的私立大学为了扩大招生量，一般将录取分数设置得很低，学杂费定得也比燕京大学等"贵族化"学校低，而且班级很大，每班七八十人，多时二百多人。外省来北平考大学的学生，考不上国立名牌大学，也出不起贵族化教会大学的高昂学费，就选择进入此类学校。因而这类大学中虽有好学之士，但更多的是来混文凭者。参见邓云乡《学府述略》，载《文化古城旧事》，河北教育出版社2004年版，第124页。
② 教育部统计室编：《二十三年度全国高等教育统计》，南京：教育部统计室1936年版，第168页。
③ 里飙：《中国学院学生生活》，《现代青年》（北平）第5卷第4期，1936年11月。
④ 挪冰：《大学生在公寓里》，天津《益世报》1934年1月22日第14版。
⑤ 《北平城区的大学生》，天津《益世报》1934年4月6日第4版。

环境的介绍，都突出了其浪漫随意和消费不菲的一面。按照当时报纸的报道，住在公寓的学生可以"睡到中午再起床，吸一点哈德门，等着午饭，公寓里的包饭难下咽，门口有小馆，二十个水饺，一碗木樨炒饭，都很方便"。"晚饭可以找几个朋友喝两盅，十二点过后，肚子饿了，门外有馄饨，硬面饽饽烧饼熏肉。酒更不必说，半斤白干，四十枚的花生或两毛钱的腊肠，几乎是一呼即到。"①住在公寓的花销，"有数的是房钱，六七八元足矣；其次是饭钱，平均十五元左右也差不多"。可是，"打牌，看电影，请朋友，讲恋爱，逛胡同，做衣服，吃零嘴，真无由核算"。②还有人在介绍这些学生的公寓生活时指出，学生们的公寓继承了当时流行的"以浪漫为佳，以不整齐为美"的风气。③他们常常在墙上挂着女明星的照片和从画报上剪下来的运动员照片；书桌上凌乱不堪，不仅有教科书，还有当时流行的张资平、叶灵凤等人的言情小说。此外，在公寓中，他们通常以喝酒、打牌、下棋、谈天、拉琴、唱戏等消耗时间，甚至因为娱乐晚睡而逃课。④

这一时期的北平公寓并不只是封闭的生活空间，为学生们提供居住场所，而且作为一个半开放的市场，迎接着外来的各种小商贩，诸如卖糖葫芦的、卖报的、代洗衣服的，充斥着公寓学生的生活。⑤离开这个半开放的空间，学生们又会进入一个更为开放也更为市场化的都市生活空间。上球房打球、看电影听戏、逛商场和公园算是一般的娱乐活动，此外还有为社会舆论所诟病的去咖啡馆调戏女招待、去八大胡同找姑娘，这些都成为他们参与和体验城市生活的选择。⑥针对北平公寓中学生生活无序的现象，公安局拟定了公寓寄宿取缔办法，措施主要是男女分住，

---

① 路絮：《故都学生私生活》（续），天津《益世报》1934年8月15日第8版。
② 路絮：《故都学生私生活》（续），天津《益世报》1934年8月15日第8版。
③ 濠人：《公寓生涯》，《十日谈·学校生活特辑》1934年6月。
④ 丽生：《公寓里的学生生活》，《健康生活》第1卷第2期，1934年。
⑤ 路絮：《故都学生私生活》（续），天津《益世报》1934年8月15日第8版。
⑥ 陈少崧：《北平的公寓》，《新少年》第1卷第7期，1936年4月。

房舍，饮食保持清洁，不得有违禁行为，等等。① 但是改善效果十分有限。

1934年2月，国民政府主导的"新生活运动"拉开序幕。《新生活运动纲要》中定义了此运动的主旨："新生活运动，我全体国民之生活革命也，以最简易而最急切之方法，涤除我国民不合时代不适环境之习性，使趋向于适合时代与环境之生活。质言之，即求国民之生活合理化，而以中华民国固有之德性——'礼义廉耻'为基准也。"② 20世纪30年代的中国社会，在国民党当局的描绘下，是一幅"官吏则虚伪贪污，人民则散漫麻木，青年则堕落放纵，成人则腐败昏庸，富者繁琐浮华，贫者卑污混乱"的不堪画面。③ 青年男女追逐西方浮夸虚华的物质文化，更被视为社会问题丛生的源头。尽管该运动在国家最高权力者的主导下迅速从南昌推广开来，至1936年已在20个省设立分会，但是其实际的影响面仍然集中在国民党政府控制下的南方各省份。

对于北平的大学生而言，新生活运动最为实质的影响并不是行政手段对其日常生活的干预，而是受到新生活运动风气影响的舆论对于大学生群体的各种贬斥和批评。很多来自农村的青年学子，经由北平的公寓生活，被整合进都市的生活环境和消费秩序之中，成为北平媒体批评的焦点。有的报纸文章说，公寓生活的特色是富有"无限的感染力"，使农村青年只用几个星期就可以实现"城市化"：一个刚从乡下来的学生，很快就知用一条西服裤或一件布市衬衫来打扮自己、开口闭口说脏话、毫不客气地向饭铺的伙计发脾气、谈谈北平的京剧名角了。④

此外，北平舆论关于学生公寓更有"毁人炉"的批判，他们指责公

---

① 《北平市府取缔公寓寄宿办法》，天津《益世报》1932年6月19日第1版。
② 《新生活运动纲要》，载萧继宗编《新生活运动史料》，《革命文献》第68辑，台北："中央"文物供应社1975年版，第1页。
③ 于右任：《新生活运动与民族复兴》，载萧继宗编《新生活运动史料》，《革命文献》第68辑，台北："中央"文物供应社1975年版，第120页。
④ 路絮：《故都学生私生活》（续），天津《益世报》1934年8月15日第8版。

寓生活的混乱，甚至使学生沾染了赌博、吸毒、嫖娼等堕落的生活习惯。① 学生们只知消费，忘记学生本分，也成为被诟病的要点。有报纸指出，住在公寓中的花费，虽然房钱和饭钱并不高昂，但各种娱乐享受的开销是无以计数的。这些花费，都来自学生的家庭，不足之时，还要靠借贷和欠账维持。② 而真正的读书却"难与公寓发生关系。住到公寓里，按时上课，按时自修的，不是没有，实是太少。仿佛这个环境就只适于玩"。③

在当时媒体对于北平公寓里学生生活的评论中，现代城市生活被赋予了令人只会享乐和消费，而忘却礼仪和本分的负面意义。这与新生活运动对于国民不良生活的批评和对传统道德礼仪的提倡可谓正相呼应。面对媒体的渲染和批评，这些私立学院的学生处于一种非常被动甚至近乎失语的状态。一方面，少量的发声者在媒体上强调，他们的学校与20年代比已经加强管理，校风有所转变；另一方面，他们也不得不承认，学校提供的物质生活资源确实极其有限，他们呼吁学校增加宿舍、加强管理，但是并没有得到实质上的回应。④

20世纪30年代，北平部分私立学院学生的公寓生活以都市浪漫和市场消费为特点，招致了大量包含道德批判和社会忧虑的舆论话语批评。尽管这样一面倒的介绍和批评只代表了一部分学生的生活，但仍在一定程度上反映了西南城区学生的一种生活模式。这既与学校设施不足、管理不严有关，也与学生自身对于都市人的身份想象和实践有关，体现了私立学院校风和西南城区区域环境对大学生生活的双重影响。

总而言之，20世纪30年代北平城市不同区域的大学生生活风格呈现

---

① 万：《公寓乎毁人炉乎》，天津《益世报》1935年1月19日第8版；刘绿荫：《北平的公寓是毁人炉》，天津《益世报》1935年3月23日第14版；李碧：《故都社会的三害》，天津《益世报》1934年7月12日第8版。
② 路絮：《故都学生私生活》（续），天津《益世报》1934年8月15日第8版。
③ 路絮：《故都学生私生活》（续），天津《益世报》1934年8月15日第8版。
④ 为为：《民国学院的学生生活》，《现代青年》（北平）第5卷第1期，1936年10月；里飙：《中国学院学生生活》，《现代青年》（北平）第5卷第4期，1936年11月。

出三种主要的类型：北大附近"拉丁区"自由开放的追求学术之风，清华、燕京在西郊封闭校园的规律集体风格，以及西南城区私立一般性学院学生的散漫无序之风。这些不同的生活风格，一方面反映着城市中不同的区域环境和校园文化对学生们潜移默化的塑造，另一方面也体现了学生们对自己的生活方式和社会形象的选择。而学生们在日常生活领域中的实践主动性，在我们以下要谈的物质生活方面，有更为明显和具体的体现。

第二节 "贵族化"与"平民化"之议

自 20 世纪 20 年代起，北京/北平就盛传一句顺口溜：北大老，师大穷，唯有清华可通融。这个顺口溜的另一版本后一句是"唯有燕京清华可通融"。当时关于这句话的解释颇多，既有人认为是指上述大学的办学条件，也有人认为是指这些大学中的学生，还有人认为是北平女生的择偶标准。[①] 无论是哪种含义，其都通过一种赞赏的语气道出了当时人们口中的"贵族大学"——受到外国资金支持的燕京大学等私立教会大学，以及前身为留美预备学校并且由美国所偿庚款资助的清华大学。相对而言，"老"北大和"穷"师大虽然受到国家公款资助，却在物质条件方面与上述"贵族大学"差距明显。然而，在 20 世纪 30 年代北平的社会语境中，北大和师大的学生凭借其话语论争营造了一种足以与清华、燕大学生的贵族化形象抗衡的"现代寒士"形象。这一时期，在"贵族化"和"平民化"、"洋化"和"中国化"等不同的生活方式以及身份定位选择方面，北平的大学生们如何实践，又怎样评价？

一 "贵族大学"生活及其内部区隔

20 世纪 30 年代的燕京大学和清华大学以校园广阔、风景优美、设备

---

① 清华人：《清华可通融》，《世界日报》1934 年 10 月 5 日第 10 版。

齐全、宿舍舒适而著名。就物质生活条件而言，不同于北平很多大学的学生还在住平房，燕京大学、清华大学的学生宿舍都是新式楼房。当时燕大学生宿舍一般每房两人，[①] 生活设施现代化，安装了暖气系统、冷热自来水。每层楼有两个盥漱室，内有六个洗脸盆，水厕、浴室、淋浴室多个。还有阅报室、工友室、饭堂及厨房等，生活环境相当舒适。[②] 清华大学的宿舍每间由两人合住，每人一张钢丝床、一个西式书桌、一把椅子、一个书架、一个衣橱，宿舍里有新式抽水马桶、不间断的冷热自来水。[③]

这些在当时非常先进的生活设施，不仅在物质层面保证了燕京大学和清华大学学生的生活舒适度，而且潜移默化地影响他们形成相应的生活习惯。在现代生活设施仍然非常欠缺的北平，这种"洋化"的生活方式受到一部分人的抨击。比如北大某学生就在介绍北大学生生活时讽刺燕京大学和清华大学的校园设施和生活方式专门制造"准洋人"[④]。这种带有民族主义色彩的抨击方式，在20世纪30年代东北失陷、华北屡遭日本侵犯的历史阶段颇为普遍，也很能引起读者共鸣。

饮食方面，燕京大学和清华大学都比较重视学生就餐的营养。以清华大学为例，1930年的一期《清华周刊》上曾经发布调查学生饭菜营养和热量的报告。[⑤] 根据报告，清华的学生食堂早餐一般是馒头和米粥，中餐和晚餐方面，冬天和春天常吃火锅，内有牛肉、猪肉、白菜等，夏天和秋天主要是炒菜。学生请客酒席非常丰盛，一般包括红烧鱼翅、糖醋

[①] 陈礼颂：《燕京梦痕忆录》，载董鼐总编辑《学府纪闻：私立燕京大学》，台北：南京出版有限公司1982年版，第217页。

[②] 李素：《燕大学生生活》，载董鼐总编辑《学府纪闻：私立燕京大学》，台北：南京出版有限公司1982年版，第200页。

[③] 唐炯炎：《清华大学学生生活》，《青年月刊》（南京），第4卷第1期，1937年4月。

[④] 挚生：《北大学生生活》，《现代青年》（北平）第3卷第1期，1936年4月。

[⑤] 韩增德：《清华大学学生所吃饭菜中所含之滋养量及发热量之调查报告》，《清华周刊》第33卷第6期，1930年4月4日；《清华大学学生所吃饭菜中所含之滋养量及发热量之调查报告（续）》，《清华周刊》第33卷第7/8期，1930年4月22日。虽然该文调查内容为1926年、1927年清华大学学生的饮食营养状况和日常活动的热量消耗情况，但是按照其内容提示，20世纪30年代的清华食堂大致继承了20年代后期的传统。

鱼、神仙鸭子三大件，金粉冬菇、红烧鸽蛋、炒吉林对虾等六炒菜，以及四个冷盘、两种炸果仁、两种水果，还有多种点心，等等。

  据1934年入学的何炳棣回忆，当时学校食堂的菜分为全荤、半荤、素炒，饭和馒头管够，两毛钱可以吃得很不错。他经常和其他同学合吃，常点西红柿炒鸡蛋、炒猪肝或腰花、软炸里脊、肉片炒大白菜、木须肉等，有时也会出校门换口味。① 不仅如此，清华校园内的消费合作社开办零食部，销售点心、果品、咖啡、红茶、冰激凌等，其中还有不少进口食品。② 清华大学学生的饮食条件由此可见一斑。

  但是，在清华、燕京的大学校园中，最舒适的住宿条件和美味的饭菜及零食，并不是每个学生都能够享受得起。尽管这些大学在住宿和饮食方面为学生提供了非常高的物质条件，仍然有一部分学生由于家庭经济条件有限必须选择相对差一些而收费更为低廉的宿舍和饭菜。

  燕大学生介绍，燕大生活具有"伸缩性"，家庭条件较为一般的学生可以凭借优异的成绩减免学费，并且有奖学金，还有资助委员会提供勤工助学。"学校包饭每月八元，校外普罗饭馆五、六元，宿舍每年二十元，楼底层和顶层十三元和七元。"③ 据1932年入校的黄华回忆，当时燕京大学一部分同学（尤其是"九一八"后从东北过来的同学）的经济来源十分有限。于是他和张兆麐、刘克夷、叶德光等十几个同学在学校组织了一个名曰"刻苦团"的小团体，提倡生活刻苦和锻炼身体。"刻苦团"成员平时不进城，不去娱乐场所消费，早晨起来做各种锻炼，穿蓝布大褂，吃食堂低价的饭菜，住冬冷夏热的阁楼宿舍，也住过蔚秀园的平房。除此之外，黄华申请了学校的吴雷川奖学金。该奖学金按学习成

---

  ① 何炳棣：《读史阅世六十年》，中华书局2012年版，第89—90页。
  ② 慰民：《清华学生的生活》，《清华周刊》第41卷13/14期，1934年6月1日；何炳棣：《读史阅世六十年》，中华书局2012年版，第91页。
  ③ 谭邦杰：《我所认识的燕大学生生活》，《现代青年》（北平）第7卷第1期，1937年4月。

绩评定，每学年 200 元。①

在清华大学，除了饮食注重营养、开销充裕的学生，也有在学校清寒食堂只吃四分钱青菜的同学，或者在校外"以平民化著称的倪家小饭铺"只吃饼、馅饼、包子等主食果腹者。②阁楼、平房、"普罗"饭馆、"清寒"食堂、"平民化"饭铺，这些处于与"贵族化"相对应的另一极的生活空间，在一定程度上显示了所谓"贵族大学"中不同家庭条件的学生在物质生活方面的内部差异与分化。

如果说住宿条件和饮食品质只是学生的个人体验，非与当事者亲近之人无法尽然知晓，服饰穿着则是一种更为显在的物质生活标志和个人身份表征。这些大学生对于西装和蓝布大褂的穿着使用和话语论述，也并不仅停留在经济的贫富差距方面，还直接涉及如何看待"洋化"校园文化的问题。因此，服饰穿着问题更为复杂和深刻地反映出大学生们对于自我社会形象和文化身份的认知与表达，也更为真切地反映出同被外界称为"贵族大学"的燕京大学和清华大学在校园文化和学生自我定位方面的差别。

燕京大学的校园文化整体偏向洋化，这与学校里外籍教职员和学生人数较多有很大关系。据 1934 年全国高等教育统计，燕京大学有外籍教职员 54 人，占教职员总人数 191 人的 1/4 还要多，③除此之外的教授有一部分是基督教徒，或者是留学欧美归国的学人。燕大的很多学生亦因为洋化作风严重，被冠以"三种毛子"的绰号：英美交换学生为"大毛子"；负笈而来的归侨为"二毛子"；洋服西装、喜讲英语的本国学生为"三毛子"。④燕大的富家子弟，基本上西装革履且款式入时，清寒子弟终

---

① 黄华：《亲历与见闻——黄华回忆录》，世界知识出版社 2007 年版，第 4 页。
② 慰民：《清华学生的生活》，《清华周刊》第 41 卷第 13/14 期，1934 年 6 月 1 日。
③ 教育部统计室编：《二十三年度全国高等教育统计》，南京：教育部统计室 1936 年版，第 72—73 页。
④ 刘欢曾：《读燕大的感想与心得》，载董鼐总编辑《学府纪闻：私立燕京大学》，台北：南京出版有限公司 1982 年版，第 282 页。

年蓝布大褂。①

不过，燕京大学的学生强调，有些人认为燕大校风太奢侈，入校读书的学生很容易染上奢华的习气，是一种"倒果为因的错误见解"。事实上，校风比较奢侈，是因为"大部分学生多半经济能力较好，未入校前和入校以后，他们的生活状况没有很大的改变"；比较穷困一点的学生，也"很少因为别人生活贵族化而扰乱了他原有的生活习惯"。② 而且 30 年代"北平学生尚朴素，上自硕学教授，下至门房斋夫，莫不经常穿着蓝布大褂，蔚成风气"，"即富家子弟亦偶一穿之"。③

与洋化校风严重、学生穿着两极分化的燕京大学不同，20 世纪 30 年代的清华大学致力于从 20 年代的留美预备学校转型为国立学术型综合大学，因而学校大力宣传本校生活费用合理，致力于吸引南北方的优秀学子。《清华周刊》连续几年刊登学生费用预算表，并且申明：清华并不像普通人认为的是一个"资产阶级的大学"，"有钱的只是学校"，学生在此的花销并不大。④ 在 20 世纪 30 年代发表的向中学生或清华新生介绍清华生活的文章中，作为作者的清华老生一再强调，30 年代清华园中的人没有"只重衣衫"的习惯，人们并不以着装将人分等。⑤ 此外，他们进一步指出，大多数学生西装革履的现象只存在于留美预备学校时期，30 年代的清华学生并不标榜西化和富裕生活。⑥ 通过上述论调，他们试图告诫投考清华的清寒学子不要为外界扣给清华的所谓"贵族学校"的帽子迷惑。

---

① 陈礼颂：《燕京梦痕忆录》，载董鼐总编辑《学府纪闻：私立燕京大学》，台北：南京出版有限公司 1982 年版，第 216 页。
② 谭邦杰：《我所认识的燕大学生生活》，《现代青年》（北平）第 7 卷第 1 期，1937 年 4 月。
③ 陈礼颂：《燕京梦痕忆录》，载董鼐总编辑《学府纪闻：私立燕京大学》，台北：南京出版有限公司 1982 年版，第 216 页。
④ 《国立清华大学学生每年用费约计表》，《清华周刊》第 35 卷第 11/12 期，1931 年 6 月 1 日；《国立清华大学学生每年费用约计表》，《清华周刊》第 41 卷第 13/14 期，1934 年 6 月 1 日。
⑤ 慰民：《清华学生的生活》，《清华周刊》第 41 卷第 13/14 期，1934 年 6 月 1 日。
⑥ 唐炯炎：《清华大学学生生活》，《青年月刊》（南京）第 4 卷第 1 期，1937 年 4 月。

据清华学生总结，到20世纪30年代，生活相对清寒的学子差不多占清华学生人数的十分之四，而生活条件中等的学生大约占全校人数的十分之五点五，至于生活条件非常优越者只占十分之点五而已。① 因而，清华校园中的学生穿着相对于燕大来说更为多元，"好似一个大百货商店，西装中服绒呢绸缎，洋布土布无不兼收并蓄"。② 笔挺的西装和破旧的制服同时存在，蓝布大褂由于经济美观、全年皆宜，受到大部分学生青睐。③

在国家贫弱、进入大学的机会来之不易的20世纪30年代，面对既有人羡慕又有人批判的"贵族大学"这一称谓，燕京大学和清华大学的学生态度相当矛盾和复杂。他们在承认学校有一部分生活优越的同学的前提下，都指出全体学生的生活是具有"伸缩性"的，贫寒的同学也可以在这样的大学生活，并且生活贫富并不是评价学生的标准。对于他们来说，被简单化为洋化和奢侈化的"贵族学校"称谓在一定程度上带来了对自我定位的焦虑与迷惑。

就20世纪30年代北平大学场域内部的话语权掌握而言，被称为"贵族大学"的燕京大学、清华大学事实上并不占据优势。它们受到欧美国家的资助，为学生提供相对优厚的物质生活条件，其中燕京大学更是收取高额学费，招收了很多海外留学生和富裕的南方沿海城市的学子。因而，燕大和清华学子常常被其他学校的学生想象和描绘成校风奢侈、生活全盘洋化的群体。④ 与之形成鲜明对比的是北京大学、北平师范大学等学生生活条件较为一般的学校。这些学校的学生通过对朴素与清寒生活的书写与讴歌，为自己标榜了一种"现代寒士"的群体形象。

---

① 一丁：《清华可通融?》，《世界日报》1934年10月7日第10版。
② 慰民：《清华学生的生活》，《清华周刊》第41卷13/14期，1934年6月1日。
③ 唐炳炎：《清华大学学生生活》，《青年月刊》（南京）第4卷第1期，1937年4月。
④ 谭邦杰：《我所认识的燕大学生生活》，《现代青年》（北平）第7卷第1期，1937年4月。

二 "平民化"大学生活及其话语书写

20世纪30年代,在燕京大学和清华大学这些被称为"贵族学校"的大学中,学生论述他们的物质生活不但很少展现优越感,而且总在不停地辩解和澄清,享受到相对舒适的校园生活却要反复强调他们并不是全盘"贵族化""洋化"。而与此大为不同的是,这一时期北京大学、北平师范大学的学生在校园里、在城市中毫无保留地展现其朴素乃至艰苦的生活,并且通过话语论述不断强化着这种"平民化"生活的正当性和合理性。

上述现象与当时整体的社会环境有关。首先,20世纪30年代前半期,国家经济情况很不乐观,且欧美经济危机波及中国,1931年的洪灾和1934年的旱灾,又使中国的农业以及相关的轻工业、出口贸易等都受到严重打击,很多农村家庭和城市一般家庭在这样的危机中走向困顿。[①] 在这样的社会背景下,很多家庭普通的学生进大学要面对巨大的经济压力,很难过上优越的校园生活。其次,北平失去国都地位之后,达官贵人南下,市面一度呈现出萧条的景象。[②] 城市主要消费者即是留在这里的知识分子和大、中、小学学生,因而促成了一种相对朴素和传统的城市消费环境,而不是上海那种标榜摩登消费和洋化生活的城市文化。最后,日本1931年占领了东北三省,此后又不断侵犯华北地区,中国的民族主义思潮影响着北平地区民众(尤其是学生)的思想和生活。支持国货、穿着具有中国文化特色的长衫和象征爱国大学生身份的军训制服,都成为表达民族认同的日常方式。[③]

[①] [美]费正清主编:《剑桥中华民国史》第二部,章建刚等译,上海人民出版社1992年版,第12页。
[②] 许慧琦:《故都新貌:迁都后到抗战前的北平城市消费(1928—1937)》,台北:台湾学生书局有限公司2008年版,第33—39页。
[③] [美]叶文心:《民国时期大学校园文化(1919—1937)》,冯夏根等译,中国人民大学出版社2012年版,第155页。

因而，北大和师大的学生不仅承认他们生活的清寒，而且讴歌这种朴素的生活。他们在与燕大、清华学生舒适的、洋派的生活对比中，油然生出一种"现代寒士"的自豪感，从而从情感层面认同自己的物质生活方式，同时又通过当时流行的唯物主义理论和阶级分析话语在学理层面解释这种贫寒生活的原因，并且从大学生自立自强、适应社会的角度为"平民化"的生活落实依据。

就住宿而言，北大和师大的住宿条件与前述燕京大学、清华大学的水平不可同日而语。北大的宿舍"零散不整，破旧的要命"：没有铁床，只有铺板；没有冲水厕所，只有茅坑；没有暖气，只有火炉；没有所谓"贵族大学"的地板。而如此破旧的宿舍新同学也不一定能分到，往往需要先住两三个月至五个月的校外公寓，才能通过打听和托人情找到宿舍。[1] 在北大学生看来，简陋的宿舍相当能代表北大人刻苦自励的真精神，北大是"勇敢的，强硬的，绝不迎合潮流"，虽然世风不古，可是北大要"双手挽狂澜，去保存国粹，去挽救颓风"。[2]

师大的宿舍不收宿费，所以住宿的人特别多，但因空间极其狭窄，学生住得并不舒服。[3] 平房式的宿舍，所住的人数不一定，有的住四人，有的住六人，里面都很简陋。有铁床和漂亮衣箱的女生宿舍已经是全校最好的学生宿舍了。虽然后来北大和师大都建了配备新式厕所、暖气、铁床等的宿舍楼，但是只能供给资格较老的男生居住，并没有能力改善大部分学生的住宿条件。[4]

从饮食的角度来说，北大、师大学子和燕大、清华的学生相比，可谓完全不讲究。北大宿舍里有公共食堂，但是大部分同学都在校外小饭

---

[1] 杨西昆：《北大学生的生活概况》，《江苏省立上海中学校半月刊》第107期，1936年6月1日。
[2] 王龙：《北大老（上）》，《世界日报》1934年9月9日第10版。
[3] 黄日全：《北平师大的学校生活》，《学校生活》第132/133期，1936年2月。
[4] 徐符卿：《生活在北师大》，《青年月刊》（南京）第2卷第1期，1936年4月；杨西昆：《北大学生的生活概况》，《江苏省立上海中学校半月刊》第107期，1936年6月1日。

铺包伙或者零吃。包饭每月六至九元不等，经济困难的每餐六七分钱也可吃饱。北大附近向来没有西菜馆，学生没有咖啡可喝，也没有冰激凌可吃。① 北大文、法学院附近，有专为苦力阶级而设的"普罗的露天小饭馆"，但也有北大苦学生来此光顾，"杂走夫败卒之中就食，不以为辱"。②

师大本校有三个食堂，每月饭钱七元上下，多数同学还嫌太多，于是吃三餐者很少，很多同学在学校吃一餐，其他在校外小饭馆果腹，每次饭钱不过铜圆三四十枚。③ 还有一些学生，在街上的小摊"挨烧饼度日"，"也是一样的去求学表示自己很有毅力"。④

虽然学校周边也有一些零食等供学生们享用，但北大和师大的相当一部分穷困学生几乎是采取了一种"果腹主义"的方式，用最节俭的花费吃饱饭，而将营养、美味等问题置之度外。对于这样的生活方式，他们反而觉得在精神层面是一种锻炼和提升。在他们看来，优良的生活环境具有麻醉作用，因此，有一些"同时考取清华的同学，往往弃而不就，一心一意地跑到北大来，受这崎岖的环境磨练，受这艰难的生活陶冶"。他们用孟子的"天将降大任于是人也"激励自己，将艰苦的生活当作磨砺自己的条件。⑤

在穿着方面，北大和师大学生也以朴素为特点。一位由上海中学考入北大的学生在向中学的学弟学妹们介绍经验时，重点强调了北大学生与上海大学学生相比生活的"平民化"。他说："在南方西装革履是大学生的唯一标记，而在北方，蓝布大褂却是他们的常年伴侣，特别是在北大，蓝布大褂几乎已变成了学生的特种制服。"而且很多学生的蓝布大褂也只有一两件，因而常常洗，颜色就"从深蓝变成次蓝，从次蓝变成浅

---

① 杨西昆：《北大学生的生活概况》，《江苏省立上海中学校半月刊》第107期，1936年6月1日。
② 路弌：《北大学生生活剪影》，《青年月刊》（南京）第3卷第1期，1936年10月。
③ 宋志斌：《师大学生生活素描》，《读书顾问》第4期，1935年1月。
④ 黄日全：《北平师大的学校生活》，《学校生活》第132/133期，1936年2月。
⑤ 杨西昆：《北大学生的生活概况》，《江苏省立上海中学校半月刊》第107期，1936年6月1日。

蓝"。"学生军的制服在北大所遭遇的命运并不像在南方各大学那样的坏，在这边很受重视，同学们穿上不仅不觉得寒酸，而且昂首挺胸，不可一世。"① 所谓学生军制服，是指当时大学生参加教育部规定的军训被要求穿着的服装。军训制服在上海和北平待遇差别如此之大，一方面是由于北平的北大、师大等校学生生活条件有限，对所穿服装当然不如追求摩登的上海学生讲究，另一个重要原因是日军在东北、华北的军事行为，使北平的学生愿意通过穿着军训制服来表达其爱国情感。

师大不收学费和住宿费，因而招收了很多家庭条件不济的学生，比北平各大学的学生都要简朴。冬季就穿大褂、棉裤，夏季就穿校服，穿漂亮西装的"几无一二"。"提倡土布"成了他们的口号。他们认为这样爱国、朴素、经济，是应该被赞扬的。②

关于北大学生物质生活的落后，学生们不只是描述现状和抒发"不以为辱，反以为荣"的自豪感，而且采用了当时流行的唯物论和阶级论观点去解释这一现象。一位北大学生认为："人类的意识是受经济环境支配的，同时，他们的生活方式也绝对离不开经济条件的最后决定。北大的学生可以说百分之九十从已破产或将破产的农村中出来的，他们都是些不甘在农村中坐以待毙、拼命想到外边来努力学业挣扎谋生的寒士。"③另一个学生也指出，北大的同学大都是没落的小资产阶级和农家子弟，而很少有阔公子、娇小姐。在这点上北平只有师大能与北大"媲美"。④

师大学生不仅从阶级的角度分析出身穷人家的他们的生活条件，而且从师范的专业特色强调尽早自立和生活简朴的重要性。一位师大学生认为，师大学生穷的居多，"穷人就要找穷人的路，不能像布尔乔亚的学

---

① 杨西昆：《北大学生的生活概况》，《江苏省立上海中学校半月刊》第107期，1936年6月1日。
② 莫稽：《师大穷（下）》，《世界日报》1934年9月24日第10版。
③ 杨西昆：《北大学生的生活概况》，《江苏省立上海中学校半月刊》第107期，1936年6月1日。
④ 珞弍：《北大学生生活剪影》，《青年月刊》（南京）第3卷第1期，1936年10月。

生一样的悠游享乐"。当时的许多大学生，在校时主要依靠家庭的经济支持，毕业后入社会做事，就会遇到很多现实困难，而师大的学生，在学校里就已意识到这一难关，不仅家庭条件不好的同学会主动寻找课余的职业，就是家庭稍有资产的学生也会选择课外兼职。因而，他认为师大全校的同学都是"普罗化"的。他们自己去实践简朴，将来为人师表时才能以身作则，使整个社会"以简朴为好"。①

当然，这些学生毕竟还是走出家门不久的青年，有时候也不免感叹和抱怨自身物质生活条件的低下："一般青年，谁不愿享受最进步的物质生活？可是说起师大学生的衣食住行，真有点令人可怜。"②"同学中因营养不良而面黄肌瘦，精神颓萎者，大有人在。"③ 但是更多的学生受到整个校园环境的影响，不断地适应和习惯朴素甚至艰苦的物质生活，也在学理层面进一步思考这种生活，从家庭出身层面指出这种生活的必然性，并且在情感层面上认同这种生活，为这种他们认为能锻炼个人意志和自强能力的生活感到自豪。

第三节 女学生的都市"摩登"

"摩登"一词，是英语 modern 的音译。在 20 世纪二三十年代中国的都市语境中，其较多被用于这个词语的表面意义，即在外表上追逐时尚、讲究品位，以此象征自己的思想和生活之新。摩登风潮的出现，与近代中国社会的日益西化有直接关系。自清末民初开始产生的"西风东渐"现象，到了五四时代得以进一步在全社会普及并影响更多人的日常生活。一部分中国女性在这一时期也从传统伦理秩序和家庭关系中解放出来，从剪发、放足到换装，从开放男女同校到自由婚恋。到了 20 世纪 20 年

---

① 黄日全：《北平师大的学校生活》，《学校生活》第 132/133 期，1936 年 2 月。
② 宋志斌：《师大学生生活素描》，《读书顾问》第 4 期，1935 年 1 月。
③ 莫稽：《师大穷（下）》，《世界日报》1934 年 9 月 24 日第 10 版。

代，女性形象更是不断出现在各种广告和杂志上。学者李欧梵认为，这些关于女性时髦形象的图片和照片，提供了"进入中上阶层都会女性生活的新感知领域的线索"，其一方面体现了现代女性身体意识的觉醒，另一方面也联系着一系列都市女性生活和行动的家居与公共空间。①

北京是民国时期最早开办女子高等教育的城市之一。从1905年创建、1920年并入燕京大学的华北协和女子大学，到1917年教育部筹建北京女子高等师范学校，再到1920年北京大学"开女禁"招收女生，北京的女子高等教育引领了全国公私立大学招收女生的风气。20世纪二三十年代能够进入北京/北平的大学中读书的女生，大部分出身于中产阶级以上的家庭。由于这一群体整体上注重个人形象和生活品质，又青睐新事物，无论是在自我形象经营方面还是两性关系建立方面，都形成了追求"摩登"的潮流。在一个新思想与旧道德并存、西化"摩登"潮流与国家民族话语冲突的时代，大学女生是引人注目的知识女性，其对"摩登"的追求已经超越了个人的私领域，而成为公众讨论的重要社会议题之一。本节主要以20世纪30年代《世界日报》副刊《妇女界》的相关调查和议论文章为线索，考察这一时期北平女大学生的"摩登"形象及相关的舆论观点。

一 打造"摩登"形象

民国时期，城市年轻女性对于"摩登"的追求，受到外来商业文明的影响，最早盛行于上海、广州等南方的通商口岸城市，北方的天津也受此影响。到了20世纪20年代中后期，一向整体"风俗比南方各大都市简朴得多"的北京妇女界，也开始追逐所谓"虚华"，风气和生活方式向摩登化转移。②其中最具代表性的群体，即为这座城市中的女学生们。

---

① [美]李欧梵：《上海摩登：一种新都市文化在中国（1930—1945）（修订版）》，毛尖译，上海三联书店2008年版，第79页。
② 宋化欧：《北京妇女之生活》，《妇女杂志》第12卷第10号，1926年10月1日。

以最为直观的服装穿着为例，当时的舆论就认为女学生可谓城市妇女"服装的导师"。有人分析，女学生比一般妇女更有文化，带有某种知识分子的光环，一举一动都是"社会的偶像"；而且她们通过观看美国有声电影而模仿美国人的生活，因而被视为时髦的代表而受到崇拜。① 就20世纪30年代北平的大学女生而言，她们的"摩登"形象表现在多个方面，无论是服饰装扮、娱乐休闲还是学外语，都成为她们借以打造自身"摩登"形象并与其他社会女性区别开来的方式。

提到"摩登"，最先令人想到的往往是服饰装扮上的入时和新颖。在20世纪30年代的北平各大学校园中，虽然女学生们的穿着风格不尽相同，但是一些服饰和化妆品却为大部分人所使用，无论是富有者还是相对贫困者，都成为北平女学生"摩登"潮流的参与者。就服装的质料而言，20世纪30年代初期，北平女大学生中最为流行的是一种名为四川绸的面料，因为这种料子四季都可以穿着，而且价廉物美，"穿上不感光刺目，使人生厌"，因而当时北平各大学的女生，无论是"阔小姐"还是"穷姑娘"都青睐这种布料。② 除了这种一时的时髦之选，在北平师大、北京大学等国立大学，大约一半的同学保持着比较简朴的穿着，春、秋、冬穿蓝色阴丹士林布料的服装，夏天着杂色高丽布的衣裙。此外，还有一些致力于保持高雅不俗品位的学生，在棉夹袄盛行之时，为了避免流于平庸而选择毛织品。③

在具体的款式上，当时的女式服装分化出中式和西式的不同风格，大部分学生的选择以中式为主。但是此时的中式服装也经过了改良和创新，比如30年代北平的大学女生以长旗袍为时髦之选。这种类似男子长衫长度的旗袍，衣长拂地，袖短瘦，大开衩将近二尺，周身多镶以各色宽花边，领高最高能到三寸，将脖项箍在里面，不能自由转动。穿着者

---

① 秉英：《关于女学生之为服装的导师》，《世界日报》1932年9月4日第6版。
② 菁如：《北平女学生生活调查》，《世界日报》1932年8月19日第6版。
③ 菁如：《北平女学生生活调查》，《世界日报》1932年8月19日第6版。

往往身材细长苗条，长发或烫发，脚踩高跟鞋，走起路来袅袅娜娜，被认为"代表地道的中国女性美"。当时北平各校的"校花"都以穿长旗袍为美，虽然其被一部分致力于朴素装扮的学生认为太过"小姐气"，但是作为当时"摩登"潮流的代表，确实吸引了很多女学生尝试，以至穿旧款短旗袍的女学生数量大为减少。① 同时，这一时期北平的女大学生中开始流行西式服装。此类服装由西方女士服装演变而来，款式多变，其实大多并不适合身材普遍纤细瘦小的中国女子。然而，许多醉心于"洋化"的女生仍将穿西式服装视为"摩登"的表现，而不考虑自身条件盲目选择，因而30年代追求此类服装的大学女生数量在北平日益增多。②

在民国时期，各种"摩登"服饰的出现和流行当然与商业社会中的生产者对于潮流产品的开发和生产具有一定的关系，但是女学生群体对于不同风格服饰的主动选择和推广无疑也起到了相当大的促进效用。学校的群居生活本就容易使学生们的生活方式形成某种群体效应，对于服饰潮流的引领和追随即是其中的一环。女学生们一方面共享着一些经典款的"摩登"服饰，比如价格不菲的长筒丝袜，即每人都至少备一双。另一方面，更为时髦的学生不断地尝试和带动新的款式，比如这一时期流行开来的短袜，令穿着者可以露出富有曲线美的腿部，既反映出社会风气的进一步开放，也体现了女学生们对身体健康美的自信。③ 这一时期，化妆品是北平大学女生们的生活必需品之一，是学生们提升个人形象的得力工具。即使最朴素的女学生也至少备有雪花膏、扑粉、香皂三种，至于最奢华的摩登学生，梳妆台上往往陈列有七八种。由于中国的化工产业极不发达，女学生们用的化妆品主要是法国进口产品。④

通过对于上述北平大学女生服饰装扮和化妆品使用情况的大致梳理，

---

① 菁如：《北平女学生生活调查》，《世界日报》1932年8月22日第6版。
② 菁如：《北平女学生生活调查》，《世界日报》1932年8月22日第6版。
③ 菁如：《北平女学生生活调查》，《世界日报》1932年8月23日第6版。
④ 菁如：《北平女学生生活调查》，《世界日报》1932年8月23日第6版。

我们可以发现诸多规律。首先，北平大学女生中的"摩登"潮流具有一定的普遍性。在进行日常消费时，大部分女学生都会青睐流行的面料、服装款式和化妆品。这既是受到群体效应的影响，同时也说明学生们本身对于都市"摩登"潮流的认同。其次，学生们对于装扮的摩登化追求，是女性自我审美意识觉醒的一种表现。对外在美丽形象的追求和展示背后，暗含着对都市中上层女性身份和形象的想象与追求。最后，尽管当时北平各大学的女生们表现出趋同的追求"摩登"形象的心理和行动，但是其内部还是充满了差异。整体而言，至少有一半以上的女学生仍然选择了相对朴素的服饰质料与款式，为大众呈现了校园女学生的"清""雅"形象。

事实上，要想跟上不断变换的"摩登"潮流，女学生们在衣服和化妆方面的开销相当大。比如当时流行的高跟鞋，价格最低的要四五元，最高的二十元左右，而有的大学的"校花"，其一套衣服就不下百余元。与之可以形成对比的是，那时候她们在学校每月的饭费平均七八元，最高不过十五元。[①]女学生的"摩登"装扮以不断的高消费为基础，因而也被社会舆论认为是在争奇斗艳、互相攀比乃至"物化"女性。

当时北平诸大学中女生形象"摩登化"发展到极端，就出现了校园选美。这一风气弥漫了北平的不少大学。比如在北平师范大学有"八美"，即全校闻名的八大美女，以英文系女学生为主，这些女生终日穿着打扮得艳丽时尚，并且互相争奇斗艳。与此类似，北京大学也有女生被选为学校的"花王"，成为很多男生倾倒和追逐的对象。北平大学法学院的选美则戏仿了国家政治选举，所谓"花王"被称为"大总统"，此外，还有女生被选为"国务总理"，以及各部"部长"。据说之所以这样称呼，是因为该校的地址是昔日的国会要地，此外这样的称呼恐怕也与该校学

[①] 有一派女生，家拥巨资，貌亦不扬，对于服装不甚讲究，只在食一方面讲究，每餐若无山珍海肴，即不能下口，此派多由附近"鸿春楼""且宜"送饭来校，每月饭费在十五元至二十元。见菁如《北平女学生生活调查》，《世界日报》1932年8月23日第6版。

生是学习法律和政治等专业有关。① 而中国学院的"院花"被选举之后，还要举行专门的"加冕礼大会"，为"院花"加冕，并且邀请其他三位候补"院花"出席。②

学生们认为，都市"摩登"女性不仅追求外在装扮的时髦，而且在所学专业和娱乐活动方面也有诸多特别之处。根据20世纪30年代北京《世界日报》副刊《妇女界》专栏记者的调查，这一时期北平诸多大学的女学生中，学习外国语的往往占据最高的比例。比如1932年暑假时，北平师范大学女生在英文系的有135人，占女生总人数的27.6%，领先于该校其他专业的女生人数。③ 这时的北大仅有女生21人，占全校941人总数的1/45，同样是学习外国语专业的最多。④ 此外，清华大学全校男生共610人，女生共54人，女生也以外国语系的为最多。⑤ 多所大学女学生倾向于学习外语，不仅与女生的能力偏好有关，也与其追求"摩登"的心理有关。当时很多北平女生以洋化为时髦，所以"除了表面欧化之外，如果更能口操洋语，才是将时髦追求到了家"。⑥ 在很多学习外语的女生看来，对于西方语言的掌握和外国文化的了解，是社交场上可资炫耀的专门技能和彰显其"摩登"形象的利器。

就娱乐活动而言，无论是清华大学、燕京大学女生的打网球、弹钢琴，还是为当时大多数大学女生所喜好的看电影和逛公园，事实上都是西方潮流影响下的现代城市休闲方式。这些娱乐方式本身是有闲阶层的专属活动，学生们把它们当作理所当然的生活活动，或者以其缓解课业带来的疲乏，或者以娱乐场所为交往爱侣的地方。她们选择这些娱乐方式来丰富自己的生活，同时这些相对洋化的娱乐方式也塑造着她们的

---

① 菁如：《北平女学生生活调查》，《世界日报》1932年9月1日第6版。
② 《中院院花行加冕礼》，《世界日报》1934年4月14日第7版。
③ 菁如：《北平女学生生活调查》，《世界日报》1932年8月10日第6版。
④ 菁如：《北平女学生生活调查》，《世界日报》1932年8月12日第6版。
⑤ 菁如：《北平女学生生活调查》，《世界日报》1932年9月8日第6版。
⑥ 菁如：《北平女学生生活调查》，《世界日报》1932年9月8日第6版。

"摩登"形象,从而导致了她们与一般劳动妇女的隔膜。

关于北平女大学生的"摩登"风潮,报纸舆论上发出了一系列批评和建议的声音。一些人将女学生的"摩登"穿着放在国难和女学生社会责任的主题下进一步讨论。一个女学生在给《世界日报》副刊《妇女界》的投书中讲到,其班级的女生此前皆以穿着朴素的布衣为本分,而班里新进来了一个女同学,天天作"明星派"打扮,使班里的一些男同学不能专心向学。这位投书的女生认为,女生爱穿艳丽的服装,可以在不上学的日子穿,穿着过于漂亮,有违上学的目的。[①]

这封题目为《女学生不应艳装赴校》的投书在《妇女界》引起了进一步的响应,另一篇文章《从女学生"不应"艳装说到女学生"应"负起的社会使命》的作者则认为,女学生不应当只把注意力放在个人生活方面,也不只是约束了个人言行就完成了自己的任务,女学生的一言一行都要在社会上起到表率作用。其指出,民国时期的中国面临一系列内忧外患的困境:"腐旧的破产的社会经济制度、帝国主义的掠夺、军阀的地盘竞争。"在"中国社会濒于死境"的情况下,妇女们由于社会地位低微,首先遭到了巨大的痛苦与残酷的压迫。数年来"妇女买卖风气的盛行,娼妓数目激烈的增加,女招待伶工舞女道德之堕落,劳动妇女工资的细微,以及由于日帝国主义武力侵略与军阀混战,妇女们所遭遇的残酷的兽性的牺牲",都是极其惊人的。作者认为,面对受到残酷压迫又缺乏教育和知识的妇女界,女学生负有重大的社会责任,她们"应当利用自己的读书机会与求得的智识,公然地领导全国的妇女与全国的民众,站在一条线上,去打倒民众的公敌,去改造社会,去拯救民族,去反对一切帝国主义及军阀的战争"。而在生活方面,反对艳装的限制,不仅限于"赴校"范围内,而应当扩展到女学生的全部生活之中。该作者呼吁:"一切健康的女同学们,起来,脱下那些束缚生活的小姐太太们的装束,

---

[①] 汝英:《女学生不应艳装赴校》,《世界日报》1933年12月25日第6版。

艰苦地朴素地走出琐屑的狭小的家庭,负起伟大的社会使命——解放全妇女界全中国全民族的使命!"①

此外,《世界日报》副刊《妇女界》的文章《由一双高跟鞋说到国难中女学生的服装》,同样将女学生的穿着这一话题放在"救国"的主题下进行讨论,发出"节俭救国"的呼吁。作者指出,爱美是人的天性,但是爱美必须认清自己所处的环境和明了自己所站的立场:

> 在这国难的严重期中,不但未能打起精神努力充实自己,准备将来一切救国工具,反来翻花样、每天斤斤的在努力作摩登的考求,我敢大胆的说,这正是国难期中要不得的恶现象,在全体的女同胞们说起来,都是不可的,何况是在我们富有特殊使命的大学生呢。

作者认为,"摩登"的潮流太过肤浅,在"外患频仍,国难无已"的时候,"俭朴方可以革命,享乐则是一切堕落的根源"。而在政府发起"妇女国货年"的时候,有领导妇女责任的女学生,没有时间和资格来讲求服饰,衣服应当用国产布质为最佳,式样以不妨碍身体的发育和工作的方便为度,"千万不可,不该,出什么奇,斗什么艳"。至于说到鞋子,那更大可不必花七八元,或是十来元买一双所谓摩登的高履,那美虽美矣,但是妨碍身体健康,工作时尤其有诸多不方便,和缠足一样痛苦。②

此外,女学生们追求"摩登"和城市生活的花销,也被诟病为"浪费"和不体恤家人。有人认为,"当学生的人,所用的钱,不是哥哥辛苦拿来的薪金,便是爸爸辛苦得到的利益,你如多花一元钱,便是多费了

---

① 江如虹:《从女学生"不应"艳装说到女学生"应"负起的社会使命》,《世界日报》1933年12月31日第6版。
② 何雪人:《由一双高跟鞋说到国难中女学生的服装》,《世界日报》1934年12月3日第6版。

你哥哥或爸爸的一分辛苦，就是不是浪费，也已对不起他们了，若再是在衣服、饮食、游艺、装饰上，奢侈讲究，自然更是不对了"。所以女学生们应当节制一下过于浪费的行为。① 更有人专门针对从乡村到城市上学的学生指出，近年来乡间学校渐多，于是都市中也就有了一部分来自乡间的女子上学，但耗费了"血汗金钱几千百，宝贵光阴好几年"，结果只换回去"装饰摩登或浪漫行径"，"其应负的使命竟致忘掉"。本来，乡间就有"女子无才便是德"的观念，再见到这种闻所未闻、见所未见的举动，心里自会认定"北平的学校是火坑"的观点。这样，这些在北平上学习得了"摩登"潮流又回到乡间的女学生们，反而给以后的弟妹们造成了"荆棘纵横的迷途"。所以作者呼吁那些来自农村的女生，能负起自己的重担：努力学问，提高品格，成为有学问的模范女子。②

20 世纪 30 年代，走出家庭、进入学校和社会的女大学生们，在城市和校园之中生活、娱乐和消费。她们的诸多选择中蕴含着对于女性身体的自觉、对于女性美的解读，以及对于城市知识女性所应有的外在形象和内在的知识、技艺等的期待。但是在具体的选择标准中，中西新旧文化的冲突时时激荡其中，西式服装、高跟鞋、长筒袜、化妆品等舶来品成为很多女学生追求的潮流，包括外语和外国书籍似乎也是"时髦"的资本。虽然也有很多学生穿着中式服装和鞋子，或者学唱戏曲，但其本身是在外国潮流的影响下生发出来的，作为一种反抗和扭转又何尝不是印证西化潮流的强劲。

女学生们在追求"摩登"的过程中，所面对的一个更为复杂的问题是个人与社会的问题。首先，在追求摩登过程中，她们到底是出于个人对于美丽的追求、对于自身形象的爱护，还是出于迎合社会对于女学生的观赏，想要出风头，抑或根本没有意识到上述问题，仅仅是随潮流而动。女学生中的不同群体对于"摩登"的取舍显然具有不同程度的自

---

① 乐民：《女学生应爱惜自己父兄的劳力》，《世界日报》1933 年 12 月 31 日第 6 版。
② 毕稚秾：《告自乡村来的女学生》，《世界日报》1934 年 5 月 29 日第 6 版。

觉。其次，作为五四时期娜拉的继承者、作为时代"新女性"的代表，在"做自己"的个人主义追求之外，她们还被要求成为妇女界的领导者，担负她们的社会使命。因而，她们的形象和活动，就不仅仅由她们自己来决定，而具有为其他社会妇女做榜样的象征意义。这也是为什么很多提倡妇女运动的舆论会从"救国"等角度解读女学生的穿着，提醒她们穿着必须服从于其社会地位和时代使命。总而言之，在那一时代，女学生的"摩登"形象与生活是一个非常复杂的问题，兼及个人和社会的不同层面。

二 两性关系中的女学生

大学中男女同校，带来的直接结果即为对中国传统的男女界限的突破。和男生同校之后的大学女生是应该遵从传统的"妇德"，在异性面前谨言慎行，保持距离，还是应该以平等开放的姿态面对和接纳异性？这是民国时期男女同校之后学生们不得不面对的现实问题。在20世纪30年代的历史情境中，由于不同大学校园文化不同、男女比例不同，男女生在处理两性关系时采取的态度和方式也不同。不仅如此，在一所大学内部，在男女同校制度不断推进的过程中，男女同学的关系也动态地变化着。

根据国民政府教育部相关部门的统计，1928年到1930年北平几所主要大学女生的人数和所占同程度学生人数比例如表2-2所示。

表2-2　1928—1930年北平部分大学本科及专修科女生数及占同程度学生数之百分比

大学	1928年		1929年		1930年	
	女生人数	百分比（%）	女生人数	百分比（%）	女生人数	百分比（%）
北平大学	465	27.04	568	32.24	342	18.34
北京大学	22	2.84	18	2.08	21	2.21

续表

大学	1928年 女生人数	1928年 百分比（%）	1929年 女生人数	1929年 百分比（%）	1930年 女生人数	1930年 百分比（%）
北平师范大学	142	23.83	159	21.12	519	43.36
清华大学	13	2.56	31	6.28	46	7.81
燕京大学	88	20.90	121	24.35	155	28.03
协和医学院	18	21.43	20	21.51	21	21.88
中国学院	14	1.83	53	5.10	105	7.23
朝阳学院	5	0.37	10	0.75	11	0.71

资料来源：《近三年度各大学本科及专修科女生数及占同程度学生数之百分比》，载教育部高等教育司编《全国高等教育统计》，南京：教育部高等教育司1931年版。

由表2-2可见，当时北平女生人数最多的几所大学分别是北平大学、北平师范大学和燕京大学。北平大学之所以女生所占比例较高，是因为其由多所学院联合而来，其中还有一所专门招收女生的女子文理学院。而这一时期的北平师范大学由之前分立的女师大和男师大合并而成，从而在女生人数上具有优势。燕京大学前身中也有女子大学，所以保持了较多招收女生的传统。此外，值得注意的是，最先开放女禁、允许男女同校的北京大学实际上的女生数量并不多，仅占学校总人数的不到3%。而清华大学1928年改制为国立后，由校长罗家伦提出招收女生，虽然女学生人数逐年增加，但是所占比例仍然较小，1928年不到3%，1930年达到了7.81%。整体而言，这一时期上述北平各大学的女生人数，除了北平大学，基本上都处于上升趋势。

20世纪30年代北平各大学的女学生中，地位最高、受到最多优待的是燕京大学的女生。可以说，燕大女生不但数量多，而且在男女同学应享的权利上也占上风。从历史渊源来说，燕大原为男女两校，学校当局一向优待女生，无论是宿舍还是运动和娱乐设施，都较男校为优，合并后学校仍然延续了照顾女生利益的传统。此外，就学校校风而言，燕京大学学生受西方思想和生活习惯影响较大，男生对于女生往往采取一种lady first的礼貌态度。在学校里，无论是对于生疏还是熟识的女同学，他们都会礼让，小到上下课出入教室，大到学校各种会议的投票。专门调查过北平女学生生活的记者菁如发现，在燕京大学，任何大会上如有未经女生赞同的议案，即使已经通过，女生仍可不按议案执行。这在北平其他大学中是不可想象的，也说明了燕京大学女生的重要地位和权利。[1]

在这样女学生受到充分尊重和礼遇的大学中，男女社交亦颇得风气之先。燕京大学的男女同学之间沟通自由顺畅，上课时男女同学不受拘束地坐在一起听课，下课后男女同学也自然地聚在一起谈论校内外的各种新闻。这种性别界限相对不太分明的校园交往方式，在当时北平各大学的校园中是相对稀缺的。其他女生人数较多的大学（比如北平师范大学）中，男女同学之间往往在上课时完全划分为两个不同性别的阵垒，因为对于当时大部分大学生来说，两性之间的性别界限还是思想和心理上不可回避的一种存在。而在普通交际之外，这一时期燕京大学的男女同学间也自由地发展着爱情。在共同学习或者共同参与学校活动时发生爱情，对于当时大学男女生来说并不是特殊现象。燕京大学男女爱情的特点主要在于学校对于学生们感情的体恤和支持，并为学生们提供了自由恋爱的良好环境。在燕京大学，男女情侣上课同座听讲、下课并肩同行是极为正常的现象。学校当局体谅学生情侣在雨雪天气或者晴天白日时没有合适的去处，专门建造了社交堂，为他们提供交往和谈心的空间。[2]

在如此开放和现代化的校园文化的熏陶下，燕京大学女生的婚恋观整体而言也是比较具有现代女性意识的。在燕京大学社会学会杂志《社会问题》上刊登的一篇社会调查中，作者对燕京大学60名未婚女生关于婚姻、家庭、配偶等方面的观点进行了统计和分析。根据作者的调查，

---

[1] 菁如：《北平女学生生活调查》，《世界日报》1932年9月8日第6版。
[2] 菁如：《北平女学生生活调查》，《世界日报》1932年9月16日第6版。

首先，参与调查的女生在婚姻目的的选择上，以"调和人生干燥"和"教养子女"为两个首要选择，"继续人种"和"侍奉父母"位置靠后，这说明当时学生们已经能够以个人为婚姻的中心。在婚姻的定夺权上，60人中有40人选择"自主，征亲意"，而"亲主，征己意"者占10人，"完全自定"和"完全家定"的分别为6人和4人，可见大部分燕大女生都摆脱了婚姻由父母做主的传统观念。关于建立婚姻关系的途径，60人中，选择通过友谊建立的为49人，选择其他方式的占少数。友谊的建立主要基于男女社交公开，由此可见燕大女生对于男女社交的态度。至于婚后是否继续服务社会，60人中持赞成的为45人。可见参与调查的大部分燕大女生都主张婚后女性仍然坚持自己的事业，保持一定的独立地位。[①] 像燕京大学这样男女学生关系开放的大学在20世纪30年代的北平属于特例，其他大部分大学的男女生关系相对而言都较为保守，或者经历了由保守逐渐开放的变化过程。

1930年女生人数已经占学生总人数43.36%的北平师范大学，在女师大和男师大合并时，经历了由隔膜到融合的过程。在教育部刚刚提出合并两所师范大学时，女师大为了预防男同学进入女生宿舍，实行"堵门砌墙主义"，对女生宿舍进行改造，并在女生宿舍门口书以"男生止步"的字样且以校役守望。女师大的一部分女同学反对"男女合校"，认为会影响学校秩序。其中一部分学生因为反对无效，转入只收女生的女子文理学院。[②] 这就可以解释为什么前文表格中1928年时女子文理学院所在的北平大学女生人数很高，后来又逐年走低。

在开始合并之后，男女同学基本上互不沟通。不仅上课时在教室中按男女性别"修防线"，下课时也是男生围在一起谈笑，女生围在一起谈笑。不沟通主要是由于不适应和不习惯，担心在异性面前无法维持自尊，

---

① 北平燕京大学社会学会：《燕京大学六十女生之婚姻调查（附表）》，《社会问题》第1卷第2、3期，1930年10月。
② 菁如：《北平女学生生活调查》，《世界日报》1932年8月28日第6版。

不好意思先打开局面。① 这种非常微妙的心理状态其实正反映了在新旧交替时代，男、女大学生在面对异性时被激发出的性别意识。一方面受到传统道德的影响，另一方面受到新的男女同校环境的刺激，他们更为强烈地意识到自己与另一性别的差异，而怯于迈出相互交往的第一步。

但是，毕竟生活在同一校园之中，且经过了合校初期的距离和隔阂，北平师大的男女同学开始彼此接近。据记者调查，师大"会""社"之多，为他校所不及。这些会、社，为男女同学相互交往和沟通感情提供了机缘。值得注意的是，"九一八"国难期间的"开会""游行""演讲""宣传"都给了男女同学以交际的机会。此外，在体育场上或者同乡会里结识者也大有人在。经过一段时间的磨合，女生众多的北平师范大学也出现了许多情侣，在寝室、自习室、饭厅相互追随。②

1928 年开放女禁的清华大学，女学生的人数很少，在学校相对低调。根据当时清华校刊上讨论男女同学关系的文章，很多清华的学生认为男女间界限的消除在这里只是具有表面的意义，有一部分学生仍然受到传统的约束。在清华，男生去女生宿舍访友，会被作为话题讨论。异性同学间，总好似比同性同学间多一重看不见的东西在障隔着。③

每年学校纪念日，在校友返校、来宾参观的日子，女生宿舍的开放也像其他游艺、展览、技艺表演一样只用来点缀，以强调纪念日的意味。所以这件事，无论在男同学或女同学看来，都觉得"有点不平凡"。但是不同人对于这件事有不同的心理感受。男同学们多半对于这件事很感兴趣，都希望这天快来，因为女生宿舍在平日就像一个神秘的圣地，男生不得入内。女同学也觉得这天和往日不同，有的在前好多天就开始布置屋子，把屋子尽量弄得"富丽堂皇"，不然恐怕"有失众望"，有的干脆

---

① 菁如：《北平女学生生活调查》，《世界日报》1932 年 8 月 28 日第 6 版。
② 菁如：《北平女学生生活调查》，《世界日报》1932 年 8 月 28 日第 6 版。
③ 睡睁：《从男女同学问题想起》，《清华副刊》第 43 卷第 7 期，1935 年 6 月 19 日。

到那天闭门不纳。① 这种当时被称为"一年一度禁宫开放"的现象并不仅仅出现在清华园，燕京大学、北平师范大学也都在每年的学校纪念日开放平时禁止男生进入的女生宿舍。这两校的女生数量多，她们总是尽心地整理好宿舍，并且有一部分女生在开放日梳妆打扮，欢迎宾客。本校甚至他校的男生们则带着好奇心来到这里，有些男生甚至忍不住带走女生宿舍的鲜花、照片、手绢等物件。② 女生宿舍的开放给了平时不得入内的男生们一个近距离观察女生生活空间的机会，这充分地满足了他们的想象、期待和好奇心。这一过程打破了日常女生宿舍不开放造成的神秘感，使女生们和她们的生活成了一种被观看的对象。

在当时北平的大学校园里，关于女生宿舍平时"不许男生入内"，有的学生认为，其实质是将女同学作为养在"深闺"的"玩物"，寻她们的开心。女生宿舍的"深锁禁宫"和男生宿舍的"毫无限制"正说明女生与男生在实质上的不平等待遇。③ 当时的中国学院甚至下达了不准男生进入女生宿舍的禁令，否则要接受开除学籍的处分。④ 无论是禁止女生宿舍开放还是一年一度的女生宿舍开放日，学校设置这些的目的主要在于加强管理和保护女生，本来也无可厚非，但是对呼吁男女平等的新青年来说，校方有关男、女学生宿舍的不同管理方式使他们认为这是实质上的"不平等"，女生宿舍开放日更是令他们觉得是将女学生当作"物"的行为，因而感到悲哀。

总体而言，尽管20世纪30年代北平各大学逐渐走向男女同校，但是就实际情况来说，很多大学中男女同学之间的公开交往仍然存在着诸多障碍。这些障碍来源于学生们在新旧交替时代所秉持的中国传统性别和道德观念，男女生之间的普通交往常常被视为有恋爱目的的交往，而

---

① 莽：《谈谈女生宿舍开放》，《清华副刊》第44卷第1期，1936年4月12日。
② 莽：《谈谈女生宿舍开放》，《清华副刊》第44卷第1期，1936年4月12日。
③ 莽：《谈谈女生宿舍开放》，《清华副刊》第44卷第1期，1936年4月12日。
④ 邑水：《暮秋话中院》，《世界日报》1935年10月19日第2版。

男生试图接近女生往往也被认为有特殊目的而遭到怀疑和拒绝。在《新青年》"易卜生专号"将走出家庭的"娜拉"这一经典文学形象介绍到中国青年中十余年后,虽然很多年轻女性走出家庭,走入北平的大学,但是要想成为真正独立而与男性平等的"新女性",她们似乎还面临诸多的外部障碍,以及自身的心理芥蒂。

第三章

北平的大学场域与学生的知识接受

  法国学者布尔迪厄提出"场域"这一概念，认为其是具有自身逻辑性和必然性的相对独立的社会空间，由拥有政治、经济、文化等不同权力和资本的行动者构成。他们在场域内占据不同的位置，并形成复杂的关系。如果将大学教育格局理解为一个"场域"，便会发现其间有教育决策者、大学管理者、教师、学生等不同的群体，他们各自处于不同的位置，掌握着不同的资源与权力。教育决策者是教育制度和政策的制定者，可以通过相关的决策直接影响国家教育秩序和高校办学方向。而大学管理者是教育制度和政策的最主要的执行者，以大学校长为核心的学校管理层根据国家的教育方针以及本校的教育理念在资金、人才、设备、教学等各方面实现对学校的管理和维护。教师是具体的施教者，通过教学及相关活动向学生传授学科知识和价值观念。大学生是高等教育场内的知识接受者，地位相对被动，往往是特定知识体系和价值理念的承担者，但是他们仍然掌握了一定的选择权和话语权。

  1928年到1937年的北平高等教育场域中，不同的大学如何在南京国民政府的新政策下实现教育资源的重新整合？北平的大学生如何经由高等教育场中的诸种权力网络，尤其是诸如考试、学科设置、课程规划、学会组织等教育方式的运作被塑造？在这一过程中，他们被赋予了怎样知识结构和价值观念？他们自身对于这一过程是否有质疑和改变的空间？本章将对这些问题进行探讨。

第一节 大学格局的重建

1928年后北平教育与学术功能的建构并非一蹴而就，而是经历了诸种试验、风潮之后才渐趋稳定与合理化。这一时期北平高等教育机构在制度、归属、结构、经费、人事等各方面的变动，反映了南京国民政府执政初期在高等教育建构理念和管理实践方面的探索。1927年4月南京国民政府建立，致力于通过教育体系的改革、制度的立法以及经费的划拨等方式整顿和管理国家高等教育。这为蔡元培、李石曾这样致力于教育改革和创新的教育决策者提供了重新规划和实践中国高等教育的机会。但是在具体的实践过程中，国家集中教育权的原则与教育本位、学术独立的理念发生了激烈的冲突和碰撞。本节试以几个教育历史实践案例，来考察这一时期国民党政府对于北平高等教育格局的重新整合，并且尤其注意政治实权人物、教育政策制定者、大学管理者、学校教师、学生等群体在这一过程中的不同立场与权力博弈。

一 大学区制与国立九校的接收

南京国民政府接收北平教育界初期，经历了为时近一年的大学区风潮。由于教育制度和组织的大幅度改革，与现实政治、教育环境以及各校历史渊源不相协调，北平的大学区试行最终沦为教育界权力争夺的牺牲品。1927年4月18日南京国民政府成立后不久，蔡元培于6月7日向国民党中央政治会议提出"仿法国制度，以大学区为教育行政之单元，区内之教育行政事项，由大学校长处理之"的建议，意图在不同区域内集中建立大学区，在大学区内建立统领本区各级学校机构和教育行政机构的一所大学，打破传统教育行政机关与学术相分离的弊端。① 同月13日，蔡元培、李石曾等又向国民党中央政治会议提交了设立大学院的提案，试图通过"改教育部为大学院"而修正其官僚化弊病。② 实行大学区制和大学院制的提案在这次会议上被敲定，蔡元培被任命为大学院院长，由此展开了大学区制在江苏和浙江的试行。

1928年6月国民政府接收北平国立九校前后，北平的高等教育领导权成为各方关注的热点。6月7日，蔡元培以大学院名义呈文国民政府，称"北京大学有悠久之历史，上年北京教育部并入师范、农、工、医、法、政、艺术等科及女子师范大学、女子大学，名曰京师大学。现在国府定都南京，北方京师之名，绝对不能沿用，拟请明令京师大学为北京大学，并恳任命校长，以重责成。其内部组织，统由新校长拟具办法，呈由职院核定，借谋整顿，而促进行"③。但是在6月8日国民党政府会议上，李石曾的亲信提出将北京大学改名中华大学，从而与中山大学、中央大学形成呼应。会议通过这一提议，校长由蔡元培暂兼，李石曾代理。④ 蔡元培察觉李石曾想要把持北平学界的意图后，在8月16日的大学委员会上，退出了对中华大学校长之位的争取。最终，李石曾当选中华大学校长。参会的胡适因不满北京大学改名和李石曾任校长的结果而退出了大学委员会。⑤

此后，李石曾不顾江浙试办大学区制问题迭出，提出设立北平大学区的建议。8月16日，大学委员会开会，决定设大学委员会北平分会和北平研究院。⑥ 大学委员会通过《北平大学区组织大纲》，以李石曾

---

① 蔡元培：《提请变更教育行政制度之文件》（1927年6月7日），载中国蔡元培研究会编《蔡元培全集》第6卷，浙江教育出版社1997年版，第35—38页。
② 蔡元培、李石曾等：《关于设立中华民国大学院的提案》（1927年6月13日），载中国蔡元培研究会编《蔡元培全集》第6卷，浙江教育出版社1997年版，第39—43页。
③ 蔡元培：《关于恢复北京大学校名的提案》，载中国蔡元培研究会编《蔡元培全集》第6卷，浙江教育出版社1997年版，第247页。
④ 《时事日志》，原载《东方杂志》第25卷第15号，1928年，见王学珍、郭建荣主编《北京大学史料》第2卷（1912—1937 上、下），北京大学出版社2000年版，第19页。
⑤ 曹伯言整理：《胡适日记全编》第5册，安徽教育出版社2001年版，第155—156页。
⑥ 《大学委员会通过北平大学区组织大纲》，《世界日报》1928年8月18日第6版。

任主席的北平政治分会管辖区域，即河北、热河两省与北平、天津两特别市为北平大学区，设北平大学本部，并设文、理、法、工、农、医、艺术、师范等学院，文、理两预科及俄文专修馆。① 由于北平大学区的办学经费一直不确定，此前被分别任命为校长和副校长的李石曾和李书华多次请求辞职，但均未获准。11月1日李书华到达北平，设校长办公处，组织秘书处及高等教育处，选定各院院长。国立北平大学正式成立，包括11个学院（北平的9所大学和天津的北洋大学、保定的河北大学）。

大学区制以忽视各校的历史渊源为代价，试图凭借行政手段对平津和河北地区的教育格局进行重整，引起各校不满。其中最具代表性的是北京大学，其文、理、法三个学院被要求拆分后与其他学校重组，这直接导致了北大学生的暴力反抗。11月29日，北京大学学生百余人，"手持打倒北平大学拥护北京大学等旗帜"，毁坏了北平大学办公处以及李石曾、李书华在北平的私宅。② 经历了种种波折和困境之后，1929年6月17日，国民党三届二中全会第四次会议决议停止试行大学区制。是年暑假，北京大学、北平师范大学、北洋大学、河北大学从北平大学中独立出来，其余学校仍留在北平大学中。

有学者指出，北平大学区制的试行和失败，一方面体现了大学区的集中教育权取向与各大学独立发展的要求之间的矛盾，另一方面体现了大学院内部蔡元培、胡适、蒋梦麟等一派与李石曾、易培基、李书华等一派对于北平教育领导权的争夺。③ 这是五四之后分裂的新文化知识分子

---

① 《北平大学区组织大纲》，原载《教育杂志》第20卷第10号，见王学珍、张万仓编《北京高等教育文献资料选编（1861—1948）》，首都师范大学出版社2004年版，第590页。
② 《国立北平大学办公处昨被毁》，《世界日报》1928年11月30日第2版。
③ 严海建：《南京国民政府初期北平大学区风潮论析》，《南京大学学报》（哲学·人文科学·社会科学版）2009年第1期。

在北平高等教育领域内分歧的一种体现。① 而作为高等教育场内相对被动的学生，虽然经由风潮表达了不满和反抗，但是仍然因为大学区试行期间北平极端不稳定的教育格局而蒙受损失。

二　清华大学的国立化

在接管国立九校、试行大学区制的同时，南京国民政府将此前隶属于北京国民政府外交部的清华大学接收，改制为国立清华大学。由于相对充裕的资金支持和美国大学制度的影响，由留美预备学校衍化而来的清华大学，具有相对自由的学术环境和自治的校园传统。这一时期，面对不同政治势力对清华校务的接收和介入，清华的自由校风与国民政府加强教育控制权之间的对立和矛盾一一显现。清华大学的一系列换校长风波，即是上述矛盾的集中体现。

1928年6月8日，北伐军进入北京，清华园内谣言四起，甚至有教授担心清华会被解散。② 1928年6月11日南京国民政府大学院与外交部请清华大学原教务长梅贻琦"暂代校务"，等待接管。8月17日，改清华学校为国立清华大学，21日任命罗家伦为校长。9月5日，由大学院同外交部订立《国立清华大学条例》，该条例提出在清华设立董事会，以取代此前具有"教授治校"功能的"评议会"和"教授会"，而加强中央教育主管机关及校长的权力。罗家伦以五四时期的学生领袖闻名，但是被派往清华大学担任校长时只有34岁，在学术界和教育界并无影响力。其能够担任这一职务更多是由于身为蒋介石秘书的政治身份。这引起了清

---

① 第一次世界大战后，北京大学延聘了一批留学欧美者任教。其中，陈西滢、李四光等八位教授租住在地安门内东吉祥胡同三号民房，学生称他们为"吉祥八君子"。同时，教育界内还有留学日、法的一派，如浙江籍教员多留学日本，被陈西滢指为"某籍某系"。这一时期，北大逐渐形成了所谓"法日派"与"英美派"对立抗衡的态势。参见颜浩《"某籍某系"和"东吉祥诸君子"——1920年代中后期北大的两个教授集团》，载陈平原、王德威编《北京：都市想像与文化记忆》，北京大学出版社2005年版，第285—306页。

② 吴宓著，吴学昭整理注释：《吴宓日记》第4册，生活·读书·新知三联书店1998年版，第72—77页。

华方面不同群体的不同反应，一方面学校的青年学生对于北伐带来的南方革命空气颇为向往，希望其能在"革命思潮澎湃之秋"对清华的"管辖问题"、"董事问题"和"学校制度问题"进行改革，[1]另一方面清华毕业学生组成的校友会强烈反对罗家伦任校长，认为其资格不够，且非清华出身，会使清华"北大化"。[2]

1928年9月18日，罗家伦宣誓就职。清华学校董事会、北平政治分会、平津卫戍总司令、北平特别市党部、北平市政府、外交部、美国公使馆、燕京大学等均有代表参加。由于此一仪式代表国民政府教育权力到达北方的第一声，中英文报纸争相报道。[3]罗家伦在清华大学校长任上，将清华大学由教育部和外交部共同管理改为完全归属于教育部，并且将清华基金全部交给中华教育文化基金董事会管理，此外还取消此前建立的董事会，增加评议会和教授会职权，为清华校务的独立化做出了诸多贡献。

但是1930年年初，北方政局突变，阎锡山于1月9日与南京政府决裂，并控制华北。罗家伦身为国民党人"非走不可"[4]。阎锡山试图控制清华，于是通过清华同学会北平分会推荐其同乡乔万选为清华大学校长。乔万选进入清华大学遭到了清华师生的一致抵制，教授会发出宣言，坚持学术独立："（一）校长自应由正式政府主持教育之机关产生，若任何机关皆可以一纸命令，任用校长，则学校前途，将不堪设想。（二）愿学校行政，亦能走出政潮，独立进行，俾在兵戈扰攘之中，青年尚有一安

---

[1] 萧仁树、傅任敢、钟一帆：《南下代表报告书》（1928年9月13日），载清华大学校史研究室编《清华大学史料选编·第二卷（下）·国立清华大学时期（1928—1937）》，清华大学出版社1991年版，第49—58页。

[2] 参见郭廷以《致志希师》（1928年8月25日），《罗家伦先生文存附编》，台北：中国国民党中央委员会党史委员会1996年版，第336—344页。

[3] 苏云峰：《从清华学堂到清华大学，1928—1937：近代中国高等教育研究》，生活·读书·新知三联书店2001年版，第13页。

[4] 冯友兰：《三松堂自序》，生活·读书·新知三联书店1984年版，第75—77页。

心求学之处。"① 见此情形，阎锡山未再派人来校，清华校务由校务委员会集体领导。9月底中原大战结束，国民党政府重新获得对北平的管辖权。清华校长人选又成新话题，焦点仍在政治权威与学术自主的冲突上。

1931年3月17日，国民党政府任命吴南轩为清华新校长，吴南轩"校长治校"的原则与清华教授会发生冲突，其最终在教授会和学生会的共同反对下离开清华。在经过一番换校长风波后，教育部最终于1931年10月8日任命具有清华背景而无党派身份的梅贻琦担任清华校长。梅贻琦12月13日到任，从此坚持以评议会为核心的"教授治校"制度，直至1948年离开中国大陆赴台，成为民国时期最得清华教授、学生拥护的校长。清华大学由此形成的对于学术和人才的充分尊重，也为其此后在教育与学术方面取得一系列领先性的成绩奠定了基础。

三　燕京大学的中国化

在中国教育近代化的历程中，西方教会学校扮演了复杂而重要的历史角色。在科举制未被废除的时代，教会学校教授西学，不能得到社会普遍认可，只能靠免收学费等方法吸引家境贫困的学生入学。随着科举制的废除和西式学校的兴起，教会学校凭借与欧美接轨的教育资源而受到中国社会中上阶层的追捧。但是，这些学校的外国宗教色彩又使中国的知识分子和政府部门感到焦虑和反感。五四运动之后，1922年到1925年中国知识界发起了非基督教运动和收回教育权运动，对中国的教会大学办学者以及在校生都产生了深刻的影响。

1922年4月，世界基督教学生同盟（World's Student Christian Federation）在北京清华学校召开第十一届大会，刺激了北京、上海、南京等地的爱国学生发动"非基督教运动"。同月，李石曾在北京学界组织"非宗教大同盟"，蔡元培、陈独秀、李大钊等参与。非宗教大同盟在北京大学

---

① 《国立清华大学教授会宣言》，《国立清华大学校刊》第191号，1930年6月27日。

召开大会，2000多人前来参会，蔡元培发言批评教会学校"用种种暗示，来诱惑未成年的学生，去信仰他们的基督教"，并且提出了通过改革课程、取消校内宗教仪式、区分传教与教学等方式将教育与宗教分离。①1924年，在中国教育改进社、全国教育联合会等教育界人士的会议上，收回教会学校教育权的议案成为与会代表提出和讨论的重要内容。② 1925年，北洋政府颁布了《外人捐资设立学校请求认可办法》。该"办法"从校名、校长、董事会、办学宗旨、课程等诸多方面，对于教会学校的办学做出明确规定，成为推动教会学校中国化的早期法规。③ 1929年，南京国民政府教育部颁布《大学组织法》，规定教会学校必须在教育部立案。④

燕京大学是中国最早拥护和支持教会大学中国化的大学之一。该校组建于1919年，由美国公理会、美国长老会、英国伦敦会、美国美以美会等差会联合开办。自南京国民政府公布《大学组织法》之后，燕京大学按其规定，取消强制学生参加基督教活动的规定，把宗教课程改为选修，并且将宗教学院分离出去。此外，学校选聘了中国籍校长，之前的美国校长司徒雷登（John Leighton Stuart）转任教务长，还重新改组了学校的董事会，增加了更多的中国籍董事。1929年12月，私立燕京大学的立案申请被教育部批准，成为南京国民政府时期中国高等教育的一部分。⑤

燕京大学的迅速中国化，与其20世纪二三十年代的主办者司徒雷登

---

① 蔡元培：《非宗教运动——在北京非宗教大同盟讲演大会的演说词》（1922年4月9日），载高平叔编《蔡元培全集》第4卷，中华书局1984年版，第179页。
② 《取缔外人在国内办理教育事业案》，《教育杂志》第16卷第12号，1924年12月20日。
③ 《外人捐资设立学校请求认可办法》（1925年12月16日教育部公布），载王学珍、张万仓编《北京高等教育文献资料选编（1861—1948）》，首都师范大学出版社2004年版，第553页。
④ 《大学组织法》，载王学珍、张万仓编《北京高等教育文献资料选编（1861—1948）》，首都师范大学出版社2004年版，第609页。
⑤ 当时还有一些教会大学并不愿意放弃宗教传统，一是担心失去财政支持，二是担心学校世俗化背离传教初衷。如上海的圣约翰大学，在校长卜舫济的坚持下，直到1947年才向国民政府注册。

的教育理念有关。他曾公开表示:"燕京教育目的,并非专备课室、图书室为学生读书,亦非专为增进学生能力以谋生活;同时也不是为培养什么人才以从事某种政治经济活动。我们的目的,是以养成一种合作、建设、服务人群的精神以服务社会、国家……我们不要变成世界最有名的学校,也不要成为有史以来最有名的学校,而是要成为'现在中国'最有用的学校。"① 上述发言虽然是在特定时期申明燕京大学配合中国人需求办学的一种姿态表现,但是也在一定程度上反映出司徒雷登对燕京大学中国化的支持。事实上,燕京大学对于学生的民族主义情感和行动也持包容与赞同态度。这种从学校主办者到教师、学生都对本校成为一所"中国的大学"的期待,为燕京大学日后在"一二·九"学生运动中成为最早的发起者埋下了制度和观念方面的伏笔。

以上几个案例主要从当时北平比较重要的几类大学角度出发,考察南京国民政府初期教育格局调整阶段北平高等教育场域内不同权势力量的相互斗争与妥协。学生群体在这一过程中虽然扮演的不是主要角色,但也往往起到一种类似于"风向标"的作用。他们对于不同教育制度和政策的态度与应对,反映出特定历史情境和校园氛围中北平高等教育发展形势的人心向背。

第二节　入学考试中的知识遴选

民国时期,各个大学按照各自的标准设置入学考试招生,并且往往将时间错开,使得每个学生有机会报考多所大学。大学的入学考试作为一个承上启下的知识测试,既能反映学生在高中时的学习水平,也能显示出不同大学的招生要求。试题背后,还隐藏着特定的知识结构和价值观导向,对西方知识体系及其语言文化的选择与接受问题也是其中的一部分。

---

① 《司徒雷登讲对燕大希望》,《燕京新闻》1934年12月18日第1版。

一 对西方知识的依赖

在20世纪30年代北平各所大学的入学试题中，除了国文和党义，大部分学校的出题科目对于英语的依赖都比较严重。以1934年出版的《全国各大学暨高级中学投考指南》为例，其中刊登了北京大学、清华大学、北平大学、交通大学北平管理学院、朝阳学院、辅仁大学、燕京大学这几所大学1933年的入学考试试题。[①] 各大学所考科目使用汉语和英语的情况如表3-1所示。

表3-1　1933年北平几所大学入学试题汉语、英语使用情况统计

出题学校	完全使用汉语的科目	完全使用英语的科目	以汉语表述、英语标注术语的科目
国立北京大学	国文、党义、文法学院算学、理化	英文、理化[②]	理学院算学
国立清华大学	党义、国文、本国历史地理、代数几何平面三角	英语	高中代数解析几何、高中物理学、高中化学、高中生物学、世界历史地理
国立北平大学	党义、数学、国文、论理学	英文、高等代数、解析几何、动物学、生物学	立体几何、物理、化学、无机化学、植物学、中外历史、中外地理、哲学概论
国立交通大学北平管理学院	国文、党义	化学、高等代数、历史、物理、数学	
私立朝阳学院	国文、党义、世界地理、世界近世史、法制大意、经济大意	英文	数学
私立辅仁大学	党义、国文、国学常识、书法	数学、物理、化学	中外史地
私立燕京大学	国文	英文、代数、几何[③]	

资料来源：《全国各大学暨高级中学投考指南》（北平）第12期，1934年。学校排序据原出处。

---

① 《全国各大学暨高级中学投考指南》（北平）第12期，1934年。
② 该书收录了北京大学的两套理化题，一套为全英语，一套为全汉语。
③ 1933年燕京大学代数和几何入学试题为英文试题，后面括注汉语翻译。

从表3-1中可以看出，除了国文和党义，用英语表述考试试题或者汉语表述试题重要名词加注英语的现象，在各个大学以及各个学科都较为普遍。这种试题表述方式，说明当时大学对于入学学生的要求是要能够阅读英文原版教科书，了解相关的专业术语以及书中的知识点和题目的做法。

根据《清华暑期周刊》刊登的一份预备投考清华的参考书目录，作者向想要报考清华大学的学生列举了18个不同科目的参考书，除了党义、国学常识、社会学、高中生物学的参考书是中国作者写作的著作，其他参考书全部都是用英语写作或者从英语翻译过来的著作。其中高中代数、高中物理、高中化学和论理学的参考书既有英文著作，也有翻译著作，而西洋文学概要、大学物理、大学化学、大学生物、微积分、经济概论、政治概论等科目参考书全部为英文著作。[1] 由这份书单可见，清华大学要求学生在入学前就掌握中学的基础知识以及美国大学的物理、化学、生物等学科知识。学生们往往要通过阅读英文原版教科书来获取上述知识以达到学校入学标准。

与清华大学类似的另一个例子是燕京大学的入学参考书目。燕京大学校方在关于入学考试准备的建议中，向考生提供了一份介绍各个科目的教学目的、教学方法和备考书目的单子。这些参考书以英文原著为主。其中，化学提供了2种英文参考书，物理6种，地质学1种，普通科学3种。上述学科没有提供中文参考书。其他学科中，数学提供了2种英文参考书，2种中文参考书；生物学提供了2种英文参考书，1种中文参考书；地理学提供了2种英文参考书，1种中文参考书。历史学提供的参考书相对较多，包括8本英文参考书和7本中国作者写作的中文参考书，而且其中一本历史学英文参考书后专门括号标明"非中文译本"。[2]

---

[1] 《投考预备参考书目》，《清华暑期周刊》1932年第2/3期。
[2] 《燕京大学文理科简章》（1928—1929年），原载北京大学档案馆《燕京大学档案》，档号：28019，见王学珍、张万仓编《北京高等教育文献资料选编（1861—1948）》，首都师范大学出版社2004年版，第600页。

上述大学入学考试对于英文教科书的依赖，在某种程度上也反映出当时中国的中等和高等教育对外国知识体系和教学内容的依赖。入学考试对掌握外国教科书的要求，潜移默化地影响了学生以西方教学方法和知识体系为指引来规划自己的学习生活。1934年考入国立清华大学的何炳棣在回忆自己这一时期的学习生涯时，曾经总结了准备数学入学考试的经验，"大代数只做美国Fine所著教本中的习题是不够的，还需要做英国Hall和Knight合著的大代数课本中的习题才够用，因为后者较前者要繁难不少"①。由此可见，作为知识接受者的学生们，要受到特定考试内容的规训和形塑，成为其所要求的人才，才能进入更高层次的教育环节。

　　入学考试对于英语教科书的依赖仅仅是20世纪30年代中国高等教育依赖西方知识体系的一个例证，在进入大学之后，很多学科由留学欧美的教授用英语授课，所用教科书也是欧美大学（尤其是美国大学）的课本。关心中国现代科学教育的任鸿隽，曾在20世纪30年代对一些大学和中学的理科教科书展开调查。在被调查的20所大学理学院一年级理科课本中，普通物理学使用英文教本的有19所大学，只有1所大学使用中文教本，普通化学也是如此；普通生物学共有13所大学授课，其中11所使用英文教本，2所使用中文教本；算学共有12所大学授课，全部使用英文教本。任鸿隽认为，这些数据说明了一个问题，即中国已经推行科学教育超过15年，但是作为基本教育工具的教科书却仍然以外国教本（尤其是美国教科书）为主，而缺乏真正适合中国国情的教本。他认为其原因一是教师和学生"不曾摆脱崇拜西文的心理"，认为西文原书可以显得他们"程度特别高深"。二是因为中文出版的书"实在太差了"，而且"选择又少"，不能满足实际的需求。②

　　对于以欧美教科书代表的知识体系的依赖，与20世纪30年代中

---

① 何炳棣：《读史阅世六十年》，中华书局2012年版，第56页。
② 任鸿隽：《一个关于理科教科书的调查》，《独立评论》第61号，1933年7月30日。

国高等教育由欧美留学生主导的现实状况有诸多关系。在20世纪最初的十年间，国内教育界多为留日学生所掌握，近代的新式教育也多采取日本制。20世纪20年代以来，美国逐渐成了中国学生出国留学的最佳目的地。据记载，1910年在美国的中国留学生只有107人，到1923年增加到了426人。与此同时，去日本留学的人数从1910年的3979人减少到了1921年的2119人。① 20世纪20年代以后，留学欧美的毕业生纷纷返国，逐渐占据了国内教育界的主导地位，在社会上流行着"西洋一等、东洋二等、本国三等"的学历划分方式。欧美的教育制度、理念和方法对于中国来说自然有其借鉴价值，但是部分高校主持者及教学者不问中西历史传统和现实条件的差别而过度依赖他国教育和知识体系的"移植"显然是有问题的。尤其是如任鸿隽所言，中国现代教育与学术到了20世纪30年代已经有了15年以上的发展，如果在此过程中疏于总结自己的经验、创建自己的体系、出版自己的课本，而仍然依赖国外、模仿国外，对于中国教育尤其是学生们的负面影响将逐渐显现出来。

对于中国教育过度依赖外国知识体系和教育方法这一问题，1931年来华进行教育考察的"国联"专家们曾给予了比较不留情面的抨击。1931年9月，国际联盟派遣以欧洲教育学家为成员的考察团对中国上海、南京、北平等地的教育情况展开为期3个月的调查。② 1932年12月，国联教育考察团的调查报告被翻译成《中国教育之改进》出版。该报告指出，中国近现代教育的一个核心问题是对于欧美和日本的教育制度"竭诚热心采用"，而无暇顾及其是否符合"当今中国国家教育之需要"。③ 具体到高等教育，国联教育考察团的专家认为，中国大学对于外国资料

---

① 据《1854年至1953年留学美国学生人数统计表》《1906年至1921年留学日本学生人数统计表》，见陈学恂、田正平编《中国近代教育史资料汇编·留学教育》，上海教育出版社2007年版，第713、715页。
② 国联教育考察团：《中国教育之改进》，国立编译馆译，国立编译馆1932年版，第2页。
③ 国联教育考察团：《中国教育之改进》，国立编译馆译，国立编译馆1932年版，第13页。

的应用整体上是"过度的"。据他们观察,当时中国的大学生不但所读之书"大半仍为外国课本",而且"用以说明原理之例证以及教师指导学生研究之题目"亦"多采自西洋"。[①] 他们认为,大学教育的内容必须根据具体的生活环境而定。而外国的教材与学生"切身之经验远相隔绝",使学生"只知记忆书本,不知用批评精神以观察事实,或应用书本以为解释问题之工具"。他们发现,中国的大学生不仅在自然科学和工科上依赖外国资料,导致对于自然科学"缺乏理性之探讨",而且很多政治、商学和法学专业的学生也是只对西方的各种制度了如指掌,对本国的制度和"人民之需要"却"茫然无知"。[②] 考察团成员认为,中国教育精英将欧美教育制度与现代教育制度视同一物,而忽视本国的文化传统和国情民意,仅仅模仿而缺乏适应与创造,事实上违背了教育制度建立的初衷。国联考察团的教育学家对于中国教育的观察结论与任鸿隽有诸多相似之处,在一定程度上反映出中国教育当时面对的局面与问题。

二 中西文化价值的选择

知识体系而外,对不同语言所代表的不同文化价值的选择,是这一时期各大学的英语和国文考试试题中所体现出的更深刻的问题。自鸦片战争之后,中国一部分精英群体就开始对本国的传统文化失去信心。尽管中国早期引进西方的教育、知识和技术时提出的原则是"中学为体、西学为用",但是随着对西方制度和知识借鉴乃至崇拜的程度日渐加深,西方的文化和价值理念通过教育、日常生活等途径渗入中国社会的诸多层面,不仅影响着知识精英们的文化和价值观,也导致了中国社会内部的分层和断裂。学者叶文心曾在其研究民国时期大学校园文化的

---

① 国联教育考察团:《中国教育之改进》,国立编译馆译,国立编译馆1932年版,第181—182页。
② 国联教育考察团:《中国教育之改进》,国立编译馆译,国立编译馆1932年版,第183—184页。

著作中指出，新式大学课程对于英语的偏重，使文化和语言成为一种加剧知识精英与社会大众之间的区隔且造成精英内部不同阶层分化的显著标志。[1]

  细读20世纪30年代北平不同大学的英语考试试题，可以发现不同大学对于英语考察的侧重点差别也较大。就上述1933年北平几所大学的英语入学试题来看，对学生能力的考察最为全面的是外国教会资助的燕京大学。燕京大学英语试题题首，以英语列举了其所要测试的学生的各项能力：一是聆听和理解英语口语的能力，二是英语阅读能力，三是英语语法应用能力，四是英语写作能力。为了测试学生的上述能力，燕京大学的英语入学题型分为几类：一是学生按照考试人的口语指示对试卷中的图例进行相关的操作；二是阅读理解题；三是单词填空题；四是语法填空题；五是命题作文。命题作文的评分要求是，不仅要保证语法正确，而且要注重文章结构和段落安排。这一年燕京大学给的两个可以二选一的英语作文题目都是关于学生生活的议论：其一是"Is unearned luxury a good thing for students？"（不劳而获的奢侈生活对学生而言是好事吗？）；其二是"The elements in my past that have made me the sort of person I am now"（总结过往生活中成就今日之我的因素）。[2]

  相对于其他大学的英语入学试题而言，燕京大学的题目一是题量较大，二是涉及的题型较多。这些诉诸学生听力、阅读、语法、写作的题目，指向的是学生对于英语的实际掌握和使用。在1928年到1929年出版的《燕京大学文理科简章》中，规定了学生入学考试的英语能力基本要求：一是通晓英语，谈话清楚；二是诵读普通英文课本不感困难；三是善用文法，尤宜谙熟动词；四是能作明白清晰之英文论文。在具体学习方法上，校方非常强调实用，要求学生跟随"教员中知发音学者学习之"，从而保证"发

---

[1] [美]叶文心：《民国时期大学校园文化（1919—1937）》，冯夏根等译，中国人民大学出版社2012年版，第4—5页。

[2] 《全国各大学暨高级中学投考指南》（北平）第12期，1934年。

音之完善"。作文时要"注重各种辞句之构造,及分段清晰,不宜冗长"。语法方面,则要求"重实用"而不必"熟读定理","初习者不必多事于文法,明白字句之构造,以求意义之了解为最要"。[1]

和燕京大学相比,清华大学的英语入学试题没有那么丰富,但是其命题宗旨具有一定的相似性,即考查学生实际的英语语言应用能力。清华大学1933年的英语试题主要分为两大题型,其中40分为补充句子中的介词,可以说是语法和固定搭配题,另外60分为两篇写作题:一是写一段话叙述自己早晨起床后做的事情,二是叙述《三国志》中的一个故事。[2] 其作文题尤其体现了对学生英语实际应用能力的强调,无论是叙述日常生活还是讲述古典故事,强调的都是学生自由运用所学外国语言叙述现实或历史、表达情感和见解的能力。这一点在1934年清华大学的英语入学考试中表现得更为明显。这一年的清华试题第一题让学生想象自己走在街上,遇到一个衣衫褴褛的乞讨者,描述其收到钱前后的表情变化(30分);第二题是自己的朋友考试失败,自己作为他的朋友向他父亲解释他没考好的原因(30分)。[3] 两道作文题都是非常生活化的题目,甚至可以说是让学生通过写作来呈现一些平时主要是口头表达的内容,其最终指向的是学生的日常英语交际能力。

燕京大学和清华大学都强调学生的英语实际应用能力,这与两所学校的办学性质和校园文化有关。燕京大学为外国教会资助大学,和北平的其他大学相比,燕大的外国教师和留学生、华侨学生在校园中都占据了较大的比例。在上一章我们已经介绍过,燕京大学的校园生活因为比较西方化,而被北京大学的学生诟病为专门制造"假洋人"。此外,虽然20世纪30年代燕京大学在办学制度上日益"中国化",但是在教学内容

---

[1] 《燕京大学文理科简章》(1928—1929年),原载北京大学档案馆《燕京大学档案》,档号:28019,见王学珍、张万仓编《北京高等教育文献资料选编(1861—1948)》,首都师范大学出版社2004年版,第600页。
[2] 《全国各大学暨高级中学投考指南》(北平)第12期,1934年。
[3] 《全国各大学暨高级中学投考指南》(北平)第13期,1935年。

等方面对于西方学科和知识的引进仍然是非常重要的发展举措。1927年后燕京大学与美国密苏里大学新闻学院合作,建立燕大新闻系,独立发行中、英文版"燕京新闻"。燕京大学社会学系则与美国普林斯顿大学合作,培养了费孝通等社会学研究人才。燕京大学的教学和日常生活都离不开对英语的掌握,其入学考试试题注重考察学生的英语应用能力也就不足为奇了。

清华大学此前曾为留美预备学校,1928年后转型为国立大学,但是学校仍然承担着向国外派遣庚款留学生的责任。那些致力于前往世界顶尖名校学习的清华学子们,自然对于英语的日常实际应用非常重视,因为这是除了专业知识领先外进入西方社会生活和进入西方学术殿堂学习的最基础的能力之一。虽然我们不能一概而论地说燕京大学和清华大学的学生都非常重视英语应用能力的提升,但是整体而言这两所学校通过入学考试等方式确实引导学生培养了一种在英语语境中生活的语言能力。一定程度上,学生们对外国语言的选择和认同也会潜移默化地将之导向对某些西方价值观念和生活方式的接受。

与燕京大学和清华大学的英语作文题形成对比的是北平大学和国立交通大学北平管理学院的题目。北平大学1933年的英语试题是:一、用词组造句;二、用汉语解释单词;三、作文:1.推动中国科学研究的重要性,2.关于中日事务;四、一段话的英译汉。[①] 而交通大学北平管理学院1933年的英语试题为:一、给一个英语段落断句;二、给句子改错;三、辨析词组的修辞手法;四、作文:1.发展航空对中国的好处;2.中国的农业问题。[②] 相对于燕京大学和清华大学,这两所学校的英语试题都涉及不少单词、语法方面的内容,这种题型主要是把英语的各个方面作为一种知识来输入。此外,就作文而言,不同于燕京大学和清华大学的试题主要是以学生的日常生活和历史故事为叙述或者议论的对象,北平

---

① 《全国各大学暨高级中学投考指南》(北平)第12期,1934年。
② 《全国各大学暨高级中学投考指南》(北平)第12期,1934年。

大学和交通大学北平管理学院的英语作文都是对相对学术化和宏大化的社会问题的论述。这样的题目，首先在词汇上要求的是对政治、经济、交通、农业等方面的专业术语的了解，其次在具体的论述技巧上也更为接近学术论文的写作方式，而较为排斥日常化、口语化的表达。可以说，燕京大学和清华大学的英语试题围绕的核心是对自我生活经验和日常所思所想的表达，而北平大学和交通大学北平管理学院的英语试题是对学生生活之外的社会重大命题的议论。前者用于日常生活，而后者指向社会时政。

北平大学和交通大学北平管理学院都起源自晚清政府的官僚士大夫主持的专门性学堂。北平大学的医学院、法学院、工学院、农学院、艺术学院、女子文理学院、商学院在北洋政府时期为不同的专业性大学，与北京大学和北京师范大学并称为国立九校，具有极强的官办色彩。1928年后，经过大学区改革后的上述专业大学改为学院，并组合为国立北平大学。这些专门性的学院一方面延续了早期的官办色彩，秉承着以西方知识和科技为中国发展服务的办学宗旨；另一方面因其各不相同的专业性而注重对不同专业领域内相关知识的教学。我们了解了这两所大学的办学性质和特点，也就可以进一步理解为何其英语考试的试题偏重考察英语基础知识掌握，以及作文题目偏重议论社会问题和专业问题。

如果说上海的各种私立专门学院和专科学校培养的主要是面向商业社会的金融、工商等行业的专业型人才，国立北平大学和交通大学北平管理学院设立的初衷则是培养服务于政府相关机构的技术型官僚。因而其英语考试试题强调的主要是服务于中国政府和中国社会的文化价值观，英语只是学习相关专业的工具，最终落脚点在于中国的实际问题。在这一教育思路下培养的大学生并不致力于借助英语进入西方社会和文化领域，而是以其为工具谋取职业发展，获得中国社会的认同。

此外，1933年北京大学和辅仁大学的英语考试都不涉及作文。北京大学1933年的英语题有四种题型：一是单词造句，二是在句子空白处填写单词，三是一段话的英译汉，四是一段话的汉译英。① 辅仁大学的英语试题仅为一段话的英译汉和5句话的汉译英。② 叶文心认为，民国时期英语教学和考试中对于作文和翻译的不同侧重，体现了"文化优先性"的问题。③ 英语作文的高水准往往意味着使用英语思维和地道的英语表述方式进行书面表达。而翻译作为一种跨文化的语言实践，需要学生不断地在两种不同的语言和文化之间切换，并且参照自己的母语进行外语的学习。在这一过程中，学生们被赋予了在不同语言和文化之间沟通的角色。因而，对于翻译题的重视，在一定程度暗含了学习和引入外国的内容，同时也将中国介绍给西方的期待。

辅仁大学的英语考试全部是翻译题，似乎与其教会大学的身份不相符合。如果得出这样的结论，只能说明对于教会大学的理解过于本质化，认为其一定以西方文化为旨归，并且依赖于西方语言与学问。事实上，辅仁大学的校园文化中恰恰孕育了其创办者马相伯、英敛之，以及20世纪30年代的主持者陈垣对于以教育推动中国国故研究的期待。"辅仁"一词来自孔子《论语·颜渊》中的"君子以文会友，以友辅仁"，寓意保存国学、发扬中华优秀传统文化。其体现了学校创办者对于中华传统文化的自信和坚守，同时在30年代也仍然作为辅仁大学的特色延续下来。辅仁大学的创建者和主持者，致力于在此培养汉学研究人才，将辅仁大学建为世界级汉学中心，从而促进中西方文化交流。④ 因而，这一时期的辅仁大学，成为北平各大学中唯一一个专门设有"国学常识"这门考试科目的大学，也就不难理解了。

---

① 《全国各大学暨高级中学投考指南》（北平）第12期，1934年。
② 《全国各大学暨高级中学投考指南》（北平）第12期，1934年。
③ ［美］叶文心：《民国时期大学校园文化（1919—1937）》，冯夏根等译，中国人民大学出版社2012年版，第4—6页。
④ 参见汪润《"夺取汉学中心"的理念与实践——以〈辅仁学志〉为中心》，学苑出版社2018年版。

此时北平的另一所教会大学燕京大学，事实上也颇为重视学生们的国学基础。这从其国文考试的测验题中可以一探究竟，除了其他各校国文考试必考的作文和古文译白话文，燕京大学的国文考试还要求学生辨识词语的声韵、平仄等现象。① 国文考试中对于一些传统语言知识的强调，在一定程度上说明了燕京大学并非仅仅致力于学生对于英语的掌握和对西方文化价值的认同，这也是其这一时期走向中国化的定位在知识传授方面的进一步表现。

关于20世纪30年代北平各大学的国文考试，最有名的一个案例是1932年陈寅恪为清华大学出的国文入学试题，尤其是其中的对对子题，当时被视为"复古"而受到学生的质疑。这一年由于清华大学中文系主任朱自清赴国外访学，代替他主持中文系的刘文典请托陈寅恪出题。于是陈寅恪出了三题，题一是两道对对子题：一是少小离家老大回，二是孙行者；题二是一篇《梦游清华园记》的作文（文言白话皆可）；题三是给一段古文加标点。② 对对子题，尤其是"孙行者"一题中暗含着声韵、平仄、语辞、典故等多种讲究，常常为后来者当作国学大师的戏谑之作而被津津乐道。事实上，这道题在当时的媒体上曾经引起诸多讨论乃至争议。有人列举教育部关于高中学生国文水平的相关标准，认为对对子一题超出了教育部的规定，抨击主考的教授拿学生并未学习过的东西来考试。③

关于对对子题的出题动机，陈寅恪在写给傅斯年的信中强调："清华对子问题，乃弟最有深意之处。"所谓深意，即"弟意本欲借此以说明此意于中国学界，使人略明中国语言地位，将《马氏文通》之谬说一扫，而改良中学之课程"。④ 而对对子，是一种"形式简单而涵义丰富"并

---

① 《全国各大学暨高级中学投考指南》（北平）第12期，1934年。
② 《全国各大学暨高级中学投考指南》（北平）第11期，1933年。
③ 湘石：《我也来谈谈对对子》，《世界日报》1932年8月13日第12版。
④ 《陈寅恪致傅斯年》（1932年8月17日），载陈寅恪《书信集》，生活·读书·新知三联书店2001年版，第42—43页。

"与华夏民族语言文学之特性有密切关系"的考试形式。① 学者罗志田认为，在国难促成的危机感之下，陈寅恪的"深意"更多是"挽救消逝中的传统"，以"避免出现传统失传、国语不国"的现象，而这样的基础努力要从教育做起。② 留学海外多国归来的陈寅恪，对于中西方文化与学术都有较为切近的认识。在国难的深重危机之下，他洞见了中国的教育、学术出现盲目移植西方知识体系和理论学说的现象，以及西方文化通过教育与学术侵蚀和解构中国传统文化的可能性，这将动摇中国人赖以维系其民族身份认同的文化根基。于是，他将希望与要求寄托于教育，事实上也是表达了对于学生们能够体会中华文化和语言传统的价值，珍惜自己的民族身份，在国难中保存传统文化命脉的期待。

第三节　课程规划与学生的接受
——以清华大学为例

上课是大学生在接受高等教育的过程中最为主要的环节。大学对于课程和专业的设置与规划，一方面反映着特定历史时期国家的教育制度和政策，另一方面也是教育家教育思想的直接体现。通过相关专业和学科的设置，以及相关课程的规划，大学教育者们将对学生的期待施加于具体的教学实践之中。在具体的教育接受过程中，学生们也通过有选择的接受、反抗和话语论争表达对特定教育方式和教育理念的认同或反对。本节将以20世纪30年代清华大学的通才教育和建立工学院两个具体的教育实践事例为考察点，一是探索相关的课程和专业设置体现了政府教育当局或者校长等教育家怎样的教育理念和育人思想，二是关注学生作为

---

① 陈寅恪：《与刘叔雅论国文试题书》，原载《大公报·文学副刊》1932年9月5日，见《金明馆丛稿二编》，生活·读书·新知三联书店2001年版，第249页。
② 罗志田：《斯文关天意：1932年清华大学入学考试的对对子风波》，《近代史研究》2008年第3期。

这些教育举措的接受者怎样通过他们的话语表达相关感受与观点,其中体现了这一群体对于其学生或职业身份有怎样的期待。

一 通才教育与学生的质疑

通才教育这一育人理念在清华大学的校史上具有一定的渊源,可以上溯至留美预备学校时期。大学化之前的清华是留美预备学校,其目标是培养学生进入美国大学的能力。根据学者苏云峰对清华校史的研究,虽然1908年出台的《派遣留美学生章程草案》中规定清华留学生80%学农、工、商、矿,20%学法、政、理、财、师范,但是在实际培养过程中,当时的校长周诒春则向文实平衡的方向修正。[①] 1928年罗家伦就任国立清华大学校长后,决定先设立文、理、法三个学院,以文、理为中心,重视纯知识研究,主张研究的目的"不在浅近功利,而在培养学生的知识人格,增加人类知识总量与民族生存能力"。[②] 1931年工科出身的梅贻琦担任清华大学校长后,一方面开始落实国民政府教育部的实科政策,设立工学院;另一方面也在1933年后正式实行了一年级不分系等措施,将通才教育的理念落实到具体的教学措施之中。

梅贻琦在1940年发表的《大学一解》[③] 中对其通才教育思想进行了比较详尽的阐发。梅贻琦从"新民"的角度强调了通才教育的重要性,认为通才教育可以培养真正适应社会、符合社会需要的人才。他指出,社会首先需要的是通才,其次才是专家。民国时期过于重视专科的大学教育倾向,不利于"新民"之事业。因而他提出"通识为本,专识为末"的观点,认为专家也必须首先具备通才的基础,才能实现"新民"的社会效应。而大学四年时间有限,对于同时具备通识和专识才能的要求,

---

① 苏云峰:《从清华学堂到清华大学,1928—1937:近代中国高等教育研究》,生活·读书·新知三联书店2001年版,第58页。
② 罗家伦:《清华大学之过去与现在》,木公笔记,《国立清华大学校刊》第87号,1929年9月20日。
③ 梅贻琦:《大学一解》,《清华学报》第13卷第1期,1941年4月。

大部分学生都无法达到,因而他反对当时社会上流行的通专兼顾,而认为应该采取"通重于专"的原则。

梅贻琦对于通才教育的强调,事实上是着眼于"人"的角度提出来的。他认为,对于个人而言,通识与专识对应的是"一般生活"和"特种事业",事业只是人的生活的一部分,其可以"辅翼人生""推进人生",但是不意味着全部人生都要寄托于事业。健全完整的"新国民"一方面要适应社会的需求,另一方面也要有自己健康的人生。这样的人就不能仅仅满足于某一专业领域内的成功,而要具备一定的通识,才能完善人生、适应社会。经由通才教育理念的提出,他希望清华大学能够将学生培养成真正的"通才",这也是为国"新民"。

除了阐明通才教育的价值和意义,对于其具体实施办法,梅贻琦也有诸多的设想。他认为,当时大学教育的一大通病是通识教学的不足。而大学第一年不分院系,是根据通识教育的原则,第二年之后分院系是遵循专识教育的原则。但是前者只占一年,后者却占据三年,因而学生终究比较了解自然科学、社会科学、人文科学中的一项,对于其他两项只抱有"限于规定,聊复选习"的心思。在梅贻琦看来,真正的通才教育必须对于上述三大科学门类都有较为充分的了解,并且将三者融会贯通。因而,他认为可以考虑进一步延缓分院分系的年限,于第三年再分,或者在第一学年增设"通论"等课程,增加学生对不同学科门类的综合了解。

在实际的办学过程中,梅贻琦关于通才教育的理念主要落实在具体的课程设置方面,按照"先通后专"原则设置本科课程。自1933学年起,清华大学实行一年级不分系,且一、二年级要修读基础知识课的措施。大一、大二的共同必修课包括国文、英文、社会科学(政治、经济、社会、西洋通史择一)、自然科学(逻辑、物理、化学、生物择一)。[1]作

---

[1] 苏云峰:《从清华学堂到清华大学,1928—1937:近代中国高等教育研究》,生活·读书·新知三联书店2001年版,第63页。

为大学的主办者,梅贻琦从比较宏观和理想的角度对于通才教育的作用有所思考,并且对于其实际操作也有诸多考量。在1933年的开学典礼上,梅贻琦也指出,本年除工学院外的一年级新生不分院系,希望"大家在初入校时,可不必即决定入何系,最好在此一年之内细细体察自己志趣所在,性之所近,究习何科较为适当,然后再决定选习,方无匆率勉强之弊"。①

但是,在20世纪30年代的具体历史情境中,作为教育接受者的一部分清华大学学生,对于学校一年级不分系的措施却提出了几乎截然相反的看法与意见。关于这一问题,发布学生信息和言论的《清华副刊》刊登了一系列互相辩驳的文章,为我们了解清华大学学生对于通才教育制度的接受情况提供了切入点。

对于清华大学一年级不分院系的制度,无论是支持的学生,还是不支持的学生,都很难上升到梅贻琦校长强调的通才教育及其"新民"的社会意义的理想层面来理解。支持这一制度的学生的理由是"近年高中毕业生的程度确有些低落"②,一年级不分系可以帮助学生补充"普通训练"。此外,对于不能认识"自己究竟应当入哪一系"③的学生,以及想要转系但"始终不知自己性情如何,马马虎虎混下去"④的学生,一年级不分系的制度为他们提供了更多的便利考虑自己适合的专业和方向。

相对于支持这一制度的看法,《清华副刊》上发出更多反对的声音,其数量可能也在一定程度上说明了反对者比支持者更多的事实。反对一年级不分院系的学生主要从大学的功能和学生实际的接受效果两方面进行了论证。就大学的功能而言,他们认为,20世纪30年代中国的大学教育应该以培养专门人才为主,既不能像过去那样追求"兼收并蓄",也不

---

① 《二十二年度开学典礼志略》,《国立清华大学校刊》第518号,1933年9月15日。
② 显:《第一年不分院系的观感》,《清华副刊》第42卷第9期,1934年12月17日。
③ 显:《第一年不分院系的观感》,《清华副刊》第42卷第9期,1934年12月17日。
④ 显:《第一年不分院系的观感》,《清华副刊》第42卷第9期,1934年12月17日。

能像西方国家那样仅仅是公民教育。这一时期的中国,几万人中勉强有一个大学生,因此他们必须接受专门学问的训练,才能担负起重大的社会责任。① 而如果以专业研究为大学教育的旨归,"现代的学问已发展到很精细的程度,每个人尽其所能也只能研究其中的一部分"。清华大一课程"缺乏现代的专业化",有悖于现代高等教育的发展趋势。②

与上述宏观论述相比,更多反对一年级不分院系的清华学生则是从个人的实际感受出发来谈论这一问题的。有学生指出,很多同学选习自己不喜欢的必修课,仅仅是在浪费时间而已,教的效果和学的效果都非常有限:

> 本校大一的国文英文,理学院学生必须要学一二门社会科学的科目,文学院学生一定要读一二门自然科学的科目,照过去副刊上登载的言论,和实际上的情形,观察起来,似乎获益是很少的,就是学第二外国语罢,就需要的同学而论,自然是很重要的,可是不需要的或是现在没有余力学习的,这二年功夫,却真是冤枉了,教授在台上演讲,同学在台下看别的书。同学经过一二年的彷徨,剩下来的二年,要努力往往来不及,在大学的时候,不立定学问的宗旨,离开了大学,已是很少有希望了。一个人对于这门功课性不相近,或是于他研究的,很少关系,而硬逼他选这门课,读的人既不感到兴趣,教的人自然也无从着手。③

这一时期的《清华周刊》上,此类对一年级通选课的抱怨颇多。很多学生强调自己并不喜欢学习某些课程,只是不得不按照学校的规定选

---

① 有道:《大学教育应注意个性的发展》,《清华副刊》第42卷第10期,1934年12月24日。
② 白驹:《从"整齐而平常"说到大一的课程问题》,《清华副刊》第42卷第6期,1934年11月26日。
③ 有道:《大学教育应注意个性的发展》,《清华副刊》第42卷第10期,1934年12月24日。

课。这种选择也导致了教授在上面讲课而学生在下面看课外书的情形。其最终结果则是学生兴趣不高和教授无从下手这样双重的得不偿失。此外，学生们对于一年级具体的课程教学方式也有很多抱怨，比如英语课内容过多，导致学生把大量时间都消耗在查单词和预习上，而缺乏深入的学习和思考；① 国文课教授拘泥于词语考据等细节，而缺乏对文章思想等方面的宏观分析；作文课也流于形式化的命题作文，许多学生为了成绩草草写就应付公事。②

因而，有学生认为，清华一年级不分院系的制度，最终导致了学校造就出一批批"整齐而平常"的人才。③ 这一方面是因为学生必须应付诸多的必修课和通选课，为了获得升学成绩而牺牲更多钻研自己真正喜欢的学科的时间；另一方面成绩的严格限制导致很多学生在大二的时候不能如愿进入自己志愿的专业，从而更是向"整齐而平常"的方向发展而去。有人认为这种教育方式学术程度低、缺乏学问"专门化"，是一种"新八股"：

> 现在的大学课本，内容之精，绝不能在四书五经之上。现在在大学读书，你若是学文学的，生物或其他自然科学有一门不及格，任凭你才比子建，文若韩柳，诗胜李杜，绝不能取得毕业证书。学自然科学的，如果通史和概论没有念好，就是你发明"相对论原理"，和发现"镭"元素，也绝得不到学位，因为你没有各科普通的常识。这和考八股时，逸出四书范围，或是律诗上对子不工，考不取举人和进士，有什么两样呢。④

---

① 《消化不良病患者底告声——关于大一英文》，《清华副刊》第42卷第9期，1934年12月17日。
② 星星：《大一国文》，《清华副刊》第42卷第6期，1934年11月26日。
③ 白驹：《从"整齐而平常"说到大一的课程问题》，《清华副刊》第42卷第6期，1934年11月26日。
④ 元直：《做学问和考"新八股"》，《清华副刊》第42卷第10期，1934年12月24日。

通过这种极端的假设和与古代科举考试的对比，学生们认为清华大学的通才教育会限制专业人才的发展，使学生完全囿于学校对于学业标准的规范。

1934年入读清华并且后来成为历史学家的何炳棣，在回忆录中高度评价了梅贻琦校长的通才教育理念。他认为，梅贻琦对于通才教育的强调不仅造就了20世纪30年代清华文法学科和理科教研的勃勃生机，而且在整个20世纪的大学教育思想中极具代表性和启发性。① 从宏观角度和长期价值来看，梅贻琦的通才教育观着眼于为现代化水平较弱且专业分工不精细的中国社会"新民"，同时也考虑了这一时期学生的人格塑造问题，其用意兼顾了时代和国家的需要以及个人的成长完善。但是，由于这一时期大学青年学子对于国家社会发展需求以及教育内涵的认知有限，通才教育的理念无法完全被领会落实。学生们认为现代大学的功能理应是培养专业人才，他们接受知识的主要内容也应当是专业化的，而不是范围广大但是可能和本专业无关的"通识"。通才教育和一年级不分院系的课程规划在一定程度上限制和阻碍了他们对于专业人才这一身份的向往和实现，也就必然导致一部分人的不满和抗议了。

二　发展实科与学风重建

中国的高等学堂和大学作为接续科举制和书院出现的新型教育机构，虽然在形式上模拟西方，但是在建构和发展的过程中并未完全脱离传统"学而优则仕"观念的影响。这也导致了中国近现代高等教育学科建设的不平衡性，法政专业在大学和专科学校中占有绝对的优势，以迎合学生"当官"的求学目的和职业期待。根据1924年的统计数据，全国专科以上在校的学生总数为34880人，其中33所法政专门学校的学生人数多达10864人，这还不包括35所综合性大学法政专业的学生人数。②

---

① 何炳棣：《读史阅世六十年》，中华书局2012年版，第99—100页。
② 周予同：《中国现代教育史》，上海：良友图书印刷公司1934年版，第225页。

面对这种学科分布不平衡的问题，以及为了国家建设的需要，南京国民政府颁布了一系列政策和法规规范法政学科的发展，提升实用科学学科的地位。1929年4月，国民党第三次全国代表大会公布《中华民国教育宗旨及其实施方针》，提出大学教育"注重实用科学，充实科学内容，养成专门知识技能"。[1] 7月，教育部公布《大学组织法》和《大学规程》，提出"大学须具备三学院，至少需要一学院为自然科学院或应用科学院"。1932年12月，国民党四届三中全会通过整顿学校教育的决议规定："各省市及私立大学或学院，应以设立农工商医理各学院为限，不得添设文法学院。"[2] 国民政府颁布《改革大学文法等科设置办法》，规定全国各大学及专门学院的文法等科，有办理不善者，可由教育部限令停止招生或取消立案，其节余经费，可用于扩充或改设理、农、工、医药等科之用。[3] 1933年2月，教育部公布《二十二年度各大学及独立学院招生办法》，规定各大学兼办文法、商、教、艺术学院者与理、工、农、医学院者，如前类学院所设学系与后一类学院所设学系数目不同，则前者各系所招新生及转学生之平均数，不得超过后者所招新生及转学生之平均数。[4] 上述政策的提出，在一定程度上扭转了中国高等教育学科分布不均的局面。根据1935年初的相关调查结果来看，除独立学院文、实两类学科相差尚远外，大学院系文、实两类已非常接近，专科学校的实科已经超过了文科。[5]

---

[1] 《中华民国教育宗旨及其实施方针》，载教育部编《教育法令汇编》第1辑，上海：商务印书馆1936年版，第19页。
[2] 《国民党第四届中央执行委员会第三次全体会议通过的〈关于整顿学校教育造就适用人才案〉》（1932年12月21日），载中国第二历史档案馆编《中华民国史档案资料汇编》第5辑第1编，江苏古籍出版社1994年版，第1052页。
[3] 《改革大学文法等科设置办法》，载教育部编《教育法令汇编》第1辑，上海：商务印书馆1936年版，第142页。
[4] 教育部教育年鉴编纂委员会编：《第二次中国教育年鉴》第五编"高等教育"，上海：商务印书馆1948年版，第530页。
[5] 《抗战前高等教育史料》，台北：中国国民党中央委员会党史委员会1971年版，第80、173页。

国民政府对于文法科的限制与对于工科等实用学科的强调，在20世纪30年代国立清华大学的院系建构中也有具体的体现。1932年2月，教育部批准清华大学添设机械工程与电机工程两系，与原属于理学院的土木工程系合并，组建工学院。① 1934年，清华大学根据教育部的规定，取消了法学院的法律系。② 政府发展实科的目的，主要着眼于调整此前不平衡的文、实学科分布，以及为国家建设储备人才。但是，对于以文、理、法三学院为主体，以发展学术和注重纯知识研究为宗旨的清华大学而言，建立工学院这样发展应用学科的学院，导致了学生群体中的争论。这一时期，《清华副刊》上刊登了一系列学生的相关文章，其主要围绕大学中专业的学术性和职业性的不同取向这一问题，以及清华大学自身的学风建设问题展开讨论。

一部分学生认为，大学的学术性和职业性是不可调和的，清华的发展方向无论是学术化还是职业化只能二选其一，或者采取学术化的文、理、法学院与职业化的工学院完全分立的措施。有学生指出，中国的大学教育目的一直处于矛盾之中，在理论上以学术为目的，但是在实际上则以职业为目的。在这样的背景之下，清华大学应当在两种不同的目的之间选择一种，或者"老老实实地变成一个职业学校"，或者"老老实实地变成一个学术机关"。而清华如果取职业学校的发展方向，"严格的功课主义的旧学风"则非常适合。但是如果清华取学术机关的发展方向，则应该彻底地建立一种"自由研究的新学风"。③

有学生认为，清华大学的文、理、法三学院是偏重于研究学术的，是学术机关的性质，而工学院是偏重于学习技术的，是职业学校的性质，

---

① 梅贻琦：《三月七日总理纪念周报告》，原载《国立清华大学校刊》第379号，1932年3月9日，见清华大学校史研究室编《清华大学史料选编·第二卷（下）·国立清华大学时期（1928—1937）》，清华大学出版社1991年版，第699—703页。
② 《教育部改进国立清华大学训令》（1934年7月13日），载中国第二历史档案编《中华民国史档案资料汇编》第5辑第1编，江苏古籍出版社1994年版，第201页。
③ 仲怀：《清华大学是职业学校么？》，《清华副刊》第42卷第4期，1934年11月12日。

因而清华大学的文、理、法三院应当与工学院分立。这样一来,清华大学的工学院,便是"老老实实"的"一个职业学校",文、理、法三学院便是"老老实实"的"一个学术机关"。前者要绝对维持"严格的功课主义",后者才能养成"自由研究"的风气。两者的目的不同,学风也应该不同。分立的办法是:在名义上,大家仍然都是清华大学的部分;在地域上,很容易划分,现在工学院的各部分已经集中,在清华园的东南角里;在财政上,坚持平等合理的分配,但是谁也不要干涉谁的用途;在行政上也要分开,不要相互倾轧;在课程方面,工学院要用到旁的学院的时候,可以在工学院里面设专班,这些专班的经费应该由工学院负担,假如旁的学院需要工学院的课程,也是一样的办法。①

针对上述将职业化的学校发展方向与功课主义的校风相联系、将学术化的学校发展方向与自由研究的校风相联系的认识,很多学生不以为然。有学生指出,工学院各系有专门的图书馆,有更多的机会去参观或实习,并不局限于严格的功课主义。工学院的功课偏重在把自然科学的理论实际化、应用化,这是对的,其对于事物之原理及现象所抱的研究的态度与精神,与以纯学术为研究对象的研究机构并无不同,并不能如一般意识下所指的"职业学校"那般肤浅。② 还有学生强调,文、理、法、工的区别只在研究对象的不同,并没有"学术机关"和"技术机关"的分别。相对而言,工学院更加强调实际应用,但也注重"应用的学理"。③

有学生指出,大学与职业学校的区别是"学"与"术"的区别,前者的使命是研究学术,后者的任务是传授技术。现阶段的清华是大学,

---

① 阿良:《文理法三学院应该和工学院分立》,《清华副刊》第42卷第6期,1934年11月26日。
② 石:《读〈文理法三院应该和工学院分立〉后》,《清华副刊》第42卷第8期,1934年12月10日。
③ 庄炎生:《工学院应该和文理法三院分立吗?》,《清华副刊》第42卷第8期,1934年12月10日。

而不是职业学校或专科学校,学生们的学习和研究目的并不在于职业出路,学校开设的课程也是为学生提供做学问的基础知识,而不是着眼于应用。中国社会最需要的是专门学者专家以及领袖人才。清华作为大学应以造就这两类人才为旨归,职业教育则不足以担负这一使命。因而,清华设立研究应用科学的工学院,或者之后添设农学院,都是作为大学附设的学院,以培养上述两种人才为其目标和使命,而并非为了职业的要求。①

此外,这一时期还有学生受到苏联学校的启发,认为可以以职业化发展来引领中国大学教育的方向。有学生指出,"最近苏联学校,全都是工业化的了,是职业学校和学术机关的合一"。②工厂制度是未来教育制度的胚胎。二者合一,可以将自由研究和优良技术统合在同一种教育制度中。③

综合上述几种观点来看,20世纪30年代,很多清华学生理念中的大学主要是研究文、理、法领域相对纯粹的知识的学术机构,而大学生的身份也应当是追求纯粹专业知识的知识人。政府所倡导的工学院的相关学科由于应用性相对较强,而被很多人视为职业的,学习这些学科的学生因此会被认为一心追求就业,并在学术性上受到质疑。尽管有一部分工学院的学生为他们所学的知识辩护,认为其在学理上也具有专业性和学术性,但是整体而言,其在学生们的认知中仍然处于学术的下游,并且被认为会影响大学的自由研究风气。联系到上文所述部分清华学生质疑通才教育的现象可见,对于专业知识人身份的定位在这一时期的清华基本上是学生的共识。无论是政府对于培养应用型人才的需求,还是教育家对于通才教育的呼吁,一旦和学生对于专业知识人的身份期待冲突,都会遭遇质疑、引发争论。

---

① 若谦:《清华往何处去?》,《清华副刊》第42卷第6期,1934年11月26日。
② 萧晨:《从职业学校和学术机关说到中国的大学教育》,《清华副刊》第42卷第9期,1934年12月17日。
③ 萧晨:《从职业学校和学术机关说到中国的大学教育》,《清华副刊》第42卷第9期,1934年12月17日。

第四节　学科教育的课外形式
——以大学中的国文学会为考察中心

1927年国民党执政后，致力于学生团体组织的"非政治化"，将学生们的注意力收束在校园范围之内。① 1930年2月5日，国民党中央训练部在广播台做了《学生团体组织之根本精神》的报告，提倡学生从事"科学与文艺之集会结社与出版，及努力使用科学的研究与发明"，要求今后的学生团体工作，要让学生做"好学生"，在学生时代"不必直接参加政治"。② 在此背景之下，各大学中的学生团体组织以学术团体、同乡会、同学会以及兴趣爱好团体为主。比如北京大学，这一时期解散了在五四时期发挥过重要政治作用的学生会，而以班级和专业的形式将学生们整合起来。1930年北大的学生社团，除了各省同学会，另有学系同学会、级友会等，而地质研究会、化学会、法文学会、英文学会、数学学会、教育学会、物理学会、经济学会、国文学会、政治学会、史学会、生物学会、心理学会、新文学研究会、音乐学会、社会科学研究会等，则主要是围绕不同学科的学术兴趣和研究组织起来的。③ 此类学术型学会不只源自学生的兴趣，而且往往以专业为单位，要求相关学系的教师和学生参加，其实质可以说是不同学科在课堂教学之外的一种延伸形式。

1928年之后，北京大学、北平师范大学、清华大学、燕京大学的中国文学系都建立了国文学会（清华大学的名为中国文学会）。这些不同大学的国文学会虽然在具体的组织和活动形式方面有诸多相似之处，但是

---

① 参见［新加坡］黄坚立《难展的双翼：中国国民党面对学生运动的困境与决策（1927—1949）》，商务印书馆2010年版，第82—92页。

② 中国第二历史档案馆编：《中华民国史档案资料汇编·学生运动》，江苏古籍出版社1991年版，第12—15页。

③ 李浩泉：《躁动的青春——民国时期北京大学的学生社团活动（1912—1949）》，华中科技大学出版社2014年版，第52页。

当我们进一步考察其学会宗旨和活动、出版物的内容时，就会发现不同大学中国文学系教学内容和目标的偏好不同。不同大学中国文学系对于发展宗旨和课程设置的不同回答，指向了以下问题：这一时期中文系的学生，是应该"整理国故"，还是应该"创造时代的新文学"，是应该成为"国学的人才"，还是应该成为"文学的人才"？

一 国文学会的组织形式

1928 年之后，北京大学、北平师范大学、清华大学、燕京大学都建立了以本校中国文学系师生为主体的国文学会。各校的国文学会具体成员和组织结构如何？其日常的制度和活动为何？我们不妨从相关的学会章程和新闻入手，了解具体的情况。

1929 年上半年《北大日刊》上刊登的《北大国文学会章程》[①] 规定，北大国文学会的宗旨是"联络感情、研究学术"。其会员包括三类：一是凡北大国文学系教员及同学均为会员[②]；二是凡北大国文学系毕业同学得为会员；三是凡北大他系教员及同学有愿加入本会者，经会员二人之介绍及常会之通过亦得为会员。北大国文学会的职员包括执行委员会成员和编辑委员会成员。其中执行委员会从国文系各年级同学中选取代表，该年级人数在二十人以下者选取一人，二十人以上者选取二人，组成执行委员会后再分设总务、文书、会计三股。章程规定，国文学会在上课期间每月召开常会一次，其具体的地点、日期以及演讲或讨论的题目和会务的相关议题由执行委员会先期通知。北大国文学会的经费一是每年由该会会员同学每人纳国币五角，教员每人纳国币四元，除此之外还有学校津贴和特别捐款。根据《北大日刊》的报道，北大国文学会由国文系各年级同学选出的第一届代表中一年级有两人，二年级两人，三、四

[①]《北大国文学会章程》，《北大日刊》第 2157 号第 2 版，1929 年 5 月 1 日。
[②] 该章程在刊印时有所遗漏，会员还包括预科的国文教员及同学。见《国文学会启事六月十八日》，《北京大学日刊》第 2195 号第 1 版，1929 年 6 月 20 日。

年级各一人。①

随着时间的推移，北大国文学会的组织经过了进一步的完善。根据1931年上半年的《北京大学国文学会章程（二十年三月三十一日）》②，会员范围进一步扩大，国文系旁听生也被纳入。而职员除了之前的国文系各年级学生代表，还包括了国文系教员两名。执行委员会设置文书、财务、研究、出版四部门，前两个部门设学生委员二人，后两个部门除了学生委员二人，还各设教员代表一人。该章程还规定，北大国文学会每学年召开两次大会，学年开始后一月内欢迎新会员，学年终了前一月内欢送毕业同学。执行委员会于上课期内每月开会一次，讨论日常事务。

就组织形式而言，北平师范大学的国文学会与北大的非常相似。根据1931年刊出的《北平师范大学国文学会简章》③，该会会员包括本系同学、本系毕业同学、他系同学之兴趣相同者，本系教授为当然指导员。会务分设二部办理：总务部设有总务一人，文书二人，交际二人，会计二人，庶务一人；编辑部设有出版主任一人，编辑三人，发行二人，印刷三人，编审员五人（从指导员中函聘）。各职员任期半年，每年十月终及三月终举行改选。会员每年应纳会费六角，分两期交纳。所设会议主要包括研究会、欢迎欢送会、全体大会、讲演会、临时会、职员联席会。

北平师大国文学会会刊《师大国学丛刊》上刊登了前几届国文学会职员名录，钱玄同、黎锦熙、吴承仕、高步瀛、马衡、马裕藻、孙人和等国学系教授先后被聘任为编辑部的编辑指导。④ 此外，该会主办的刊物《师大国学丛刊》得到了学校的津贴50元，以及诸位国文系教授的资助，

---

① 《国文学会筹备会启事》，《北大日刊》第2175号第1版，1929年5月23日。被选代表为一年级：丁树生、张孝仁；二年级：王国铨、金福祐；三年级：傅瞻洛；四年级：戴明扬。

② 《北京大学国文学会章程（二十年三月三十一日）》，《北大日刊》第2597号第3版，1931年4月2日。

③ 《北平师范大学国文学会简章》，《师大国学丛刊》第1卷第1期，1931年。

④ 《师大国文学会前届职员录》，《师大国学丛刊》第1卷第2期，1931年5月。

比如钱玄同先生捐助 25 元，黎劭西 15 元，孙署丞、马幼渔等每人 10 元。①

清华大学中国文学会与北大、师大一样，也是以中国文学系的教师和学生为主要成员的。② 其内部主要分为总务、文书、学术、出版、会计、庶务、体育几个部门，成员包括教员和学生，按学期进行选举。比如 1933 年的清华大学中国文学会委员会，其学术负责人为朱自清，体育负责人为浦江清，其他总务、文书、出版、会计、庶务等部门的负责人为中文系的学生。③

就学会的活动而言，根据《北大日刊》上刊登的 1929 年 11 月到 1930 年 6 月的《北大国文学会收支报告》，其经费支出反映了该会举办的相关活动和使用的相关资源。1929 年 11 月该会使用了学校的国文教授室，产生了工役的小费，此外该会还印制了本会信封、信纸；12 月和次年 3 月、6 月该会举行了相关活动，产生了茶点、茶叶等费用。1930 年 4 月，国文学会成员还参加了关××追悼会，购置了花圈、挽联等物品。④《北大日刊》上还不定期发布过一些国文学会邀请教授来北大演讲的布告。比如 1929 年 12 月 15 日（星期日）上午 10 时在北大二院大讲堂举办北大国文系教授林损的演讲《救诗格论》⑤，1930 年 1 月 19 日（星期日）上午 10 时在北大一院第一教室举办钱玄同教授的演讲《"六经注我"与"托古改制"》⑥。

我们还可以从清华大学中国文学会的成立大会一窥其活动形式。据《国立清华大学校刊》的相关报道，该会成立于 1928 年 11 月 7 日，

---

① 《北平师范大学国文学会简章》，《师大国学丛刊》第 1 卷第 1 期，1931 年。
② 《中国文学会近讯》，《国立清华大学校刊》第 79 期第 1—2 版，1929 年 6 月 12 日；该会组织方面，亦拟于下一学年加以扩大，以该系教师同学均作为正式会员。
③ 诚：《中国文学会将每周开会，课外读书》，《清华副刊》第 39 卷第 1 期，1933 年 3 月 15 日。
④ 《北大国文学会收支报告》，《北大日刊》第 2472 号，1930 年 10 月 18 日。
⑤ 《国文学会通告》，《北大日刊》第 2303 号第 2 版，1929 年 12 月 11 日。
⑥ 《文学院通告》，《北大日刊》第 2333 号第 1 版，1930 年 1 月 18 日。

成立大会由全体成员参加，其中清华大学中国文学系教师五六人。这次成立大会主要由三个环节组成：其一是清华中国文学系主任杨振声向会员教师和学生介绍本系的发展计划；其二是教授朱自清向学生们作关于杂体诗的学术演讲；其三是师生共同参与节目表演和游艺活动。大会上，杨振声提出将"创造我们这个时代的新文学"作为清华大学中文系学生研究文学的宗旨。这一宗旨被研究者视为清华大学注重新文学研究的重要标志。成立大会活动兼顾了学术性与趣味性。很多同学虽然听过朱自清先生讲课，却没有听过他的课外演讲。朱自清在中国文学会成立大会的演讲不仅注重介绍有关杂体诗的文学知识，而且很具趣味性，因而获得了"满堂内春风般的颜色"和"一阵阵流水似的笑声"。[1]

此外，清华中国文学会委员会的日常会议，主要以讨论本系的课程、中国文学会的活动以及出版事宜为主。比如成立大会不久后的会议，一是讨论了学生要求增设"国故概要"科目一事与系主任接洽的情况；二是讨论了请徐志摩、黄庐隐等作家来校演讲之事；三是商议了出版会刊、聘请编辑人员诸事。[2]

燕京大学国文学会的活动，有的直接和具体课程的教学有关。比如燕大国文系教授郑振铎开设了"元明杂剧"的课程，为了使学生"明了各剧本版本演变之线索"，郑振铎"搜集各时代不同之版本"，"以期同学有真切之认识"。[3] 当讲到《西厢记》时，郑振铎安排选习此课的学生前往郑宅参观其所收藏和由北平图书馆借来的各种《西厢记》版本。而燕大"国文学会同学愿往参观者，极为欢迎"。[4]

从上述几所大学国文学会的基本组织和活动形式中我们可以看出，

---

[1] 郝御风：《清华中国文学会有史之第一页》，《国立清华大学校刊》第 22 号，1928 年 11 月 9 日。
[2] 《中国文学会委员会第二次会议》，《国立清华大学校刊》第 23 号，1928 年 12 月 19 日。
[3] 白：《国文学会的消息："莺莺"大展览》，《燕大周刊》1932 年第 3 期。
[4] 白：《国文学会的消息："莺莺"大展览》，《燕大周刊》1932 年第 3 期。

学会虽然是一种课外组织和活动形式，但是其参与者既包括中文系的教师，同时也包括中文系的在校生、毕业生和旁听生。学会活动的内容除了娱乐和交际之外，更为重要的是关于中文系相关知识的演讲活动，相关学术和创作成果的出版活动，乃至中文系课程的规划、课外的读书讨论，等等。无论是在极其注重学生管理和集体活动的清华大学还是学生关系相对松散的北京大学，国文学会所展现出来的课堂教学与课外专业学习的关联性都相当明显。尤其是在清华大学，中文系的学生们通过中国文学会提出了一系列的活动形式，一方面将学生们关于中文系教学的意见通过中国文学会这个中介传达给中文系的教员，另一方面又将教学中的知识传授通过学术演讲等中国文学会的活动形式延伸到课堂之外。但是，当我们进一步考察不同大学国文学会主办的演讲内容和所办的出版物中的文章时，就会发现在相似的组织形式和活动形式背后，蕴藏着颇为不同的对于"文学"的理解和对于文学系发展方向的规划。

二　会刊与文学研究的知识化

在清华大学中国文学会的成立大会上，中国文学系主任杨振声讲到本系发展计划时，分析了当时国内不同大学中国文学系中的课程倾向：

> 有的注重于考订古籍，分别真赝，校核年月，搜求目录，这是校雠目录之学，非文学也。有的注重于文字的训诂，方言的诠释，音韵的转变，文法的结构，这是语言文字之学，非文学也。有的注重于年谱传状之核博，文章体裁之靷演，派别门户之分划，文章风气之流衍，这是文学史，亦非文学也。[①]

[①] 郝御风：《清华中国文学会有史之第一页》，《国立清华大学校刊》第 22 号，1928 年 11 月 9 日。

杨振声承认上述都属于大学国文系的教学内容，但是他认为它们只是文学研究的方法，而不是宗旨。朱自清在1931年《清华周刊》上介绍清华大学中国文学系概况时也指出，"中国各大学的国学系，国文学系，或中国文学系的课程，范围往往很广；除纯文学外，更涉及哲学，史学，考古学等"。而这些课程所要造就的是"国学的人才"，而不一定是"中国文学的人才"。对于中国文学，上述课程所要学生做的是"旧文学研究考证的功夫"，而不是"新文学的创造"。①

正如杨振声和朱自清所概括的，当时不同大学关于国学系、国文学系、中国文学系等科系的命名已然不同，而具体的教学宗旨和内容也各有侧重。就各校国文学系教师和学生组成的国文学会宗旨而言，北京大学国文学会的宗旨是"联络感情、研究学术"②，而北平师范大学国文学会的宗旨是"研究文学、整理国故、联络感情及谋本系之发展"③，清华大学中国文学会则是"创造我们这个时代的新文学"。北京大学的宗旨相对模糊，没有提出具体的研究重点，而北平师范大学和清华大学分别提出了聚焦"国故"和"新文学"的不同发展方向。新文化运动以来，一方面，伴随着整理国故运动的兴起和发展，大学国文学系的课程日益转向"考据化"；另一方面，文学教育的重心，也由"技能训练的'词章之学'"转为"知识积累的'文学史'"④。现代大学教育追求知识化和学术化，在这样的前提之下，各校国文系的教学走向考据训诂和文学史，可谓学科专业化发展的必然趋势之一。就整体而言，新文学作为一种新兴的创作现象，很难进入当时的大学体制当中。尤其是大学国文学系的具体研究，更是主要以"国故"和文学史为对象，这在不同大学中国文学会的刊物中表现得很是明显。

---

① 朱自清：《中国文学系概况》，《清华周刊》第35卷第11/12期，1931年6月1日。
② 《北大国文学会章程》，《北大日刊》第2157号第2版，1929年5月1日。
③ 《北平师范大学国文学会简章》，《师大国学丛刊》第1卷第1期，1931年。
④ 季剑青：《北平的大学教育与文学生产：1928—1937》，北京大学出版社2011年版，第2页；陈平原：《"文学"如何"教育"》，《文汇报》2002年2月23日。

北平师范大学的国文学会可以上溯至1917年，由当时的北京高等师范学校国文部学生发起，并于1922年正式创办了会刊《国文学会丛刊》。该刊第1卷第1期即刊登了胡适在北京高等师范学校国文学会讲演的内容《研究国故的方法》，事实上也表达了该刊物以及北京高师国文学会对于胡适所倡导的以科学态度研究中国古代资料的研究范式的认同。除此之外，这一期期刊的内容正如朱自清所言，不仅包括纯文学，而且涉及历史、哲学等内容，研究方法上也以考据为主。比如吴虞的《墨子的劳农主义》，汪震的《大学之哲学的研究》两文研究中国哲学；杨树达的《古书疑义举例补》，刘师培的《古书疑义举要补》，王道昌的《孙卿赋十篇考》《刘歆与今古文》，高克明的《三国六朝三玄之学考》等是考据的文章；张昆玉的《中国文学几项心理的说明》是关于文学批评方法的讨论；黎锦熙的《国语中基本语词的统计研究》是关于语言学的研究成果。

1931年1月，北平师范大学国文学会创立《师大国学丛刊》，替代20世纪20年代的《国文学会丛刊》。钱玄同、林损、孙蒗荃、易烈刚、邓秉钧、孙人和、任访秋、王泽浦、赵焕人等为主要撰稿人。该刊刊登内容以文学、文字学、中国哲学和历史等方面的研究为主，另外还有一部分国文学会师生的古典诗词创作。文学方面的代表作包括钱振东的《建安诸子文学的通性》《魏晋文学之时代背景》，任访秋的《近代文人取名多得自楚辞》《东西洋文学中之恋爱观》，等等，通过对不同时代文学的探讨，既展现了中国五千年文学的纵向发展，也结合西方文学进行了横向分析。此外，文字学方面的内容也不在少数，比如钱玄同的《古音无"邪"纽证》，王云渠的《古代中国文法上的"予""我""吾"》，赵焕人的《中国文字学之历史观与今后研究之新途径》等。诗词方面的文章如孙蒗荃的《词：桃源忆故人》，骆鸿凯的《楚辞章句征引楚语考》，吴其作的《唐代词坛的鸟瞰》等。史哲类文章包括易烈刚的《书墨子兼爱后》，靳德峻的《史记名称之由来及其体例之商榷》，王正已的《中国古代哲学思想的发生》等。

燕京大学国文学会会刊《文学年报》创办于1932年，以研究和介绍中国历代文学作品和作家为主，并有部分译文介绍外国学者对中国文学的研究情况。该刊的作者以学者为主，阵容颇为强大。以1937年的第3期为例，重要的文章包括胡适的《再谈关汉卿的年代》，闻一多的《释朱》，钱穆的《庐陵学案别录：宋元学案别录之一》，王力的《双声迭韵的应用及其流弊》，郭绍虞的《文笔再辨》，陈梦家的《祖庙与神主之起源：释且宜祖宗佑祊示室等字》，陆侃如的《楚辞补说》，（日）青木正儿、顾随、魏建功、赵景深的《关于"南戏拾遗"的几封信》，（瑞）高本汉（Karlgren B.）作、朱炳荪译的《论周颂的韵》，（德）弗朗克（Franke O.）作、朱炳荪译的《中国的封建制度》，（德）耶捷（Jager F.）作、朱炳荪译的《德国"支那学"的现状》。由该期的主要文章可见，燕京大学国文学会会刊《文学年报》以研究文章为主，文学创作作品很少，这些文章不仅包括文学研究方面的，还涉及史学、音韵学、文字学等内容。

与上述以"国故"研究为主要内容的北平师大国文学会和燕京大学国文学会会刊相比，清华大学中国文学会的会刊则是以发表新旧文学创作为核心，刊登诗歌、戏剧、小说等文学作品，兼有部分中国文学评论和研究文章。其中，文学创作作者以学生为主，文学研究则兼顾教师和学生。该刊创刊于1931年4月，初名《清华中国文学会月刊》。这一时期研究与创作并重，新旧文学并重。第2卷第1期起改名为《文学月刊》，内容以新文学创作为主。尽管这一时期清华大学中国文学会以创造新文学为宗旨，但是其早期会刊上的研究类文章仍然是以知识性的考据为核心研究方法的。如陈寅恪发表在第1卷第1期的《庾信哀江南赋与杜甫咏情古迹诗》和发表于第1卷第3期的《蓟丘之植植于汶篁之最简易解释》，俞平伯发表于第1卷第1期的《东京梦华录所载说话人的姓名问题》和发表于第1卷第3期的《论清真荔枝香近第二有无脱误》都属于考证性的研究文章，强调对于文学作品中史实性内容的考证。

　　上述各校国文学会会刊对于"国故"研究和偏重知识的考据式文章的青睐，是20世纪30年代中国的大学文学教育日益专业化和学术化的表现之一。当时有论者指出，这一时期所谓"科学方法整理国故"运动"流风余韵"相沿未衰，而且在"古色古香的旧都"，正有"方兴未艾之势"。其时"所谓'国学'，大有考据之学统一义理词章的形势，讲中国哲学史和文学史的大都注意于各家事迹，年代，以及原著的版本训诂之类，而对于思想和文艺上本身价值的批评反不甚注意。这现象在中国文学方面表现得尤其显著。有时大学校的国文系简直可以称为中国历史语言学系；而坊间关于中国文学的出版物亦大多可以作为历史读的"。①

　　中国传统的人文学术，主要分为义理、考据和辞章等几个领域。文学研究一般被视为辞章之学，传统的教学方法以涵泳诵读为主。学者季剑青指出，在中国文学教育向现代转型的过程之中，这种涵泳诵读的传统教学方法，往往很难转化为"有效的现代知识"。② 所以，即使一些学者和教授开始在传统的哲学、历史研究之外关注到文学鉴赏这一领域，但是学术体制对于专业化和科学化的追求，使他们不得不依赖于考据的研究手段，最后走上"以考据治鉴赏"的文学研究和教学之路。③

　　传统文学尚且需要做历史化和考据化的处理才能进入大学国文系的教学视野，作为新兴现象的新文学就更加欠缺进入以专业化和学术化为旨归的高等院校国文系课程中的机会。通过上述的课堂教学模式以及国文学会会刊这样的公开研究媒介的双重强调和引导，北平各大学国文系培养出的学生很多致力于对传统"国故"的考据式研究，真

---

① 中：《考据漫话》，《国立北平图书馆读书月刊》第1卷10号，1932年7月10日。
② 季剑青：《北平的大学教育与文学生产：1928—1937》，北京大学出版社2011年版，第23页。
③ 季剑青：《北平的大学教育与文学生产：1928—1937》，北京大学出版社2011年版，第23页。

正致力于文学创作与文学鉴赏的学生反而有可能无法得到主流观点的认可。①

三 新文学的发展空间

在1928年至1937年北平各大学国文学会组织的活动中，有一部分涉及新文学的内容。其中以鲁迅北上探亲时在几所大学的演讲最为典型。1929年5月22日，鲁迅受燕京大学国文学会邀请，发表题为《现今的新文学的概观》的演讲。鲁迅在这一演讲中指出，在中国的新文学界，人们"知道得太不多"，并且帮助人们了解新文学的"知识材料"太少。他指出当时比较具有代表性的理论，有梁实秋介绍的白璧德，徐志摩介绍的泰戈尔、曼殊斐儿，胡适介绍的杜威，以及创造社介绍的革命文学。不过"附和的，创作的很有，研究的却不多，直到现在，还是给几个出题目的人们圈了起来"。无论是所谓的小资产阶级文学，还是革命文学，抑或是无产阶级文学，在鲁迅看来都"仅仅是题目"，并没有真正的成果。鲁迅认为，要真正明白中国的新文学，必须要"多看外国书"，因而鼓励燕京大学国文学会的学生们"多阅读新兴文学的英文书或者英译书，再多看些别国的理论和作品后，再来估量中国的新文艺"，并且希望燕京大学的同学能够凭借他们在外语方面的优势，将外国的文学书和理论书"绍介到中国来"，因为"翻译并不比随便的创作容易，然而于新文学的发展却更有功，于大家更有益"。②

5月29日晚，鲁迅受到北京大学国文学会邀请，前往北大二院演讲。这次演讲的内容与在燕京大学演讲的类似，前往聆听者多达千余人。鲁迅在写给许广平的信里说道："大约北平寂寞已久，所以学生们很以这类

---

① 季剑青：《北平的大学教育与文学生产：1928—1937》，北京大学出版社2011年版，第22—23页。
② 本段引文与论述参见鲁迅讲演，吴世昌记录《现今的新文学的概观——五月二十二日鲁迅在燕京大学国文学会讲》，原载《未名》第2卷第8期，1929年5月25日，见《鲁迅全集》第4卷，人民文学出版社2005年，第136—142页。

事为新鲜了。"① 从听讲人数来看,这一时期在北平对于新文学和鲁迅这样的新文学导师感兴趣的学生仍然不少。通过演讲的内容,我们可以体察鲁迅对于这一代文学青年了解新文学的要求。他认为上一代人虽然引进了一部分西方的文学和社会理论,但是往往只是一些"题目",而缺乏深入的研究。在新文化运动十年之后,回到北平的大学校园中的鲁迅开始更加注重强调新文学知识的和研究的一面。他希望这一时期大学校园中的文学青年们能够摆脱前一时期的"附和""创作",而多阅读外国的理论和作品,或者亲自翻译和引进外国的著作,为新文学的发展提供知识的基础。

由于杨振声和朱自清两位中国文学系主持者的倡导,这一时期北平的大学中,以清华大学中国文学系最为注重新文学的价值。就清华大学中国文学会的活动而言,其1933年上半年的课外研究计划由中国文学系主任兼中国文学会学术股负责人朱自清拟定,内容如下:

三月三十日	新诗与音乐	林庚主席（讨论）
四月十三日	未定	杨振声先生（讲演）
二十七日	读书报告	李嘉言 徐世瑛 郭清寰
未定	未定	钱穆先生（讲演）
五月二十五日	大众文学问题	吴组襄主席（讨论）
未定	未定	顾随先生（讲演）②

清华大学中国文学会两位学生主席林庚和吴组襄（即吴组缃,笔者注）组织的学术讨论都是与新文学有关的,前者讨论新诗与音乐,后者讨论大众文学问题。可见清华中国文学会是鼓励学生一起讨论和研究新

---

① 鲁迅:《两地书·一三二》(1929年5月29日),载《鲁迅全集》第11卷,人民文学出版社2005年版,第316页。
② 《中国文学会课外研究》,《清华副刊》第39卷第4期,1933年4月5日。

文学的。

此外，此前担任清华中文系主任的杨振声[①]也被邀请回来为中国文学会的学生们演讲。其在题为《今日中国文学的责任》[②]的演讲中强调了中国文学与国家民族建设的重要关系，认为文学具有塑造国魂、培养国民的重要作用。在演讲开始，杨振声就指出了当时的中国面临一系列历史困境："政治的腐败，军阀的割据，经济的破产，民族的堕落，内乱的无办法，外患的不抵抗。"他认为，面对这些严峻的内忧外患，文学似乎失去了发挥历史作用的"舞台"，但是事实上，"中国何以乃有今日"，在他看来文学是要在政治、经济、军事、外交等方面之外"负一部分责任"的。文学通过情感的刺激和思想的影响而生成物质环境之外的精神环境。而杨振声认为，中国当时主要的文学作品不外乎"谈神怪剑侠的""黑幕大观与侦探小说""奸险小说""柔情文学""中国诗"等，这些创作在杨振声看来只能培养文弱的精神风气，而不能产生出健全的近代国民，只能增加人们的个人意识，而不能激发读者的家国情怀。因而必须打破传统的过于黑幕和柔性的文学，取而代之记载当下的文学，关心更复杂的社会现实，采用更丰富的文学表达技巧，对于中国旧文学和西方新文学兼收并蓄。他慷慨陈词："今日的文学得负起一部分责任来寻求中国的新生命。打破旧日一切的迷信，奸险与轻薄，创造一个勇敢，光明健壮的新国魂。"[③]

杨振声在这次演讲中所提到的"今日的中国文学"，事实上正是他此前担任清华中文系主任时倡导的"时代的新文学"。其对于新文学的强调所顺应的乃是五四时期形成的文学的社会责任意识。中国新文学在诞生时期的特点之一是与新文化运动的相伴相生，从而一开始就起到干预社会、改造国民性的"启蒙"作用。其另一不可忽视的特点即与大学的密

---

① 1930年6月，经蔡元培先生推荐，杨振声出任国立青岛大学第一任校长。参见杨起、王荣禧《为传播五四精神而奋斗不息——追思家父杨振声的一生》，载李宗刚、谢慧聪选编《杨振声研究资料选编》，山东人民出版社2016年版，第6页。
② 《中国文学会讲演》，《清华副刊》第39卷第5/6期，1933年4月16日。
③ 杨振声：《今日中国文学的责任》，《国闻周报》第11卷第1期，1934年1月1日。

切关系，中国新文学最初的潮流可以说是由北京大学为首的各地大学和大学中的新文化教员、青年学生共同参与和推进的。大学为新文学的创作和传播提供了生产者、接受者和基本的文化空间。作为五四时期北京大学的学生，杨振声和朱自清秉承的"文学救国"的逻辑在20世纪30年代的文学教育实践中仍然有所延续。他们提出借由大学国文系发展新文学，在一定程度上与30年代中国大学国文系中过分学术化和专业化的倾向形成了对抗关系。

朱自清曾经在《清华周刊》上介绍中国文学系时，为清华注重新文学进行辩护。他写道：

> 有人说大学不能研究当代文学，也不能提倡创造。因为当代文学还没有经过时间的淘汰，沙里拣金是很不经济的；而创造须有丰富的变化的生活，沉寂的，单调的，重智的大学是不会供给各种感兴的。他们说提倡创造的人，在古代是帝王达官贵人，在现代该是社会；大学自始并没有准备这种力量。这些话是以欧美大学为标准，当然有不少的理由。但"我们这个时代"的中国大学，却似乎不应用这样严格的标准。请看看，新文学是谁提倡起来的？不就是北京大学的几位教授么？现在中国社会还未上轨道，大学是最高的学术机关，她有领导社会的责任与力量。创造新文学的使命，她不容辞地该分担着。所以无论当代作品怎样不济，我们的大学生费一些时间去研究，决不是不值得的。他可以批评，他可以借鉴，这样促进新文学的发展。至于大学生活的缺少感兴，诚然不错；但大学生也不是全然与社会隔绝的人。他未尝没有种种观察与获取感兴的机会。况我们也不敢希望他在学时代就成功一个作家，这里只想给他打好基础，并启发他的才性而已。①

---

① 朱自清：《中国文学系概况》，《清华周刊》第35卷第11/12期，1931年6月1日。

基于上述对于新文学"新国民"的重要作用，杨振声和朱自清认为应当在大学中国文学系发展新文学研究和创作的传统。这样的理念也体现在他们对清华大学中文系具体的办学目标和课程规划上。针对当时不同大学国文系在教学上侧重于校雠目录之学、语言文字之学以及文学史等不同的研究倾向，杨振声在清华大学中国文学会的成立大会上反思了上述知识取向的"非文学性"，并且提出"创造我们这个时代的新文学"的学科宗旨。在此基础上，他规划了清华大学中国文学系的基本课程：

> 至于课程依着年级分配，第一年是普通科学，及历史的根柢，特别是中国文学史，先给大家开一个路径。第二年第三年是泛滥于各体的研究，如上古文，汉魏六朝文，唐宋至近代文，诗，赋，词，曲，小说以至新文学等都于此二年中养成普通的知识。文字学，音韵学列在二年之始，是为必须有了这类的工具，才能研究诗赋词曲及韵文。到了第四年，大家对于文学的各体都亲炙了，再贯以中国文学批评史。对于中外文学都造成相当的概念了，再证之以中外比较文学。对于某家或某体文学养成相当的倾向了，再深之一文学专家研究。这就是排别次第的根据。①

杨振声的文学教育理念中包含着几个不同的层次。首先，其强调的是文学本体的重要性，也即对于"上古文，汉魏六朝文，唐宋至近代文，诗，赋，词，曲，小说以至新文学"的阅读和了解。其次，在明确了文学研究的本体的同时，当时被很多大学国文系视为文学研究重点的文字学、音韵学、目录学以及中国文学史乃至中国历史等知识，则是文学研究的方法和背景知识，学生需要掌握这些从而辅助他们深入对中国文学

---

① 郝御风：《清华中国文学会有史之第一页》，《国立清华大学校刊》第22号，1928年11月9日。

的研究。这也直接将文学研究的重点从考据和文学史梳理导向了文学批评这一更为涉及文学审美本体的研究方式。最后，对于"新文学"的强调、对于中国古代文学和中外比较文学的涉猎，又在他的中国文学学科构想中增加了为"创造这个时代的新文学"作铺垫的作用。杨振声认为，创造中国新文学的知识来源，一是研究中国的旧文学，二是参考外国的新文学。他强调"我们文学上所用的语言文字是中国的，我们文学里所表现的生活，社会，家庭，人物是中国的。我们文学所发扬的精神，气质，格调，思想，也是中国的"。因而，必须要研究中国的旧文学。而外国文学可以为中国文学研究提供营养，他主张"对于人家表现艺术——文学大部分是表现艺术——的进步，结构技能的精巧，批评艺术的理论，最少也应当研究研究，与我们自己的东西比较一下"，从而"可以舍短取长，增进我们创造自己的文学的工具"。

朱自清1931年在《清华周刊》上介绍中国文学系概况时指出，要创造新文学，也还是得研究旧文学。系里的课程，还是旧的方面占大部分；新的只有当代比较文学、中国新文学研究、新文学习作（高级作文的一部分）三种。此外，朱自清强调习作的重要性，主张加重分量，设为必修科。他同时指出，必修科中设有西洋文学概要及西洋文学专集研究两科，则是为了学生们参考外国文学。朱自清承认，"人的才分不同，趋向各异，本系的同学也可以有不能或不愿从事新文学，却喜爱研究旧文学的人"。但是他希望清华大学中文系的学生能够朝着新文学的方向努力，将创造新文学当作"时代的重大使命"。[①]

如果说鲁迅的演讲主要是从新文学内部以及大学生的学术研究的角度来立论，强调以研究的态度探索新文学的知识基础，促进中国新文学的长远发展，那么杨振声和朱自清关于新文学的诸种阐述和主张则进一步指向了新文学的社会责任和时代使命。他们将清华大学中国文学系的

[①] 本段引文见朱自清《中国文学系概况》，《清华周刊》第35卷第11/12期，1931年6月1日。

发展宗旨确定为"创造时代的新文学",首先着眼于通过清华中文系的教育增加学生们对于新文学的了解,并且希望学生通过与社会现实密切相关的新文学而关怀国家和社会的诸多问题。其次,他们更是希望学生们通过借鉴中国旧文学和外国文学,创造出真正属于这个时代的新文学,由此带动整个民族精神层面的进步,从而达到塑造"新国魂"的目的。这样的要求和期待已经溢出了大学关于学术和专业的要求,而致力于通过在文学教育中引入新文学,将学生的关注视域扩展至校园之外的社会和国家民族的发展问题上。其所延续的是一种五四时期以文化干预现实的思路,并且将希望和期待寄托于中国文学系的学生身上,从而为他们的文学教育接受赋予了更多的社会现实意义。

第四章

后五四时代北平大学生的社会实践

中国近现代史上，学生群体的活动空间从清末开始就不只在学堂里、课室中。他们往往越出知识和学术的接受者和生产者的角色，承担着"启蒙者""革命者"等介入社会变革的责任。[1] 到了五四时期，学生们干预和介入社会各项事务的热情达到一个新高度，但五四青年的老师辈们却从教育和学术本位的角度开始反思"救国"对于"读书"的负面影响。[2]

20世纪30年代的中国大学生与他们的五四前辈比，在整体上已然显现了非常不同的精神风貌。五四一代那种参与历史、变革社会的主体性和独立性，对于30年代的大学生来说，无论从客观上还是主观上，几乎都不可能达成。经历了大革命中复杂的现实，以及不同政治势力的左右和意识形态的争论，很多青年学子在思想上和心理上感受到的是茅盾小说所描述的那种"动摇"与"幻灭"。而20世纪30年代初期国内环境的不稳定，更加剧了他们寻找个人出路的困难。这一时期，中国遭受自然灾害和经济危机，"农村破产"的说法充斥报章，日军侵占东北，又不断

---

[1] 参见桑兵《晚清学堂学生与社会变迁》，广西师范大学出版社2007年版；[美]周策纵《五四运动史》，陈永明等译，岳麓书社1999年版。

[2] 参见罗志田《课业与救国：从老师辈的即时观察认识"五四"的丰富性》，《近代史研究》2010年第3期。

侵扰着华北。平津地区的报纸上，时常刊登关于大学生"苦闷"和青年学生自杀的报道与讨论。①

这些文章往往将大学生的"苦闷"和"自杀"与整个社会的政治、经济、文化危机联系起来，赋予大学生生存问题以一系列社会意义。比如1931年发表在天津《益世报》的一篇《社论：由青年自杀之所感》，由数月以来平津青年的数起自杀事件谈起，指出20世纪30年代青年学生的自杀主要出于物质和精神方面都找不到出路的双重苦闷。就物质层面而言，当时整个国家的经济畸形发展，失业严重，劣绅、地痞、政客等勾结谋取不正当之财，安分守己者反被排斥于正轨之外。加上社会组织和经济组织的不完备，专门人才缺乏用武之地，很多学校的学生只是混文凭，认真读书者反而欠缺充足的就业机会和社会上升途径。精神层面，从社会组织到家庭组织的传统生活秩序处于剧烈变动之中，传统的道德失去说服力，新的政治制度和社会制度又不能满足学生的思想期待，外来的理论不能完全适应中国的国情。因而，学生在求学、谋生、爱国、养亲、恋爱、革命、做官各方面都充满了苦闷，最终导致青年自杀成为一个社会性现象。②该文为读者描述的20世纪30年代的大学生形象，是一个面对社会现实苦闷无助又无法找到精神寄托的极为被动的形象。其虽然不能代表当时所有的学生，但是在一定程度上反映了这一时期大学生群体所要面对的一种普遍性的现实和思想困境。

对于青年学生的现实困境，提倡三民主义的国民党、宣传社会主义的共产党以及部分自由主义学院派教授，都试图凭借各自的方式引导学生的思想和行动。随着1931年"九一八"事变爆发，日本侵占东北，反

---

① 比如，振文：《青年苦闷的分析》，天津《益世报》1933年6月8日第12版；笙：《大学毕业生的苦闷》，《世界日报》1935年6月26日第10版；水心：《一个大学生的苦闷》，《世界日报》1935年8月30日第10版；《苦闷的共鸣》，《世界日报》1935年8月30日第10版；蒋启明：《青年人与苦闷》，《清华副刊》第45卷第7期，1936年；《社论：青年自杀之心理救济》，天津《益世报》1931年6月5日第2版；《社论：青年自杀与现代教育》，《世界日报》1935年5月8日第3版；等等。

② 《社论：由青年自杀之所感》，天津《益世报》1931年5月30日第2版。

帝国主义的民族主义作为一种思潮和情绪深刻地影响着学生的思想倾向。面对国民党政府对于日本侵略行为的犹豫和退缩态度，以及学院派教授对于学生运动影响正常教育秩序的批评，北平的大学生群体日益走向中国共产党及其左翼思想。以革命、阶级、组织等为核心概念的左翼理论，通过整合从知识思想到集体行动再到个人生活的全套革命思想资源和个人成长蓝图，为一部分苦闷的大学生提供了一种具有理论说服力和实践可行性的指导方法。① 左翼思想与民族危机激发的民族主义思潮汇流产生了巨大的现实影响力。1931年"九一八"事变之后，随着民族危机在中国北方地区的日渐严峻，无论是直接参与爱国运动的学生，还是一心读书的学生，抑或是沉迷于都市逸乐的学生，都被吸纳到民族救亡的浪潮中，以向心或者离心的方式受到其现实的影响。1935年"一二·九"运动的爆发和推进，一个重大的历史结果是进一步推动了学生力量与中国共产党的政治力量结合在一起。毛泽东指出，"一二·九"运动为抗日战争准备了思想、人心和干部。②

本章将在上述社会和思想背景下，考察20世纪30年代北平大学生的社会实践活动，从颇具启蒙色彩的社会调查和社会服务谈起，进一步探讨北平的大学生如何在民族危机的境况下转向救亡的爱国运动。

第一节　作为启蒙的社会调查与社会服务

"服务社会"是中国近代大学理念中强调大学与社会关系的非常重要

---

① 王汎森在研究近代中国思想中的"主义"时强调，其既是国家的与民族的，同时也是人生观的与日常生活领域的。他指出，20世纪20年代后各种主义的推广策略在于"把日常生活的烦闷、挫折、愤怒转喻成国家的命运"，"主义调动各种零散的资源，形成共同行动，使普遍的个人挫折转换成强大的社会力量，最终使个人的出路与国家民族的出路合而为一"。王汎森：《"烦闷"的本质是什么——"主义"与中国近代私人领域的政治化》，《知识分子论丛》第13辑，上海人民出版社2015年版。
② 毛泽东：《一二九运动的伟大意义》（1939年12月9日），载《毛泽东选集》第2卷，人民出版社1993年版，第251—252页。

的一个领域。由此形成的大学师生研究社会、服务平民的学术和社会实践传统，一方面可追溯至20世纪初以燕京大学前身的汇文、协和等教会学校为中心的基督教青年会开展的一系列社会活动，其中既包括社会调查等北京社会研究工作，也包括宣讲、义塾等教育普及工作；① 另一方面，五四前后教育救国的思潮以及杜威平民主义教育思想在中国的传播，进一步促进了北京大学、北京师范大学等北京高等院校将平民教育作为一项重要的事业开展起来。②

五四之后，随着学生运动和民众运动的落潮，蔡元培、胡适等人提出回到"社会服务"和"学生活动"的倡议，得到校园中大部分学生的认可。蔡元培将平民教育视为"五四后的唯一好结果"③，他希望学生不要"专为政治运动，能动不能静"，而要以"研究学理"同时"养成博爱人类的心情，服务社会的习惯"为主要责任。④ 胡适与蒋梦麟在《晨报》"五四纪念增刊"上联名发表了《我们对于学生的希望》一文，将"平民夜校""通俗讲演""破除迷信""改良风俗"的事业，归类为学生"社会服务的生活"，并提出"希望今后的学生继续推广这种社会服务的事业"。他们认为，这种社会服务的事业是救国的根本办法，其是以学生的能力做得到的，既可以发展学生自己的学问与才干，也可以训练学生待人接物的经验。⑤

蔡元培和胡适、蒋梦麟解释学生社会服务的理路，显然是一种站在学院内部、强调研究社会、循序渐进改良社会的启蒙主义思路。事实上，经历了20年代中后期政治势力对思想文化界的挤压，五四时期并肩作战的知识分子群体已经分化。致力于革命斗争的知识分子南下广州、武汉、

---

① 阎明：《一门学科与一个时代：社会学在中国》，清华大学出版社2004年版，第11—16页。
② 参见陈尔杰《民国北京"平民教育"的渊源与兴起（1912—1920）》，博士学位论文，北京大学，2012年。
③ 蔡元培：《话别会演说词》，《北京大学日刊》第724号，1920年10月23日。
④ 蔡元培：《开学训词》，《北京大学日刊》第443号，1919年9月22日。
⑤ 胡适、蒋梦麟：《我们对于学生的希望》，北平《晨报》1920年5月4日。

上海，开展更为实际的革命思想和实践工作；而一些坚持文化建设的知识分子在一番摇摆之后选择了北平的大学校园以及报纸杂志，并且引导他们身边的青年学子共同致力于学术和文化事业。鲁迅称这一时期栖居北平的京派文人是"官的帮闲"，① 很大的原因在于这些人主要是身处大学校园的学者学生，是受到国家教育体系供养的知识精英。虽然仍然保留了学院知识分子的身份，但是这一时期在这一群体之中，思想文化救国的有效性同样受到反思，对于社会现实的了解和接触在一部分人那里得到强调。

李景汉20世纪30年代在北平社会调查所和清华大学从事社会学研究及教学。他曾在一篇文章中阐述了其从事社会学工作的出发点："若要彻底的补救社会，断不能凭借任何一种舶来品的什么主义。解决社会问题的基础，在乎赤条条的事实，在乎烦琐复杂的事实。"② 这一时期，这些致力于社会学研究和民众教育的大学教授和学生将他们的眼光投向城市中像毛细血管一样的社会机构、人群，尤其是缺乏教育的人们，并且以亲身实践的方式走进城市发展的肌理和普通市民的日常生活之中，致力于调查城市和市民的实际生活状况，展开对失学市民的帮扶。这反映了这一群体的活动领域从思想文化层面向社会实践层面的进一步扩展。

一　进入城市空间的社会调查

20世纪20年代之后，李景汉、陈达、潘光旦、吴文藻、吴景超等一批留学国外专研社会学的学者陆续归国。为中国培养社会学人才、研究剧烈变动中的城乡社会成为他们迫切的愿望。到30年代，汇集了上述学者的燕京大学、清华大学和北平社会调查所成为全国社会学研究的

---

① 鲁迅：《"京派"与"海派"》，原载《申报·自由谈》1934年2月3日，见《鲁迅全集》第5卷，人民文学出版社2005年版，第453—454页。
② 李景汉：《北京拉车的苦工》，《现代评论》第3卷第62期，1926年2月13日。

重镇。① 社会学专业师生对北平城市社会的观察和研究借鉴西方的方法和思路，其特点之一是注重对研究对象的直接考察和接触。

燕京大学社会学系在30年代深受两位来此讲学的西方学者的理论观点影响，一位是1933年到访的美国芝加哥学派城市社会学奠基人罗伯特·派克（Robert Park），另一位是英国人类学功能学派创始人阿尔弗雷德·拉德克利夫-布朗（Alfred Radcliffe-Brown）。二者都倡导将研究原住民的人类学方法与研究城市生活的社会学方法结合在一起，直接影响了社区研究（Community Study）方法在燕京大学社会学系的流行。燕大这一时期的社会学培训强调研究者直接进入城市或乡村的不同生活区域中，观察不同人群的生活状态以及不同地区的文化风俗。② 据当时在这里就读的费孝通回忆：

> 派克不仅在班上讲解人类集体行为的性质、社区的结构，而且特别引起我们这些学生兴趣的是他亲自带领我们参观北京各种类别的居民区。这把我们带出了风光明媚的未名湖的世外桃源，看到了天桥的贫民窟，甚至八大胡同的红灯区，这真正打开了我们这些象牙塔中的小青年的眼界。世界上原来有和自己生活区别如此之甚的各种各样的生活模式和思想类型，真是个见所未见，闻所未闻的广阔天地。我们这辈学生真心感激他，把我们带出了书本，进入了活生生的现实世界。③

---

① 这一时期北平拥有燕京大学、清华大学两所设立社会学专业的大学，其中燕京大学是全国社会学专业的翘楚，清华大学的学术实力也在20世纪30年代领先全国，再加上1926年既已成立的北平社会调查研究所（成立时为中国教育文化基金董事会下设社会调查部，1929年独立成所），在社会学方面实力雄厚。其他城市的社会学系主要设立在私立的教会学校，如上海沪江大学、南京金陵大学，中央大学1927年设立社会学系，但是1934年将之取消，影响弱于北平地区院校。
② 吴文藻：《北方社会学发展杂忆》，《社会》1981年创刊号。
③ 费孝通：《略谈中国的社会学》，《高等教育研究》1993年第4期。

这虽然是费孝通在20世纪90年代回忆自己30年代学生时代最初进行社会学实践的情形,但我们仍然能从其相对冷静客观的语言表述中读出从象牙塔到贫民窟、红灯区,接触到不同于书本理论知识的北平城市空间和市民生活方式带给他的震撼感受,以及他对这种近距离观察研究对象的研究方法的认同。

清华大学于1928年创建社会学与人类学系,将社会学和人类学课程并教,同样强调学生在实地调查中直面研究对象。比如倪因心教授的"社会服务机关参观",要求学生每两到三星期参观北平或附近地区的生产、教育、公共卫生、公共治安、社会福利等社会服务机关,参观后作报告,并在班上讨论。① 李景汉教授的"高级社会调查"课程,以都市社会调查的实习为主,要求"凡关于与市民的接近,表格的填写,资料的搜集,以及种种取得事实必经之过程,均使各个学生得到充分的实地经验"。② 以1937年毕业生刘昌裔撰写的论文《北平市电影业调查》为例,其在李景汉的指导下,历时半年时间从北平市的电影管理机构收集材料,并且对各电影院进行分别访问,对于北平30年代电影院的分布、发展、检查、税捐等概况,以及十所电影院的位置、史略、组织、职工待遇、产权、设备、经费、观众、影片等做了详细的调查统计和综合分析,并且留下了相关的影像资料。③

虽然北平的社会学学者致力于通过实地考察获取对研究对象的直接印象和经验认知,但是其研究视角从一开始就受到从西方社会学舶来的研究主题和问题框架的限制。比如清华大学这一时期借鉴西方高校的社

---

① 《清华大学一览·文学院社会学系学程一览(民国二十五年至二十六年度)》,载清华大学校史研究室编《清华大学史料选编·第二卷(上)·国立清华大学时期(1928—1937)》,清华大学出版社1991年版,第353页。
② 《清华大学一览·文学院社会学系学程一览(民国二十五年至二十六年度)》,载清华大学校史研究室编《清华大学史料选编·第二卷(上)·国立清华大学时期(1928—1937)》,清华大学出版社1991年版,第354页。
③ 刘昌裔:《北平市电影业调查》,载葛兆光选编《学术薪火:三十年代清华大学人文社会学科毕业生论文选》,湖南教育出版社1998年版,第317—378页。

会学专业开设"都市社会学""家庭问题""劳工问题""人口问题"等课程,在知识层面引导学生们从上述方面去思考城市发展中的不同问题。① 燕京大学的社会学专业同样表现出将西方社会学框架套用在对中国本土社会的观察解释上的研究取向。这一时期燕大社会学系的毕业论文,往往是从家庭关系、社会群体、社会现象等西方社会学中惯常的研究主题切入对北平城市的考察,比如关于北平家庭关系的研究,关于北平女招待、学生、罪犯、贫户等不同社会群体的研究,以及关于北平慈善活动的讨论。②

从比较的视野来说,上述社会学学者从西方社会学理论和方法出发切入对北平城市社会的研究,与北平本地的学者从城市的地方历史传统出发考察城市地理空间变迁、地方风俗和市民日常生活的方方面面相比,无论是关注的视角还是得出的结论都有鲜明的差异。诸如余榮昌的《故都变迁记略》、金受申的"北京通"系列散文、齐如山的《故都三百六十行》等北平本地学者和文化人在20世纪30年代记述北京/北平城市生活的著作和文章,立足于城市本身的历史发展脉络介绍其空间变迁、职业传统以及日常文化,采取百科全书式的叙述模式,尽其所能叙述相关的各个方面和每一方面的历史渊源、发展现状。学者董玥认为,这是以一种碎片化的方式呈现封建帝制文化崩塌之后曾作为帝都的北京/北平的文化状况,其目的在于缅怀逝去的传统和保存历史记忆。③

但是,社会学学者们对于北平城市空间、不同人群、风俗和犯罪、贫困等城市问题的研究,是在源自西方的现代化城市理念和学术框架之

---

① 《清华大学一览·文学院社会学系学程一览(民国二十五年至二十六年度)》,载清华大学校史研究室编《清华大学史料选编·第二卷(上)·国立清华大学时期(1928—1937)》,清华大学出版社1991年版,第355—358页。

② 《燕大社会调查论文分类》,据北京大学图书馆藏燕京大学学位论文文库编制,转引自朱浒、赵丽《燕大社会调查与中国早期社会学本土化实践》,《北京社会科学》2006年第4期。

③ 董玥:《民国北京城:历史与怀旧》,生活·读书·新知三联书店2014年版,第282—286页。

下重新定义和归纳这一时期北平城市的诸多现象。他们致力于将这些在北平城市空间中发现的现象整合进一套现代社会学知识体系之中，从而上升到国家层面进行政策及管理层面的思考。[1] 比如通过考察北平的电影院状况，追问如何通过电影事业更好地开展国民教育；通过研究北平工人的收入问题，思考怎样改善国民的生活条件和物质水平。其背后有一种急于借鉴西方的方法解读中国本土问题的研究诉求和焦虑心理。这些社会学系师生对于西方社会学知识体系的直接移植与依赖，以及对于北平城市历史传统的忽视与隔阂，反映出他们在研究过程中调和西方理论知识与中国历史现实矛盾的困境。这也说明这一群体的身份定位指向的是国家知识精英，而非地方文化的关注者。

二　服务社会的民众学校

民众学校亦称平民学校，是20世纪30年代北平的大学生们与城市社会接触的另一窗口。北京大学、北平师范大学、清华大学、燕京大学等民众学校由校学生会组织建立，教师以学校学生为主，招生对象包括在大学服务的工友、社会上想要学文化的成人以及无钱入学的儿童。作为一种地方性的社会服务实践形式，北平公立大学的民众学校一般可以从市政府取得一定数量的办学经费。比如1930年的《北大学生会民众夜校简章》中，明确将市政府每月津贴列于经费来源之首，除此之外还有大学津贴和募捐。[2] 北平师范大学的经费同样来自三个方面，其一是教育局每月补助56元，其二是师大每月津贴10元，其三是学生杂费每生每学期1元。[3] 但是地方政府提供的教育津贴往往并不稳定，有时仅仅能发出一二成，[4] 因

---

[1] 董玥认为民国时期北平的社会学研究主要集中于对城市病的考察，这种研究方法和问题预设来自西方的社会学理论，其最终落脚点是政府或者说国家对于国民的控制和管理。参见董玥《民国北京城：历史与怀旧》，生活·读书·新知三联书店2014年版，第219—262页。
[2] 《北大学生会民众夜校简章》，《北大日刊》1930年1月8日第2版。
[3] 迟受义：《师大平民学校概况》，《师大月刊》第8期，1933年12月30日。
[4] 迟受义：《师大平民学校概况》，《师大月刊》第8期，1933年12月30日。

此各学校不得不缩紧开支，或者反复争取以及向所在大学师生募捐。① 除了要自筹经费，各大学民众学校的办学地点一般也要自行解决。北京大学和清华大学的民众学校都设在大学校园内，师大平民学校除了本校场地还借用了师大附属小学的教室和礼堂，燕京大学的平民学校单独设在一个有八家住户的大杂院里。②

尽管都以"增进民众知识"和"服务社会"为宗旨，但是在具体办学实践中，各大学并无统一标准，而是根据各自的设想以及入学民众的情况安排班级、设置课程。在实际操作层面，大学生们培养新国民的启蒙理想和北平民间社会的教育现实之间产生了巨大落差。其中最为典型的是清华大学，其在民众学校办学设想上非常全面，但是实施的效果极其有限。《清华大学民众学校章程》中指出，要通过文艺教育、生计教育、公民教育和卫生教育将清华校工以及大学附近的失学民众培养成健全的新国民。③ 在思想层面，清华民众学校注重在教学内外采取训育的方式，通过常识课"注重国耻事实之叙述"、在图书馆悬挂国耻地图及相关图画、演讲有关国家民族之故事等方式养成学生的民族思想与爱国观念。④ 由于民族危机日益严峻，诸如此类的举措在当时北平各大学的民众学校中十分普遍，比如北大民众学校安排学生学习党义课，⑤ 燕大民众学校的学生要学唱爱国歌曲。⑥ 在知识层面，清华民众学校的儿童教育近于

---

① 北京大学校报上多次刊登争取经费、教职工捐款、经费使用的相关新闻，见《北大民众夜校第一次校务会议》，《北大日刊》1929年12月12日第4版；《北大学生会民众夜校启事》，《北大日刊》1930年1月17日第3版；《民众夜校鸣谢启事》，《北大日刊》1930年1月20日第1版；《北大民众夜校五月份清单》，《北大日刊》1931年6月17日第4版；《北大民众学校十一月份账目报告表》，《北京大学日刊》1931年12月3日第4版。

② 《北大学生会民众夜校简章》，《北大日刊》1930年1月8日第2版；先声：《介绍清华民众学校》，《清华暑期周刊》第10卷第7/8期，1935年8月24日；学生自治会平教部：《民众学校近况》，《燕大周刊》第7卷第9期，1936年10月3日。

③ 《民众学校章程审核完竣》，《清华周刊副刊》第36卷第11期，1932年1月16日。

④ 《民众学校近况》，《清华副刊》第42卷第8期，1934年12月10日。

⑤ 《北大学生会民众夜校简章》，《北大日刊》1930年1月8日第2版；《北大附设民众夜校简章》，《北大日刊》1930年10月13日第2版。

⑥ 学生自治会平教部：《民众学校近况》，《燕大周刊》第7卷第9期，1936年10月3日。

一般的学校教育,成人班则在国文、算术、常识等课程之外设置了英语课,并且从1928年到1934年一直坚持开设。对近乎文盲的学校工友、人力车夫等群体专门开设英语课,这一设置暗示了清华民众学校办学者对新国民高标准文化素养的想象与执着。① 此外,清华民众学校提出劝禁校工吸烟饮酒的要求,试图在生活方式上影响学员。② 至此,对个人身体的管理也被纳入对新国民的预期之中。但是,脱离底层劳动者需求的诸种设想在现实层面上并不能得到认可。虽然清华民众学校面向全校校工和校外成人招生,但是1934年到课者仅为8人,足见学校成人班在现实中遭受的冷淡境遇。③ 儿童班因为与普通小学教学类似,人员相对比较稳定。④

这一时期,清华、北大、燕大等高校虽然都比较重视民众学校的开办和经营,时常在校报上发表相关的章程、新闻以及募集办学资金,但是往往在实践层面缺乏对教学环境、教学对象等的具体考量,而从理论预想出发进行课程设置或者学员分班。比如北大的民众夜校,所办教学种类无法稳定维持。1930年初开设了多种面向不同对象、教学内容差别也很大的班级,包括初级小学、高级小学、英文专修班、数学专修班、成人班、中等师范等。⑤ 到下一学年时,就主要保留初级小学、高级小学和师范班了。⑥ 燕大民众学校的班级分类比较无序,学生分为妇女班和儿童班,二者又分别按年龄分为两组,但是每组内部文化水平往往并不统一,既有识字的,也有不识字的,十分不利于实际教学。⑦ 相对而言,北平师大是这一时期北平各大学中创办平民学校最为成功者。其平

---

① 据《校工学校消息》,《国立清华大学校刊》第16期,1928年12月3日;《民众学校近况》,《清华副刊》第42卷第8期,1934年12月10日。
② 据《校工学校消息》,《国立清华大学校刊》第16期,1928年12月3日。
③ 《民众学校近况》,《清华副刊》第42卷第8期,1934年12月10日。
④ 《民众学校近况》,《清华副刊》第42卷第8期,1934年12月10日。
⑤ 《北大学生会民众夜校简章》,《北大日刊》1930年1月8日第2版。
⑥ 《北大附设民众夜校简章》,《北大日刊》1930年10月13日第2版。
⑦ 学生自治会平教部:《民众学校近况》,《燕大周刊》第7卷第9期,1936年10月3日。

民学校主要针对适龄儿童，师大学生将之作为自己开展教学实验的场所踊跃来此任教，如1934年共有教师134人。除了为平民学校的儿童进行日常授课，他们还通过安排儿童游艺室、儿童图书馆和部分运动设施促进学生的全面发展。师生的关系可谓非常融洽，即使老师离校或者学生离校后仍保持着书信联系，而且老师每年至少到每个学生家访问两次，和学生的家长也非常熟悉。[①] 师大平民学校的成功，一方面得益于师大学生在师范专业的优势，另一方面恐怕也因为这所免费大学中的学生出身贫寒者多，所以更加了解教学对象，也更能与城市平民家庭进行有效的沟通。

20世纪30年代，北平的民众学校延续了五四时期形成的服务平民的传统，但是这种对平民的服务是从知识分子的启蒙立场出发的。民众学校的办学者和教育者往往并不从地方社会的实际情况以及学生自身的需求着眼开展教学，而是从其对于新国民的想象出发，试图通过相关课程和活动打造具有一定文化素质和国民意识的学生。但是正如上述呈现的清华成人班人员稀少，北大、燕大的课程和班级安排也不甚合理，在理想和现实之间、在国家和地方之间，北平的大学生们试图通过民众教育与当地城市社会的对接在很多时候是错位的。

三 国家意识主导下的地方实践

观察上述20世纪30年代北平大学生开展的社会实践活动，无论是进入城市空间的社会调查还是服务社会的民众教育，都具有一个共同的特点，即这些在地方展开的实践活动都不是以其所在地方为本位的。这些实践者致力于通过在北平的社会调查去反思全国的城市建设问题，通过在北平的民众教育活动培育他们理想中的国家公民。出于建构一个新的民族国家和培养新国民的热切渴望，这种将地方实践上升到国家高度思

---

① 迟受义：《师大平民学校概况》，《师大月刊》第8期，1933年12月30日。

考的现象，自五四以来在中国知识分子的研究、创作和社会实践中并不鲜见。然而，上述20世纪30年代北平大学生的地方实践，不仅不以研究北平本地为落脚点，而且在研究过程中过于忽视了北平社会和北平市民的历史传统、现实需求以及主观能动性。北平的历史和现实状况在一定程度上被西方问题框架和国家视角遮蔽，北平市民的实际需求也在大学生们对新国民的想象中被部分消解和改写。北平不是与这些校园中的师生们休戚与共的城市，而是他们审视和改造的对象，是与他们的新思想、新方法格格不入的"他者"。对于国家视角的过分强调以及对于地方性的过度轻视影响了大学生们实践的有效性。

上述实践方式与北平大学生们所秉承的思想传统以及20世纪30年代的思想潮流有密切的关系。首先，就思想传统而言，这一时期致力于社会服务活动的大学生们仍然继承并坚持了五四时期知识分子的启蒙立场。他们对于自己认识社会、改造社会和教育民众的能力有一种自信，但是在地方实践中却陷入对宏大命题的空想，而以自己的设想去化约具体语境和具体问题。其次，就现实语境来说，20世纪30年代的中国不断受到外国势力侵扰，国家问题的重要性随着时间的推移不断上升。在这样的情境之下，学生们根本不可能离开国家问题而完全沉浸在学术研究之中。这一时期急于在社会学研究中借鉴西方框架看清中国问题，或者通过认为合理的方式开展民众教育培养新国民，也是他们对于国家民族问题的直接反应。

因此，虽然相对于五四一代知识分子更多着眼于发表言论和解放思想层面，20世纪30年代北平的一部分大学生们由思想文化建设进入了具体实践领域，并且确实产生了一些成果，但是他们仍然受到自身启蒙立场和国家知识精英研究视角的影响，而在很大程度上忽视了地方社会的历史性和特殊性，这一定程度上限制了他们进行地方实践所能达到的广度和深度。

第二节 民族救亡运动的兴起
——以燕京大学为考察中心

之所以选择以燕京大学为切入点考察这一时期北平大学生参与民族救亡运动的情况,原因在于这所大学的学生是"一二·九"运动最主要的发起和参与者。作为一个以民族主义思想为重要背景的爱国运动,其发起者是由西方教会资助和参与管理的大学。何以会出现如此现象?这与我们在第三章介绍的燕京大学的中国化进程有关。1929年12月,私立燕京大学的立案申请被教育部批准,成为南京国民政府时期中国高等教育的一部分。燕京大学的中国化,不仅是为了维持办学而采取的形式上的中国化,还是建立在全校大部分师生的民族主义认同这一思想基础上的。20世纪30年代,虽然教育部可以对燕京大学的课程进行管理,但是中国政府无权干预燕京大学学生的课外活动,于是燕京大学的学生开始利用学校处于城郊、校园相对封闭并且有美国势力保护、政府无权严密监控等优势,展开其民族主义活动。

一 "九一八"事变后学生民族意识的觉醒

"九一八"事变后,中日民族矛盾随着日本对中国东北的侵占以及对华北地区的侵扰而不断激化。由于北平是华北的政治中心,以及东北流亡学生的不断涌入,北平的大学生非常真切地感受到战争的威胁,由此升腾起强烈的爱国之心和民族危机意识。自"九一八"以来,北平的学生开始成立校内抗日组织,加强学生军训,创办宣传抗日的刊物,成立宣传队向北平市民和周边村民进行抗日宣传,并且成立团体南下南京国民政府抗议请愿。但是出于对学生运动不易控制以及担心敌对政党渗入的诸种考虑,南京国民政府也在民族危机日益上升的过程中,不断采取相关手段监控和打压学生的种种爱国行为,对于游行示威等活动更是极为警惕。到"一二·九"运动前夕,北平城区内各大学的学生活动都被严重压制,学生会组织和学生刊物的言论都受到管理和审查。反而是城区之外的燕京大学和清华大学以封闭校园和学术独立等理由为保护伞,日益成为学生抗日救亡运动的主力。"九一八"之后一部分进入北平各大学的东北旁听生,也成为日后北平学生抗日救亡活动中的领袖人物和积极分子,如燕京大学的张兆麐和黄华,后来成为"一二·九"运动的重要领导者。

1931年9月18日,日军炮轰沈阳城,进而侵占东北三省,即"九一八"事变。北平全市的学校学生由此展开一系列抗日救亡活动,燕京大学也是其中之一。9月21日,燕京大学召开全体学生大会,出席者800余人,大会决定全体同学一律臂缠书有"耻"字的黑纱;组织学生抗日委员会;组织对日经济绝交委员会。① 9月22日,燕京大学学生发表《燕京大学全体学生对日本侵占东北宣言》,希望南京国民政府"依顺民情,积极备战",并表达了燕大全体学生"誓以一死,为政府作后盾,为民族争存亡"的决心。② 国民政府教育部为了约束学生的爱国行为,于9月23日颁布《学生救国运动之要点》,允许学生课余外出演讲,并加紧军事训练,但是规定不得罢课。③

"九一八"事变后,燕京大学学生的抗日救亡活动主要由演讲宣传、军事训练、抵制日货和南下请愿这几个环节组成。这一时期,燕大全体男生参加军事训练,女生修习急救与看护。学生抗日委员会的活动形式之一是向北平城内的居民以及燕京大学周边的村民进行抗日宣传。宣传的主要成员是学生抗日委员会宣传队的学生。他们携带了用文言和白话两种不同文体写成的告民众书和抗日宣言共计两万份,在北平城

---

① 《全市学界齐起救亡》,《华北日报》1931年9月22日第6版。
② 《全市学生参加今日之市民大会》,《华北日报》1931年9月28日第6版。
③ 《教部指导学生救国运动》,《申报》1931年9月25日第10版。

内各街市和城外的西山香山等地轮流发放,并且进行了公开演讲。此外,他们还凭借教会学校学生的特殊身份,向欧美人士揭露日本的侵华行为。①

相对于北平城内或周边地区的抗日宣传,燕大学生抗日委员会还发起了更远距离的政府请愿活动。学者易社强指出,赴京请愿是"九一八"事变后学生民族主义活动中一个非常影响学生和政府关系的形式。② 由于国民政府南迁,北平的学生停止上课,跨越长途前往首都,来到政府机关门前,要求当局解释相关的政策。这一走出校园、完全打破日常教学秩序的行为,给学校以及政府都带来了巨大的压力。1931年11月27日,燕京大学学生抗日会因不满政府外交政策,即向学校当局要求停课请愿,学校不予通过,校长吴雷川劝阻无效向学校董事会辞职。后经教务长司徒雷登调解,决定停课一周,由学生赴京请愿。③ 11月28日下午,燕京请愿团190余人请愿途中又遭到北平市政府当局的阻拦,但是最终成行,④ 并与徐州学生请愿团一起,于12月2日分别前往南京中央党部和外交部请愿。⑤ 除了宣传和请愿,燕大对日经济绝交委员会还发起了抵制日货的一系列抗日行动。为劝阻国民使用日货,燕大对日经济绝交委员会成立多达390余人的纠察队,纠察平西一带的日货并进行封存。同时,委员会提倡国货,在燕大校园内举行国货展览,吸引了大批参观者。⑥ 12月7日,燕大恢复上课,学生们的抗日活动告一段落。

日本占领东北地区之后,将侵略的魔爪继续伸向华北。1933年1月,联结东北和华北的山海关失守,即榆关事变。其后六日,燕京大学学生

---

① 本段相关史实的具体时间、地点、活动详情,参见张德明《燕京大学对"九一八"事变的反应》,《党史研究与教学》2013年第2期。
② John Israel, *Student Nationalism in China*, 1927-1937, California: Stanford University Press, 1966, p.65.
③ 《燕大请愿团昨赴京》,《世界日报》1931年11月29日第7版。
④ 《燕大请愿团昨赴京》,《世界日报》1931年11月29日第7版。
⑤ 张德明:《燕京大学对"九一八"事变的反应》,《党史研究与教学》2013年第2期。
⑥ 张德明:《燕京大学对"九一八"事变的反应》,《党史研究与教学》2013年第2期。

认为战事紧张、平津危殆，于是召开全体大会议决全体进行救亡运动，并请求学校延期考试。学校当局未能允准，几经周折，最后于1933年1月11日宣布提前放假，让学生们可以参加救亡的紧急工作。燕大的一部分学生组织前线慰劳队，另一部分留校学生在学生抗日救国会的领导之下，与教职员抗日会通力合作，根据前线战士的需要，发起"万顶钢盔运动"、"万斤咸菜运动"、"棉衣运动"与"钢刀运动"。① 2月1日学校重新开学后，救国工作仍在继续。全校师生工友于3月初应全国红十字会之请，于三日之内制作卫生包33000余件并捐献，其后又继续加紧军事训练，举办国货展览，扩大国外宣传，帮同驻军挖筑近郊战壕，等等。② 尽管燕大的学生们热切地参与着一系列抗日救亡活动，期盼着中国军队在军事上的胜利，但是1933年5月31日，中日战事最后以中国妥协签订《塘沽协定》暂时中止，日本侵略者实现了划长城为界，在长城以南建立新控制区的目的。

总体而言，燕京大学学生在"九一八"事变后组织的诸多抗日救亡活动，虽然造成了短暂的停课，但是大致上未对学校教师和学生的正常教学和生活秩序产生很大的负面影响，师生在如何平衡"救国"和"读书"上也达成了共识。1932年2月，燕京大学教授洪煨莲在开学致辞中指出了经历过救国运动之后重新开学的双重意义：其一是为充满了恐慌、天天有人预备逃离和搬迁的北平城做一个表率，"无论精神上如何不痛快"，都不旷课、不逃避责任；其二是证明燕大人对于教书读书的分内责任以及爱公理、爱中国的抗日工作的双重坚持，让社会了解燕大的抗日工作是"辛勤劳苦的工作，是特别牺牲的工作，是有计划有系统有纪律的工作，是能持久不懈的工作，是研究学术与救国相符而行动的共识，是值得他们信任的工作"。③

---

① 侯仁之：《班史》，《燕大年刊》，1936年。
② 侯仁之：《班史》，《燕大年刊》，1936年。
③ 《燕京大学校刊》第5卷第22期，1932年，转引自侯仁之《班史》，《燕大年刊》，1936年。

当时正在燕京大学历史学院读书的侯仁之认为,这一时期的紧急救亡活动对于燕京大学的管理层、教师和学生们,都是一种"试炼"。其一方面考验着教师和学生们的爱国情感,另一方面也检验着师生对于他们本职的教书与读书这两项工作的态度。经历了从停课冲突到紧急救亡,再到重新开学的一系列变化,师生情感在考验中更为坚固。侯仁之在叙述班史的文章中描述的那种"既兴奋而又悲凉"的异样感觉,代表了民族危机初期一般学生的内心感受。

二 "一二·九"运动中的学生组织

1935年六七月间,国民政府与日本签订《秦土协定》和《何梅协定》。日本侵略者通过这两个协定控制了河北省、北平和天津两市及察哈尔省大部分的主权。在此基础上,日军加紧在华北五省策划形形色色的"自治"事件。1935年10月,在日本人的操纵下,河北省数十县先后发生"自治运动"。11月,河北成立"冀东防共自治委员会",通电宣布冀东22县脱离国民政府实行自治。1935年,日军代表向平津卫戍司令宋哲元提出《华北高度自治方案》,意在"使华北五省得到南京政府宗主权的认可,政治、外交、财政脱离南京政府",引起国民政府的激烈反应,于是改变为"以渐进方式"推动"华北自治运动"。11月26日,南京行政院召开紧急会议,决定撤销北平军分会,任命此前负责军分会的何应钦为行政院驻平办事长官,宋哲元为冀察绥靖主任。30日,蒋介石派何应钦北上执行。其方案的要点是:"如情势许可,即就行政院驻平办事长职",否则,"设立冀察政务委员会";其"组织以适合北方特殊形势为标准","绝对避免自治名义与独立形态"。最终,北平的形势使何应钦不得不放弃控制华北的方案,将华北大权交给宋哲元。征得日方同意后,何电请国民党中央批准,于8日召集会议,商议冀察政务委员会的组建。[①]

[①] 本段史实,参见曹子西主编,习五一、邓亦兵撰著《北京通史》第九卷,中国书店1994年版,第61—63页。

"一二·九"运动,在当时又被称为"十二九运动""十二月学生运动"。其由1935年11月日本人试图与华北地区亲日派发起华北自治运动,建立冀察政务委员会这一事端为肇始,激起北平大、中学校学生于1935年12月9日发动示威游行运动,并将其运动势能一直持续至1937年七七事变前后。在这一学生运动发展过程中,活动表现形式以及参与的学生的思想倾向随着时间和外部环境的改变而转化。该运动最重要的阶段主要是前面几个时期。第一期是从1935年的一二·九到一二·一六示威,是十二月运动的兴起期。第二期是从一二·一六以后的扩大宣传(以12月26日出发的清华自行车队南下宣传队开始),到1936年三三一的郭清追悼抬棺游行,是十二月运动的由盛而衰期。这一时期,平津各地学生拒绝派遣代表入京聆训后,政府当局接连公布了《维持治安紧急法令》(2月20日)以命令取缔平津学联(2月21日)。此后,又有军警于北平东北大学搜捕学生(2月23日)和到清华大学拘捕学生(2月29日)。第三期是从三三一游行到六一三反对日本向华北增兵,是十二月运动的沉默期。①

在"一二·九"运动中,一向以"贵族化"和"洋化"著称的燕京大学学生开始树立新的爱国形象。民族主义意识的崛起与迸发,同时伴随着对自身阶级身份的反思,以及思想和行动上的自我改造:

> 一二九以前,提起燕大来,总是"未名湖畔""姐妹楼前",以至各种和这些调和着的生活!地主,买办,资本家,军阀,官僚,一切落后阶层底儿女,在燕大集合的特别多于别校。他们底生活自然是配合着柳丝,波纹,轻盈,荡漾……
>
> 落后阶层底儿女们,本身没有什么社会基础,因此他们底意识是动摇的:他们会走到安逸的路上去;也会走到勇敢的路上去。然

---

① 王伯俞:《十二月学生运动之史的检讨》,《清华周刊》第45卷第2期,1936年11月8日。

而，客观的环境却决定了主观的发展，燕大同学走到勇敢的路上去的逐渐加多了。①

在"一二·九"学生运动中，燕京大学学生会发挥了非常重要的组织和联结作用。当时的燕京大学学生会主席张兆麐在《学生运动——燕大学生会的使命》②一文中，直接将学生会和学生运动联系起来，认为学生会的使命即是学生运动。在这篇文章中，他首先运用唯物主义的观点，概括了中国学生运动在时间和空间上的客观存在性。他指出，中国学生运动的时间始于"各帝国主义者勾结封建军阀政客，大规模向中国进行殖民侵略"；空间则是中国"这个封建没落、普遍文盲的幼稚民主国"。他认为学生运动是学生会的前身表现，并在这篇文章中大致勾勒了学生会自五四运动之后诞生、扩大，又在南京国民政府建立后受到压制，及至"一二·九"之后再次崛起的历程。我们不妨以这篇文章为线索，检视上述历程以及学生会与学生运动的关系。

根据学者周策纵的研究，五四时期，各个中等以上学校的学生组织由评议会和干事部两个部分组成，二者都是由各校学生自己选出的。③1919年5月6日，北京中等以上学校的学生在代表会上提出章程，成立了"北京中等以上学校学生联合会"，简称学联。北平学联也由两个部分组成，一是评议会（一说评议部），一是干事部。评议会由与会各学校（不管人数多寡）每校选举代表二人组成，设正副评议长各一人。评议会常会于每星期日举行一次，特别会无定期，必要时由评议长召集之。评议会负责决定学生联合会所有的方针和决议。至于评议会议决事项，关

---

① 王孝风：《一二九以来燕大学生在学运中的地位》，《燕大周刊》第7卷第6期，1936年6月24日。
② 张兆麐：《学生运动——燕大学生会的使命》，《燕大周刊》第6卷第3期，1935年10月25日。
③ 周予同：《过去了的五四》，《中学生》，1930年，载蔡晓舟、杨量工合编《五四》，北京，1919年，第62—63页；转引自［美］周策纵《五四运动史》，陈永明等译，岳麓书社1999年版，第182页。

于全体者，暂时委托国立北京大学的学生干事会代为执行；关于各校者，由各校代表转达各校学生干事会执行。后来干事部成立了，干事由各会员学校的学生团体选出。干事部分总务、庶务、会计、文书、新闻、交际六股。学生联合会的经费由"与会各学校学生分筹之"。学联会得由与会各校学生代表3/4以上出席，出席代表3/4以上同意解散之。周策纵认为，五四时期成立的北京市学联是中国第一个以城市为单位联合所有中等以上学校学生的永久组织。随后的几年内，在中国所有的重要城市里，北京学生联合会几乎变成了很多类似团体建立的模板。北京学生联合会的成立也促进了中华民国学生联合会的出现，而后者成为全国学生运动的大本营。[①] 从学校内部的学生会，到以城市为单位的学联，再到全国学联，学生会组织成为联结学生、形成思想凝聚力和学生运动动员力的关键所在。

南京国民政府成立之后，关于学生组织问题，国民党内一直有不同的声音和政策指向。一方以广州中山大学校长戴季陶和大学院院长蔡元培为代表，认为学生应该读书，学生组织应该完全"去政治化"。另一方是由陈果夫领导的国民党中央党部民众训练委员会，认为应训练学生组织从事政治活动。此外，国民党左派也在发动学生运动方面具有优势。1928年到1929年间政治力量重组过程中这三个因素（即民训会势力衰落，戴季陶的中央训练部实力相应加强，以及国民党非主流派积极争取学生支持者）不断互动，最终戴季陶—蔡元培的政策路线渐渐取得胜利。[②] 1929年10月，戴季陶主掌的中央训练部指责全国学生联合会组织不恰当，其选举程序不合常规，禁止其召开第十一次全国代表大会，同时宣布完全解散该会。1930年1月，国民党中央常务委员会颁布了《学

[①] 陈端志：《五四运动之史的评价》，上海，1936年，第237—238页；转引自［美］周策纵《五四运动史》，陈永明等译，岳麓书社1999年版，第182页。

[②] ［新加坡］黄坚立：《难展的双翼：中国国民党面对学生运动的困境与决策（1927—1949）》，商务印书馆2010年版，第77页。

生自治会组织大纲》。大纲规定中等以上各种学校在校内组织学生自治会，以三民主义促进智育、德育、体育、群育的发展。学生自治会的权力机关包括会员大会、代表会和干事会。专门学校以上学生自治会下设事务、学术二部，事务部分为文书股、庶务股、会计股、卫生股，学术部分为研究股、出版股、游艺股、体育股。这些部门将学生自治会的管辖和活动范围限定在与政治完全无关的方面。[1]

这一时期，南京国民政府取缔了全国学联，并且通过新的学生自治会组织办法的规定尽量将学生组织控制在校内，又进一步通过规定其负责的事务促使其"非政治化"。在"一二·九"前夕的北平，城内几乎没有一个大学保留正式的学生会。比如北京大学的学生会组织，根据当时北大的学生回忆，北大学生会自"九一八"后领导南下示威团结束既已中断。其后，成立过抗日救国会和学生自治会，但都因种种原因很快陷入停顿状态。左联、社联、世界语学会及读书会之类的组织在1933年下半年和1935年春末经历了被破坏——恢复——再被破坏的艰难历程。北大的中共地下党员和进步学生，或者被捕，或者逃亡。在元气损伤、组织破坏的情况下，学生会的重建工作受到影响。[2]

燕大学生会主席张兆麐指出，要继续以往的广大的学生运动史，"一定要把推进这个运动的原动力——学生会，加意组织起来，使之健全，活跃，实用"。他认为燕大学生会，无论在组织上、行政上，都算一个"健全的学生团体"，在过去的学生运动中也屡次参加，并担任学联中的重要职务。在学生运动处于"备受谋杀的恐怖时代"，燕大的学生会还照常存在，"不能不算是例外"。在"学生运动发源地的北京，现在差不多只剩下这硕果仅存的燕大学生会"，燕大人"不能不有所爱护，不能不有

---

[1] 《学生自治会组织大纲》，原载《教育杂志》第20卷第2号，1930年，见王学珍、张万仓编《北京高等教育文献资料选编（1861—1948）》，首都师范大学出版社2004年版，第622页。

[2] 孙思白主编，张泉田等执笔：《红楼风雨——北大"一二·九"历史回顾》，北京大学出版社1988年版，第28—29页。

所期望"。因此，他呼吁学校的九百名同学，要"共同维持这个学生会的主权之独立与完整"，"充分地发展它的威力和机能"。他指出，平时学生会主要是"给学生们在日常生活上，多谋福利，对于学术研究上，多加提倡"，遇到时机已到，则要利用学生会，"作学生运动发动机关，做到大学生在民族自救、民族解放中应尽的责任"。至于学校的教师和管理者，他认为应该"维护学生会的利益和合法性"。[1]

在"一二·九"运动前期的准备过程中，燕京大学学生会起到了重要的牵头作用。1935年10月底，由平津十校学生自治会代表在燕京大学贝公楼召开会议，并通过了向国民党四届六中全会呈请的《为抗日救国争自由宣言》。[2] 参加该会议的包括私立北平汇文中学、私立北平贝满女子中学、北平市立第一女子中学、河北省立女子师范学院、国立清华大学、国立北平师范大学、私立燕京大学、河北省立法商学院、私立天津中西女子中学、私立天津汇文中学这十所平津地区的大、中学校自治会。呈文于11月1日正式发表，要求政府"尊重约法精神，开放言论、集会、结社自由，禁止非法逮捕学生"。[3] 这篇呈文在当时的学生群体中获得了较为广泛的传播与讨论，因为它是在国民党严格控制各地学生组织和活动之后，最早发出的集体抗议。[4]

呈文发表后，燕大学生自治会致力于建立"北平市学生联合会"的组织。几天以后，在燕大第二食堂接待室召开了一次各校代表谈话会，决定推燕京大学、北平市立第一女子中学、北平艺文中学三校作"北平市学生联合会"的发起人。经过几度磋商，在11月18日开成第一次代表大会。由于学联的活动在当时是非法的，所以很多活动是在受到治外

---

[1] 本段引文见张兆麐《学生运动——燕大学生会的使命》，《燕大周刊》第6卷第3期，1935年10月25日。
[2] 陈絜：《学生会的两点特殊性》，《燕大周刊》第6卷第1期，1935年10月10日。
[3] 《平津十校学生自治会为抗日救国争自由宣言》（1935年11月1日），载孙敦恒等编《一二·九运动资料》第一辑，人民出版社1981年版，第82—84页。
[4] 王孝风：《一二九以来燕大学生在学运中的地位》，《燕大周刊》第7卷第6期，1936年6月24日。

法权保护的燕京大学校园内组织的。学联就在侦缉队的环视下，秘密进行活动。① 12月6日，北平市学生联合会召开第二次会议，参会的是平津地区15所大、中学校的学生会，包括私立燕京大学学生自治会、国立清华大学学生自治会、国立北平师范大学各班代表联合会、国立东北大学级长会、国立北平大学法商学院三院学生自治会、国立交通大学北平铁路管理学院学生自治会、国立北洋工学院学生自治会、私立朝阳学院学生自治会、私立华北学院学生自治会、河北省立法商学院学生自治会、河北省立工业学院学生自治会、北平市立第一女子中学学生自治会、私立北平今是中学学生自治会、私立北平艺文中学学生自治会、私立北平崇实中学学生自治会。这次会议首先正式宣布了北平市学生联合会的成立。成立宣言宣告：

> 我们是北平市大中小学的学生，在这种严重的环境之下，为了反对华北领土的分割，为了反对政府对华北的出卖，为了要联合全华北的民众，作伟大的民族革命战争，所以一致地联合起来，成立了这个学联会，在上月十八日召开了第一次代表大会。我们要贯彻我们自己的主张，我们要求全国的民众们，同我们站在一条战线上，共同为中华民族的解放而斗争！

此外，学生代表在会上提出了北平市学生联合会反对日本帝国主义吞并华北九大纲。② 他们还发布了一个联合通电，对于当时南京国民政府

---

① 王孝风：《一二九以来燕大学生在学运中的地位》，《燕大周刊》第7卷第6期，1936年6月24日。
② 大纲内容：(1) 反对分割中国领土的华北防共自治运动；(2) 反对一切屈服投降的秘密外交；(3) 争取言论出版集会结社及救国运动的绝对自由；(4) 立即停止内战，全国陆海空军总动员，对敌宣战；(5) 全国人民总动员，总武装，保卫华北，驱敌出境；(6) 成立民众武装自卫组织，领导中华民族革命战争；(7) 没收仇货及汉奸财产，充作抗日经费；(8) 成立中苏人民互助协定；(9) 联合全世界被压迫的民众，共同反对日本帝国主义！见孙敦恒等编《一二·九运动资料》第一辑，人民出版社1981年版，第89—90页。

"协调、忍耐"华北自治的诸种行为表示了强烈的不满,认为正是政府的不抵抗政策导致了东北地区的丧失,以及威胁华北的《塘沽协定》的签订,因此必须动员全国抵抗。在此基础上,通电提出四条请求:一是誓死反对"防共自治";二是请政府宣布对敌外交政策;三是使政府动员全国对敌抵抗;四是请政府切实解放人民言论、结社、集会之自由。①

时事的变动和国民党政府的妥协政策导致学生抗日救国行动一步步升级。12月8日,清华大学、中国大学、东北大学、女一中、北平大学、北平师范大学、师大女附中、民国大学、志成中学、汇文中学等学校代表来到燕京大学开会,为第二天的游行示威活动做准备。学生们讨论了如何向国民党军事委员会北平分会代理委员长何应钦请愿,布置了口号、行动策略和请愿的六条纲领,对游行时间、地点和路线都做了部署。② 会后,各校代表回校分头动员。燕大学生会大会在主席张兆麐的主持下,决定次日到北平城内游行。经过"一二·九"之后,北平市学联的组织日益完善。1935年12月10日,北平市学生联合会发布宣传大纲,12月11日,发布北平市各大、中学联合罢课宣言,12月16日发起第二次示威游行后,北平学联的组织系统已经完备,燕大担任了七个执委会之一。次年3月,北平学联的总部由女一中转到燕京大学。③

学者苏云峰指出,到1935年年底时,北平学联已成为平津学生的最高权力机关。④ 12月27日召开的慰劳大会,就是彰显其影响力的一个标志。到会者不下五六百人。其中有平津40余校代表221人,受伤学生33人,新闻记者和各校教授来宾49人。大会主席团由北京大学、燕京大学、中国大学三校代表担任。会场陈列着由学联及各地学生会赠

---

① 《北平各校通电》,《大众生活》第1卷第6期,1935年12月21日。
② 黄华:《亲历与见闻——黄华回忆录》,世界知识出版社2007年版,第7页。
③ 王孝风:《一二九以来燕大学生在学运中的地位》,《燕大周刊》第7卷第6期,1936年6月24日。
④ 苏云峰:《从清华学堂到清华大学,1928—1937:近代中国高等教育研究》,生活·读书·新知三联书店2001年版,第184页。

送的慰劳品和女生救护队赠送给受伤同学的鲜花,声势浩大。会议决定了七点今后方针:(1)有条件复课;(2)切实执行第四次代表大会决议案;(3)举行募捐运动;(4)努力教育自己;(5)扩大救国宣传;(6)募款为郑万建纪念碑;(7)在近期内成立华北学生联合会。① 北平各大学校长会议并未接受北平学联所提复课条件,但是学生们准备和政府部门及学校当局斗争到底。②

时任燕大学生会文书的陈絜在总结学生会特点的文章中指出,学生会具有两点特殊性,一是因代表全体学生利益,故学生会有时必须站在学校意旨的反面;二是学生运动常为社会和政治的环境所决定着,同时学生运动对于社会和政治也会有极大的影响。陈絜认为,这两个特殊性所给予学生会的启示是:保障学生自己的利益,学生群众要认清他们的环境和责任,向前程迈进。在他看来,"日常生活的改善""求知欲望的满足""言论的自由"这些方面固然值得学生会关注,但是,"躲不开的时代的威胁""受不了的帝国主义者的刀锋""忍不住的法西斯的毒氛"更加不应当被忽略。③ 显然,随着"一二·九"学生运动的发展壮大,由左翼学生主导的燕京大学学生会以及以其为代表的北平学生组织,已经将抗日救国、唤起民众、提醒政府的责任扛到了自己的肩上,甚至不惜与政府当局和学校师长站在对立的位置。

三 燕大校刊与抗日宣传

20 世纪 30 年代,中国的知识界和学生界普遍关注社会科学,尤其是左翼理论。从唯物主义到阶级观念,是当时流行的思想工具。我们在前文中已经介绍过,同情革命的学院派知识分子朱自清就曾经认为 1928 年

---

① 《平学联开慰劳大会》,天津《大公报》1935 年 12 月 28 日第 3 版。
② 《清华与师大遵部令放假,北大平大尚在努力复课,平津代表准备入京听训》,天津《大公报》1936 年 1 月 6 日第 3 版。
③ 陈絜:《学生会的两点特殊性》,《燕大周刊》第 6 卷第 1 期,1935 年 10 月 10 日。

后是"革命"的时代,自己作为小资产阶级已经落伍。而在上海读书的费孝通,则因为对当时流行的社会科学感兴趣,从东吴大学的医学预科转学到燕京大学学习社会学。

与此同时,国民党政府则试图通过其"三民主义教育"来"党化"学生,并出台了一系列文化方面的法令条例,严格限制出版和言论自由。在国民党执政之前,北洋政府时期的国家文化政策中,除了袁世凯当政期间推行"尊孔复礼"之外,大部分阶段都由蔡元培等教育家和知识分子主导,倡导兼容并包和以美育代宗教的教育思想。1927年国民党政府执政之后,由戴季陶在广州中山大学推行的三民主义教育(亦称为党化教育)逐渐通行于全国高等教育界。这一思想一是强调国民党在学生思想领域的领导权,二是强调中国传统的仁义道德。其最主要的措施,一是将三民主义课(又称党义课)设为各科共同必修课,二是通过总理纪念周、军训等仪式和训练培养学生的政治认同。但是根据学者的研究,三民主义课在大学中流于形式,① 总理纪念周也被用于讨论学校事务或作学术演讲,② 与国民党的初衷相去甚远。

除此之外,国民党政府上台后,于1928年出台《检查新闻条例》,1929年出台《宣传品审查条例》,1930年颁布《出版法》,1934年公布《书籍杂志审查办法》,规定各种新闻、出版品都必须接受政府相关部门的检查,对于文艺和社会科学方面的出版品要求尤为严格。凡被认为宣传共产主义及要求民主、抗日,不满于国民党统治者,一律禁止出版。据不完全统计,仅1934年被北平当局焚毁的书报即达一千余种。③

在上述背景之下,燕京大学作为外国教会支持的大学的优势得以体

---

① 参见金以林《近代中国大学研究(1895—1949)》,中央文献出版社2000年版,第204—206页。
② 参见张太原《〈独立评论〉与20世纪30年代的教育变革》,博士后出站报告,中山大学,2004年,第118—120页。
③ 曹子西主编,习五一、邓亦兵撰著:《北京通史》第九卷,中国书店1994年版,第59—60页。

现,其校内相对较少受到国民党新闻检查的限制,学生们可以通过《燕大周刊》《燕京新闻》《燕京大学校刊》等相对自由地介绍左翼思想、表达爱国情感、报道"一二·九"运动的实况。比如"一二·九"运动爆发后,七天出版一次的《燕大周刊》被认为不能及时反映运动发展的情况,临时改为三天出版一次的《十二九特刊》。该特刊从12月14日至次年1月28日,共出版了11期,登载了《告全国同学书》《一二·一六示威游行记》《下乡扩大宣传报告》等文章。其影响范围已经越出燕大校园,成为北平乃至其他城市的学生了解左翼理论和"一二·九"运动的重要媒介。本部分以相对《十二九特刊》更为日常的《燕大周刊》为重心,梳理其在"一二·九"时期办刊的重点讨论话题与修辞策略,探讨其在介绍学生运动、激发抗日情绪、批评国民政府等方面发挥的舆论作用。

《燕大周刊》1923年创刊于北京,由燕京大学校学生会负责编辑。早期的主要内容是公布学校的各种文告,发表本校师生的作品,交流学校生活感受。1935年5月,左派学生在燕京学生自治会的选举中获得胜利,由此接管了《燕大周刊》的编辑事务。1935年秋季以后的《燕大周刊》,采用新五号字铅印的十六开本,每7天出一期,每期30多页。其打破了该周刊此前以校内新闻和燕大师生学术、文艺作品为主要内容的编辑策略,而增加了很多介绍国内外时事、分析政治、外交政策和原理的文章,即使是介绍学生生活,也往往和社会现实联系起来。当时每一期《燕大周刊》的栏目,第一部分是两页的"时事短评",介绍一周以来的重要时事;第二部分的"论著"是一些以社会科学理论和政治社会分析为主的长篇专题文章;第三部分的"燕京讲坛"主要是讨论和学生相关的问题,比如学生会的性质和任务。此外,周刊还发表杂文、书评类的文章。对于周刊内容的转向,办刊者明确指出,希望其成为燕大学生甚至更广泛的社会群体的指引:

> 平日谈到燕大的读书生活,好些人都不满意。这些怨言中的最正

常最健康者要指那抱怨着学校功课太压迫我们的发展，和那恨燕京学生只会念课本只会享乐的一种。因为这里含着一种力，即是他们思想和生活的矛盾和沉闷。不少人知道专念课本专写教员的 paper 的生活是没落的，因为这样会使人忘却自己是个社会的动物，忘却历史的轮在永恒地转动着。……倘真要认识世界，要在这动荡着的潮流里尽点力，要看清前途努力的方向，那么我期望周刊今后多多鼓起同学们自由研究、课外写作以及走出皇宫看看我们所属的世界的风气。

不必怕打破了桃花源里享乐者的绮梦，尽可以攻击他们没落的生活，不必怕自己的父兄或老师是教徒，尽可把宗教的吗啡性妥协性呈现出来。同时将社会上一般生活的痛苦描写出来，作个对比。这该是一种叫人看了有打寒噤的情形的文章。①

《燕大周刊》本来只在校内发行，免费发给全校师生各一册，也寄往其他一些院校的图书馆和某些学生团体。第 7 卷第 1 期之后，开始委托上海生活书店代向国内读者公开发售和代订。周刊编辑部强调，这并不是要借此谋利，而是通过在周刊上发表自己所知的一点"去教导呻吟嗟叹的大众"，从而发扬燕大的精神，将燕大人的言论"做成黑暗无边大海里的灯塔"。② 然而试办后不久，外售的《燕大周刊》在邮局寄运时被政府当局扣下，这个公开出售的办法遂告夭折。但是不可否认的是，《燕大周刊》仍然通过相关新闻的报道和相关文章的发表，引导着燕大一部分学生将更多的关注聚焦于国家大事和华北危机，从而在"国民党捂得紧紧的盖子上捅开了一个小小裂口"③，为"一二·九"运动在舆论和思想上的准备奠定了一定的基础。

---

① 冀新：《燕大周刊的前途》，《燕大周刊》第 6 卷第 5 期，1935 年 11 月 8 日。
② 《编后：燕大周刊七卷第一期出版了》，《燕大周刊》第 7 卷第 1 期，1936 年 5 月 9 日。
③ 赵荣声：《"一二·九"运动中的〈燕大周刊〉》，载赵荣声、周游编《"一二·九"在未名湖畔》，北京出版社 1985 年版，第 174 页。

从 1935 年 5 月到 1937 年七七事变前的《燕大周刊》，所刊文章的一个最为重要的中心主题即为"抗日"。在政府严令禁止抗日言论，要求称日本为"友邦"时，《燕大周刊》发挥教会大学言论相对自由的优势，从对学生运动的原理、历史、意义和具体活动的总结，对学生组织的介绍，对日本在华政策以及对华北一些日占地区走访情况的介绍，和对国家现状以及应对措施的看法这几个方面，申明了抗日问题的严重性，以及政府、学生、群众等在抗日活动中的主要责任。

关于学生运动、学生会的介绍和总结，我们在上一节中已经提到和引用过一些代表性文章中的叙述与观点。比如此时燕京大学学生会主席张兆麐论述学生会作用的文章《学生运动——燕大学生会的使命》，以及燕大学生会文书陈絜的文章《学生会的两点特殊性》，另外还有王孝风的长文《一二九以来燕大学生在学运中的地位》。这些文章将燕大学生的团体组织和学运表现与 20 世纪 30 年代日本的侵略、华北的危机紧密联系起来，并且将其历史上溯到更早的五四时期，从而强调了燕大学生会组织和学生运动非常重要的群众动员作用和抗日救国的意义。与之类似的文章还有《中国学生运动》《中国学生救亡运动的历史意义与任务》《怎样组织民众》《罢课同学们一般的工作概况》《学生运动内部的分化》《"一二九"运动中北平青年学生作用之管窥》《"十二九"运动的历史背景与特殊意义》等。非常值得注意的是，这些文章虽然从题目上看是介绍说明、总结意义型的议论文，但是在具体的表达和修辞策略上，写作者却采取了颇具文学色彩和情感煽动力的话语方式。比如张兆麐在论述学生会的重要性时，一方面采用自问自答的形式，强调学生在领导民众反侵略活动中的重要性，另一方面又义愤填膺地抨击了政府对于学生团体的压制：

九一八、一二八、塘沽协定，我们民族遭受的侵略，较五卅惨案何止千百倍，然而民众，反倒寂寞无声，甘心忍受，推论到原因，那就是民众失去了领导，民众失去了推动力。民众的领导是谁？学生。民众的推动力是什么？学生运动。学生都到哪里去了？领袖分子或被杀，或脱离学校，潜伏起来。一般学生或者追求麻木，或者坠入悲观，当然不会有组织。既无组织，运动从何而起？既或有团体成立，亦不许公开活动，甚至根本不许任何学生团体存在。就拿北平而论，有比较健全的学生会的大中学，本属少数，而此少数学生会，又不准开会，活动。想要发起学生运动唤起民众反抗日寇，真是无法着手。①

而王孝风的文章《一二九以来燕大学生在学运中的地位》更是直接以一首诗作为开篇：

洪流：
　　会让平原涌出巨浪。
火炬：
　　会让暗黑显出光芒。

八百颗鲜红的心，
　　形成洪流；
　　形成火炬。
　　——念着祖国的去向！
不能再忍耐，
荒淫无耻蒙着祖国！
流氓统治罩着祖国！

我们要咆哮。

---

① 张兆麐：《学生运动——燕大学生会的使命》，《燕大周刊》第 6 卷第 3 期，1935 年 10 月 25 日。

这咆哮是要变成疯狂！
我们要冲击。
这冲击更证明我们的刚强！

寒冬阴涩的空气，
不能凝冻这跳跃着的心脏！
大刀，水龙，
监禁，拷打，
不能动摇这支向上的希望！

两条路：
——生存和灭亡。
阶级所赋予我们的劣根性，
我们要一齐扫除净光！

我们含泪微笑，
在那生存的大路上——
一片鲜明的阳光，
传来一阵欢腾的歌唱！

  作者在这首诗中以青年"鲜红的心""咆哮""冲击"的行动与"荒淫无耻""流氓统治"的黑暗势力进行对比，将学生运动中流动的队伍比喻为"洪流"，将他们对大众的引领作用比喻为"火炬"，希冀通过他们咆哮、冲击的行动拯救祖国于"灭亡"的危险之中，通过寻找"生存"的路将个人的命运与国家的命运连为一体，同时也以爱国行动扫除掉自身的阶级劣根性。整首诗的含义和艺术手法并不复杂，在思想上，一方面强调祖国凸显了非常浓厚的民族主义情怀，另一方面提到个人阶级性的落后则是受到左翼思想的影响。在情感表达方面，这首诗歌中所蕴含的情绪是十分丰沛的。从"忍耐"到"咆哮"再到"含泪微笑"和"欢腾的歌唱"，情感层面的步步推进和升华，显示了"九一八"之后学生们一直被压抑的爱国情绪在"一二·九"运动中得以爆发。

除此之外，这一时期，《燕大周刊》陆续刊登了一系列介绍日本对华政策、日本在华占领区及实行自治地区情况的文章，让学生们了解日本对于中国的侵略行为，进而激发学生们的抗日情绪。如发表在第6卷第3期上的《日本侵华的动机与背景》，试图应用"帝国主义是资本主义的最后阶段"这一理论，说明"日本吞并中国的野心是不会半途中止的，它决不允许中国有一个暂时偏安的机会"；① 发表在第6卷第5期上的《读〈日本对华的基础观念〉》，根据日本驻天津驻屯司令官多田骏的秘密文件，分析了日军要发动战争的急迫情况；② 刊登在第6卷第8期上的《在东京听到的目前日本对华工作》，根据从日军后方获得的消息，论述日军侵华问题的严重性。③ 此外，这一时期的《燕大周刊》发表了《冀东的奴化教育》《奴化教育纪实》《奴化教育浅释》，介绍日本在冀东地区实行采用日本教科书等一系列奴化教育的措施，分析其造成的一系列不利影响，激起读者的爱国情怀和抗日决心。配有图片的《太阳军旗飘扬下：丰台、通州两日游程简记》，更是以令人身临其境的游记形式介绍了被日本不断蚕食的北平城周边，进一步带给读者以抗日的紧迫感。④

关于中国政府应当如何应对日本的侵略行为，《燕大周刊》第6卷第5期刊登了一组征文，包括《假如我是政府，我如何抵抗日本》《救亡图存之对日外交政策》《生耶？死耶？战耶？不战耶？》《现阶段对日应采之方策》

---

① 王孝风：《日本侵华的动机与背景》，《燕大周刊》第6卷第3期，1935年10月25日。
② 燕麦：《读〈日本对华的基础观念〉》，《燕大周刊》第6卷第5期，1935年11月8日。
③ 洪平：《在东京听到的目前日本对华工作》，《燕大周刊》第6卷第8期，1935年11月29日。
④ 夏梦：《太阳军旗飘扬下：丰台、通州两日游程简记》，《燕大周刊》第7卷第5期，1936年6月6日。

《中国的病和根本救济的方法》《中国往那里去》等。这些文章通过一系列话题的提出将读者的关注点吸引到日本对中国的侵略行径，以及对采取"不抵抗"措施的国民党政府的抨击上。与之形成对比的是，《燕大周刊》还报道了东北义勇军抗日的情况，[1] 介绍了红军领导的陕北的情况。[2] 尤其是在1936年12月5日出版的《燕大周刊》第7卷第17期中，刊登了曾在燕大新闻系任教的埃德加·斯诺在延安对中国共产党领袖毛泽东的长篇采访稿《毛泽东访问记》[3]，公布了毛泽东关于国共合作共同抗日的看法和主张，同时也再次彰显了燕大校园内新闻的自由度和开放度。其为学校师生提供了与平时政府言论完全不同的抗日观点和视角。

第三节 从街头运动到"生活路线"

观察中国现代史上重要的学生运动，会发现最先发起的区域大都是北京、上海、武汉、广州等大城市。这与各个城市的性质和功能有关，它们或者是国家政府以及使馆区的所在地，或者是革命政府的所在地。此外，还有一个重要原因是大城市的新式学校多且集中，便于学生集结在一起组织相关的活动。从1919年五四时期的国都到1931年"九一八"时期的北方"边城"，由北京到北平的身份转变中，这座城市的政治地位下降了很多，南京国民政府甚至都无法完全掌控。但是，民族危机在这座城市及其所处的华北地区却不断上升。1931年"九一八"事变之后，北平的学生运动逐渐高涨起来，激昂的爱国思想与情感成为将学生群体以及社会大众聚拢在一起的黏合剂，到了"一二·九"运动时期更是达至高潮。20世纪30年代，在这所学校众多而被称为"大学城"的城市

---

[1] 杨崧：《东北抗日义勇军之发展与现状》，《燕大周刊》第7卷第15期，1936年11月21日。
[2] 陶荣锦：《陕北视察记》，《燕大周刊》第6卷第11期，1936年2月16日。
[3] E. 乐施：《毛泽东访问记》，《燕大周刊》第7卷第17期，1936年12月5日。原文为英文，载于《密勒氏评论报》第78卷第11、12两期，作者Edgar Snow，燕大版由杨隼、阿南、斜晖、小俊合译为中文。

中，学生运动的范围早已越出一校，发展成城市空间中的大型群体活动。

一 "一二·九"的初步尝试

在对于"一二·九"运动的总结中，当时北平的左翼学生将游行示威视作学生运动的"高级形式"①。其中，以"一二·九"和"一二·一六"两次游行最具代表性。前者是这一时期游行示威运动的开始。此后的游行示威都是在此基础上发展而来的。后者是这一时期规模和影响最大的一次，相对大规模地发动了北平各学校的学生，并且引起了全国范围内的反响。两次游行示威的起因，主要都是日本意图借以实现华北自治的"冀察政务委员会"即将成立这一消息的刺激。但是，时隔一周的时间，从游行规模到具体策略都发生了诸多变化。据1935年12月31日的《燕京新闻》记载，北平市学联11月18日成立有8校参加，"一二·九"第一次游行后学联成员有22校，"一二·一六"第二次游行后有52校。②整个学生运动处于规模不断扩大的过程之中。

12月9日这一次的学生游行示威，虽然以北平市学联为中心，但是当时学联的力量还非常弱小甚至隐秘。因为政府监管严密，发起运动的预备会议在12月8日晚上的燕京大学内秘密举行，因而参与的学校代表不多，主要是北平郊外的燕大、清华和城内的东北大学、北平大学、北平师范大学及民国学院学生代表，五四时期的学生运动先锋北京大学学生没有参与其中。而且会议举行时间过晚，导致很多城内来的学生代表回校后无法及时通知本校的大部分同学。③

为了使游行示威产生尽可能大的影响力，学生们在第二天采取了环

---

① 华道一：《一二九运动一年来之史的检讨（下）》，《清华周刊》第45卷第8期，1936年12月23日。
② 《燕京新闻》1935年12月31日第5版；转引自孙思白主编，张泉田等执笔《红楼风雨——北大"一二·九"历史回顾》，北京大学出版社1988年版，第31页。
③ 王汝娟：《热血汇流着》，原载《大众生活》第1卷第10期，1936年1月18日，见孙敦恒等编《一二·九运动资料》第一辑，人民出版社1981年版，第119—120页。

绕全城街道发动城内学校学生，逐渐"滚雪球"扩大游行队伍的策略。学生们商定，于12月9日上午共同聚集到南京政府派来北平处理华北问题的何应钦处请愿，反对所谓"自治运动"。早晨七时，西郊清华、燕大两校学生一千余人向城内出发。北平当局闻讯后下令将西直门关闭，拦阻郊外学生进城，一时城内外交通断绝。清华燕京两校学生到达西直门后，因见城门关闭，于是派代表向警察交涉。未得要领，一部分学生南绕，拟由阜成门和西便门入城，但是这些城门均被关闭，两校学生再次聚集于西直门外。由于当局之前得到消息，城内各校门口也一早就由军警戒备，禁止学生集队外出，但很多学生单独冲出后组队，至何应钦所在的中南海入口新华门前集合。根据当时在北平的外国记者报道，十时半，学生陆续集合达六七百人，他们手持请愿小旗，高呼口号，要求谒见何应钦。到十一时，新华门前聚集的学生有一千余人，大约来自15个学校。[①] 但是此时何应钦并不在处所，由侯成代表何部长与学生面谈。学生代表提出了六点请愿意见[②]，并要求侯氏通知地方当局将城门开放，侯氏以职权所在未能允许。向何应钦请愿未果，学生们打算结队前往北平市政府请愿，要求其开放城门，但是遇到警察拦阻。于是学生们又将路线转变为由西长安街至西四牌楼，从而到西直门与清华、燕大两校学生会合，但在护国寺附近又被警察拦阻。因而，学生结队由护国寺折向东行，经什刹海、地安门、沙滩、王府井大街沿途游行。辅仁大学、北大一院和三院以及其他游行队伍经过的大、中学校学生陆续加入流动的游行队伍中，队伍到达王府井大街时人数已达约2000人。[③] 学生们计划沿

[①] H.F.S.：《北平学生运动》，原载上海英文《密勒氏评论报》，钱玖荫节译，见孙敦恒等编《一二·九运动资料》第一辑，人民出版社1981年版，第104页。

[②] (1) 反对所谓自治运动；(2) 请何部长宣布此次交涉经过；(3) 不得任意捕人；(4) 保障地方安全；(5) 停止一切内战；(6) 准许言论、集会、结社自由。见河北监察区监察院《关于北平学生"一二·九"运动的调查报告》（1936年1月18日），载洪京陵编《中国现代史资料选辑》第4册，中国人民大学出版社1989年版，第394—399页。

[③] H.F.S.：《北平学生运动》，原载上海英文《密勒氏评论报》，钱玖荫节译，见孙敦恒等编《一二·九运动资料》第一辑，人民出版社1981年版，第106页。

东安市场到达天安门，在天安门举行大会。但是由于此处距离东交民巷的使馆区非常近，警察们担心学生与日本人发生冲突引起流血事件，在劝说无效的情况下，北平市警察在王府井大街南口处动用了消防车的"水龙"和武力措施。下午五点左右，城内游行的学生被公安局用水龙冲散，城外燕大、清华两校学生亦经各校当局劝说回校。①

12月9日的学生游行示威，不仅尽量利用北平的城市空间，在行经辅仁大学、北京大学以及东城区的其他学校时号召城市不同区域的学校学生，而且通过发传单、喊口号、做演讲等方式，动员接触到的人群——其中也包括在游行示威中与学生们成对抗之势的北平警察们。比如被阻拦在城门外的燕大和清华学生，高呼各种口号："我们誓死反对：分割中国领土的所谓华北防共自治运动！……所有华北的特殊政治机构！……出卖华北的所谓冀察政务委员会！……屈膝投降的秘密外交政策……""我们要求政府动员全国力量反抗敌人……政府立即开展反对殷汝耕的运动……真正取缔对人民言论、新闻出版、组织和集会自由的禁令。"其中最流行的是"全国武装起来，保卫华北"和"打倒日本帝国主义"这两句。②城内的学生们由于其面对的对象主要是市民，所以口号中还增加了"没收卖国贼的财产救济受灾人民！""反对军队南调！""反对苛捐杂税！""反对抓捕中国人民的日本强盗！"等内容。除此之外，学生们沿路散发印着口号的传单。据外国记者观察，这一天至少有七种不同的传单，其落款几乎都是"北平学生联合会"，还有一篇宣言具名为"华北脑力劳动者协会"。③传单不仅发给市民，也发给警察和宪兵们，学生们一边称呼"给我们亲爱的当兵的同胞们"，一边发

---

① 以上经过，见河北监察区监察院《关于北平学生"一二·九"运动的调查报告》（1936年1月18日），载洪京陵编《中国现代史资料选辑》第4册，中国人民大学出版社1989年版，第394—399页。

② H. F. S.：《北平学生运动》，原载上海英文《密勒氏评论报》，钱玫荫节译，见孙敦恒等编《一二·九运动资料》第一辑，人民出版社1981年版，第108页。

③ H. F. S.：《北平学生运动》，原载上海英文《密勒氏评论报》，钱玫荫节译，见孙敦恒等编《一二·九运动资料》第一辑，人民出版社1981年版，第108页。

给他们呼吁团结、反对日本侵略行为的传单。在行经城市中的各学校时，游行队伍也喊出许多动员的呼吁。根据当时参与这次游行的北大学生回忆，这一天北大的学生按日常情形在学校上课、做实验。下午三时多，北大红楼门外大街上突然人声鼎沸，只听有人在喊："北大，起来！""欢迎你们参加！""恢复北大的五四精神！"由东北大学带头的游行队伍行至北大一院门前。这时候有人敲响了北大的校钟，学生们从教室、图书馆、宿舍等处来到北大一院门前排队，有学生从宿舍撕开一床被单，写上了"北京大学"四字，用两根竹竿打出来。经过北大三院时，院门口已经聚集了不少学生，其中一个同学举着一根竹竿，竿头挟着一个用帽盒硬纸壳做成的校标，上书醒目的两个大字"北大"。于是北大约300名学生也加入了当天的游行队伍。① 有参与者曾经用很有画面感的描述回溯了那一天的游行现场：

  在新华门前拥挤着的人们，四个一排手挽手的紧拉着，在长安道上向西街冲过去，红绿的传单在空中翻飞着，虽然经过西单牌楼武装警察的打击与威胁，可是给冲散了的大众，到西单商场北口，又严肃整齐的集合成长蛇般的阵线向前勇进了。②

这样一个打破了城市日常秩序，导致城门关闭、火车和电车停运、一些店铺停业的学生游行，③ 成为"九一八"之后一种燃起学生们爱国和民族情绪的导火线。在这一时期邹韬奋主办的左翼期刊《大众生活》以及各大学出版的"一二·九"专号等刊物上，载有诸多学生叙述当日情

---

 ① 孙思白主编，张泉田等执笔：《红楼风雨——北大"一二·九"历史回顾》，北京大学出版社1988年版，第33—34页。

 ② 李凌：《朔风吹荡中的呐喊》，原载《大众生活》第1卷第6期，1935年12月21日，见孙敦恒等编《一二·九运动资料》第一辑，人民出版社1981年版，第112页。

 ③ H. F. S.：《北平学生运动》，原载上海英文《密勒氏评论报》，钱玫荫节译，见孙敦恒等编《一二·九运动资料》第一辑，人民出版社1981年版，第102页。

形的文章，无一例外地充满了激动、饱满的情绪和献身救国的理想主义语调。通过"十二月的寒风冷不了沸腾的热血"① 这样的表述方式，学生们将自我的形象塑造成为国家和民族独立而与帝国主义抗争的斗士和先驱者。而这样通过游行、发传单、喊口号等"高级形式"展开的学生运动，也确实打破了此前北平城中的诸多禁忌，释放了学生们心中种种被压抑的情绪。在此之前，"抗日"属于禁语，必须称侵略者为"友邦"，②而且由于政府和校方的诸多限制，很多学校都取消了学生会这样的学生集体组织。通过"一二·九"喊出的"打倒日本帝国主义"口号，使学生们的积愤和不满得以宣泄。一些没有得到消息因而无法参加这次游行的学校学生甚至不甘心地抱怨未得到通知。③

二 "一二·一六"大联合

"一二·九"到"一二·一六"之间的七天，在当时被称为"沸腾的一周间"④，北平城中的大、中学校相继进入组织化和活跃化的学生运动状态。学生们开始大胆谈论抗日问题，并且迅速组织学生会、救亡团等，还在团、会之下成立了交通队、宣传队、纠察队等，便于及时地传递信息和组织人员。之前仅有8个学校参加的北平市学联迅速扩展至22个学校。⑤学生们计划于12月16日冀察政务委员会成立当天举行全市范围内的大示威。这次，经过更为充分的准备，学生们建立起更为壮大的队伍，北平城

---

① 王汝娟：《热血汇流着》，原载《大众生活》第1卷第10期，1936年1月18日，见孙敦恒等编《一二·九运动资料》第一辑，人民出版社1981年版，第122页。
② 孙思白主编，张泉田等执笔：《红楼风雨——北大"一二·九"历史回顾》，北京大学出版社1988年版，第41页。
③ 事后那几天，东城区有几所学校的学生代表误以为北大没有通知他们，跑到北大来抱怨让他们丧失了当天参加游行的机会，当他们得知了北大的情况后才释然而返。见孙思白主编，张泉田等执笔《红楼风雨——北大"一二·九"历史回顾》，北京大学出版社1988年版，第32页。
④ 孙思白主编，张泉田等执笔：《红楼风雨——北大"一二·九"历史回顾》，北京大学出版社1988年版，第32页。
⑤ "据统计市学联11月18日成立有八校参加，一二九第一次游行后学联成员有二十二校，一二一六第二次游行后有五十二校。"见《燕京新闻》1935年12月31日第5版。

内城外的学生计划分为 4 队，于 12 月 16 日 11 时在城南的天桥集合，召开市民大会。每一队的成员组合和游行路线大致如表 4-1 所示。

表 4-1　　　　"一二·一六"北平学生游行队伍及路线

队伍	参加学校	游行路线
第一大队	东北大学领导，包括北平大学工学院、民国学院、北平师范大学文学院、第三中学、平民中学、民大附中、师大附中、镜湖中学	该队行至德承王府门前为警察所阻，至锦什坊街，镜湖中学学生参加，至闹市口民国学院学生参加，至石驸马大街师大文学院校门被警察严加戒备，学生数度外冲受伤不少，嗣北平大学法商学院参加 100 余人，联合起来共 1000 余人，经警察数度冲散，于 9 时抵天桥
第二大队	中国学院领导，包括弘达中学、北平大学法商学院、北平师范大学数理学院、北平大学医学院	9 时许抵天桥
第三大队	北京大学领导，包括求实中学、贝满女中、两吉女中、中山中学、辅仁大学、女一中、华北中学、中法大学、朝阳大学等	该队联合贝满女中、育英学校至北新桥与中山、求实等校会合，由鼓楼至地安门，北平高中、两吉、温泉、辅仁各校学生参加，由地安门经景山西街抵南长街时，公安局自行车队携带大刀棍棒严加戒备，同时消防队的警车亦到。前列学生离队冲锋，将水龙夺取返喷警察，警察不支，遂尽逃避，该队旋整队向西，长安街警察复以大刀棍棒向学生猛攻，受伤者甚多，后经女一中、华北中学等校学生参加，又集合向目的地前进，迄 11 时许达天桥
第四大队	清华大学领导，包括燕京大学、北平大学农学院、孔德中学、汇文中学等	该队 7 时出发，8 时至西直门，城门已闭，即沿河岸南行，孔德中学参加，至阜成门，门亦关闭，北平大学农学院参加，行抵西便门，学生用全力将城门木栓拥折，一拥而入，沿平汉路东行至和平门南折，经师大门前，被警察阻止，师大校内学生向外冲出。双方合力，竟行冲过，至 11 时抵天桥

资料来源：河北监察区监察院《关于北平学生"一二·九"运动的调查报告》（1936 年 1 月 18 日），载洪京陵编《中国现代史资料选辑》第 4 册，中国人民大学出版社 1989 年版，第 394—399 页。

"一二·一六"游行提出在天桥一带召开市民大会的方案，对天桥这一城市区域的选择是一个十分值得注意的现象。如果说"一二·九"游行时北平市学联的组织相当弱小，需要绕行城中主要街道召集不同学校的学生，结成学生内部更为强大的爱国主义联盟，那么"一二·一六"显然已经更进一步地将团结的对象指向了北平的普通市民，还是相对处于社会底层的市民。天桥是民国时期北平最为繁盛的平民市场，这里是平民的重要谋生处，可谓"三教九流无奇不有""百业杂陈无所不备"。① 同时，天桥也是民国时期北平人口流动性最大的区域之一。时人认为其在北平自成一个"小社会"，无论是去买东西的人还是住在附近的居民都处于长期流动的状态之中。钱歌川指出，这里和伦敦的东区一样，是"北平的贫民窟"，人们可以通过露宿或者住在鸡毛小店，解决住宿问题。因而天桥又被看作"游民在华北的一个部落"。② 20 世纪 30 年代以来，随着日军占领东北，以及华北地区天灾、匪祸等，大量的贫困人口涌入北平，③ 天桥地区成为他们的重要收容所。学生们选择在此召开市民大会，首先是因为这里聚集着很多东北流亡人群和生活不稳定的体力劳动者，相对而言更容易被动员；其次是因为这一地区人流量巨大，信息传播迅速，能够将反对华北自治和反对日本帝国主义的大会主旨传播开来。根据当天参与游行的一位学生描述：

> 过了大栅栏，便遇见东大、中大、弘达、医学院和师大，几十个学校，一阵欢迎声将悲壮激烈的爱国热血，几乎从心里迸出来。各校都先后到了，依次成四路纵队，向先农坛广场出发，示威团的白旗子在各大队的前面顺序的列开，纠察队开始活动了！交通队银亮的自行车，在群众里前突后进；作大队的左右翼，保持左右间隔和距离。胳膊联着胳膊走！交通队迅速的传着命令，为的是严防奸人乘隙混入。群众们随着大队进军，街上的尘土飞扬着，嚣喧的人声，和示威的口号混杂在一起，在长安街被冲散的北大队伍也来参加，力量更形雄厚了，平日沉寂的街市，立刻现出骚动的不安，电车已

---

① 马芷庠编，张恨水审定：《北平旅行指南》，北平：经济新闻社 1935 年版，第 85 页。
② 昧橄（钱歌川）：《游牧遗风》，载《北平夜话》，上海：中华书局 1936 年版，第 102—103 页。
③ 见许慧琦《故都新貌：迁都后到抗战前的北平城市消费（1928—1937）》，台北：台湾学生书局有限公司 2008 年版，第 77—79 页。

经无法行驶，胡同里拥出面孔不同的市民，外国记者也赶来了，贫苦的孩子们替我们散发传单，一位爱国的青年，跳在电车篷上演讲，声泪俱下。①

学生们在天桥一带的游行和演讲，吸引了大量围观的市民听众。在接续"一二·九"宣传反对华北自治、提倡言论自由等主题的同时，学生们也直接喊出了"人民，团结起来！""我们需要工人、商人、士兵和学生的联合行动！"的口号。② 学生们在各种旗帜和标语中呼喊口号，并且通过了一系列否定华北自治组织、要求政府停止内战一致对外的决议，还发表了《告民众书》。③ 按照事前的计划，市民大会的下一步是到东交民巷的外交大楼举行总示威，学生们夹杂着市民组成长达二里的游行队伍，每十人一排，互挽着手臂前进。但是当队伍到达前门时，却被阻拦进城，且有警察鸣枪警告。与警察交涉后，学生队伍来到前门外的京汉火车站广场，举行了第二次市民大会，再次重申天桥市民大会的诸项主张，并且号召"即日起全市罢工、罢课、罢市"④。虽然原定这一天成立冀察政务委员会的相关仪式并未如期举行，但是政府当局仍然采取一切手段阻挠前门外的学生进城前往使馆区。经过一个半小时的交涉，⑤ 警察同意学生从前门和宣武门两处进城，于是清华、东北大学、燕大、北平

---

① 机：《参加"一二一六"示威的前夕与当日》，原载国立北平大学工学院学生会学术股编《救亡》（"一二一六"特刊）第1期，1935年12月2日，见孙敦恒等编《一二·九运动资料》第一辑，人民出版社1981年版，第179页。

② H. F. S.：《北平学生运动的进一步发展》，原载上海英文《密勒氏评论报》1935年12月28日航空版，钱玫荫1980年译，见孙敦恒等编《一二·九运动资料》第一辑，人民出版社1981年版，第175页。

③ 孙思白主编，张泉田等执笔：《红楼风雨——北大"一二·九"历史回顾》，北京大学出版社1988年版，第52—53页。

④ 孙思白主编，张泉田等执笔：《红楼风雨——北大"一二·九"历史回顾》，北京大学出版社1988年版，第52—53页。

⑤ H. F. S.：《北平学生运动的进一步发展》，载孙敦恒等编《一二·九运动资料》第一辑，人民出版社1981年版，第171页。

大学等校学生由西河沿转宣武门进城，北大、中大、精业河北高中、中华中学等校学生由前门入城，结果清华等校学生被阻于宣武门外，北大等校学生被困于宣武门内，时入深夜，警察猛力驱散。各校学生受伤者计数百人，还有一部分被捕或者失踪。

在燕京大学12月20日出版的《十二九特刊》中，对参与"一二·一六"的高等学校和学生人数进行了统计，虽然数据并不完全，但是基本上覆盖了主要的学校。其中包括中国大学130人参加，辅仁大学550人参加，燕京大学400人参加，清华大学400人参加，北平师大500人参加，华北学院100人参加，北平大学工学院150人参加，民国学院100人参加，北平大学法学院280人参加，北京大学500人参加，东北大学300人参加，北平农学院180人参加，共有12所大学或学院的3590人参加。而该刊统计当天参加游行的大、中学校总数是29所，总人数7775人。可见各所大学不仅因为学生年龄和资历相对较高引领着"一二·一六"的游行，而且在实际参加人数上也占比更大。①

三 走向"生活路线"

自五四之后，如何处理"救国"和"读书"的关系，一直是一个被反复讨论的话题。② 20世纪30年代，政府层面实行了蔡元培和戴季陶共同提出的相关措施，压制此前的学生联合会，建立"去政治化"的学生自治会，并且限制学生的出版和言论自由。而北平的各大学当局以及以自由主义知识分子为主体的教授群体，虽然较为支持学生们的爱国行为，但是对于"一二·九"和"一二·一六"游行示威后的谣言传播和集体罢课，表示了不赞同的态度。12月13日下午，北大、清华、师大、北平

---

① 参见燕京大学《十二九特刊》第3号，1935年12月20日。
② 相关研究成果可参考罗志田《课业与救国：从老师辈的即时观察认识"五四"的丰富性》，《近代史研究》2010年第3期；吕芳上《从学生运动到运动学生（民国八年至十八年）》，台北："中研院"近代史研究所1994年版。

大学、东北大学等校的校长召开联席会议,商议制止学生罢课的办法。会后印发了2000余份各校校长联名的《告同学书》,承诺保释被捕学生,要求学生们立即恢复学业。同时,平津国立教职员联合会召开紧急会议,会后在平津地区重要报刊发表《告学生书》,一方面肯定了学生们的"爱国热忱",另一方面则指出,学生们"尚在求学时期",结队请愿游行"荒废学业","爱国者反以误国"。①

时任北京大学文学院院长的胡适在《大公报》发表《为学生运动进一言》②一文,称自己为"爱护青年运动的人",并在文中以恳切的话语表达了一个自由主义学院派教授在学生运动中的立场和看法。在这篇文章中,胡适首先通过列举古今中外的学生运动历史,肯定了学生运动的合理性和重要性。其次在此基础上,他将20世纪30年代中国国难之下青年学生的"沉寂"概括为一种"变态"的现象,并将"沉寂"中的学生分为两类。前者是惯于沉寂而不热衷于政治运动的,他们"觉悟了这回国难的空前严重性,觉悟了口号标语游行示威的绝对无力,所以他们决心向图书馆实验室里去寻求他们将来报效国家的力量"。而后者是那些一贯"好事"、"好动"、对干政运动有热情的学生,他们在这一时期却由于"政治势力的压力"而同样陷于沉寂了。胡适认为后者的被压抑,才是近年学生界沉寂的主要原因。在此基础之上,胡适对国家的青年政策提出了批评,认为"近年政府钳制独立舆论和压迫好动的青年的政策"是"国家不幸的事"。在胡适看来,正是因为"独立的舆论""爱国的青年"都无声无息,所谓"自治"运动才得以"公然抬头露面"。"一二·九"请愿游行则将"睡在鼓里"的青年们唤醒了,这在"多年沉寂的北方青年界"是一件"最可喜的事",令亲眼见证的胡适不禁有"空谷足音"之感。

然而,胡适也非常坚定地指出,"一二·九"后各校学生的罢课举

---

① 《教联会昨亦发告同学书》,北平《益世报》,1935年12月14日。
② 胡适:《为学生运动进一言》,天津《大公报》1935年12月15日第2版。

动,在他看来是"无益"而"不幸"的。他认为,五四以后,罢课"久已成了滥用的武器",不但"不能丝毫感动抗议的对象",并且"决不能得着绝大多数好学的青年人的同情"。他强调自己是"爱护青年运动的人",因而不忍不向学生们提出几句忠告。胡适对于学生们的忠告主要有四点。其一是青年学生应认清自己的目标,即用"抗议的喊声"来"监督或纠正政府的措施",而不应当超越这种代表民意的"舆论目标"去追求其他目的。其二是青年学生应当认清自己的力量,其力量应该建立在具有法治精神的组织之上,避免"少数人的把持操纵"和"浅薄的煽惑"。其三是强调青年学生应该认清他们的方法。他认为,一切学生活动都应含有"教育"和"训练"的作用,学生应当在学生运动中培养"自由独立"又"奉公守法"的个人人格,而不是盲从、轻信、欺骗群众或破坏法律。其四是希望青年学生能认清他们的时代。他认为目前中国面对的是空前的国难,"适当时机的一声抗议至多也不过临时补漏救弊而已",只有"培养个人的知识与能力"才是"报国的真正准备工夫"。在1936年1月初给周作人的一封回信中,胡适说:"我在这十年中,明白承认青年人多数不站在我这边……但我始终不肯放弃他们,我仍然要对他们说我的话,听不听由他们,我终不忍不说。"[①] 由此可见,曾经是五四时期青年导师的胡适,其自由主义观念在以革命和救亡为时代关键词的后五四时代已经不能令大部分学生认同。

学校当局和教授们的劝阻起初并没有得到以左翼学生为核心的学联的响应。"一二·一六"游行之后,12月26日,清华、燕大等校的学生展开南下扩大宣传活动,试图将运动的声势扩展到农村地区。此后,平津各地学生拒绝派遣代表入京聆训,政府当局于1936年2月20日公布了《维持治安紧急法令》,翌日又命令取缔平津学联。2月23日,有军警于北平东北大学搜捕学生。2月29日,军警至清华大学拘捕学生。在北平

[①] 胡适:《致周作人》(1936年1月9日),载耿云志、欧阳哲生编《胡适书信集》(中),北京大学出版社1996年版,第681页。

学联领导下参加学生运动和罢课的学生与政府当局发生了激烈的冲突，最终发展成为1936年的"三三一"郭清追悼抬棺游行。① "三三一"追悼郭清大会，并没有经过充分准备，就在当场到会学生的高涨情绪下转变成了一个示威游行。大队全被打散，54人被捕，② 还有学生被学校开除。

"三三一"以后，北平学生运动进入低潮。与此同时，整个平津地区的学生运动以此为契机，开始转变运动的策略，由"高级形式"转向更为"平和的、沉着的"方式。③许多学生运动中的积极分子"改变了态度，不再提出过高的要求使一般情绪和认识比较落后的同学不敢参加救亡工作，更不再任意地指责落后的同学为'汉奸'而拒之于救亡阵线之外"。④ 各地各校的同学就各地各校的特殊环境，发起歌咏团、座谈会、读书会等各种方式的学生组织，同时以早操、合食、行军、讨论会等方式来训练学生的集体生活能力，更抓住每一个纪念节日（如五四、五九等）以举行纪念会、出版壁报、举行救亡展览会等方式来激发学生的抗日救亡情绪。⑤ 对于教授师长、学校当局以至政府当局，过去的学生运动积极分子也开始改变了态度，他们尽量降低要求，尽量"考虑当局者的意见"，尽量请求舆论界和教育界给以"指导和扶植"。⑥ 各地的学生救国联合会、学生会、救国会的工作，也逐渐走向公开化。⑦ 平津学联在这

---

① 王伯俞：《十二月学生运动之史的检讨》，《清华周刊》第45卷第2期，1936年11月8日。
② 华道一：《一二九运动一年来之史的检讨——纪念一二九一周年》，《清华周刊》第45卷第7期，1936年12月16日。
③ 华道一：《一二九运动一年来之史的检讨（下）》，《清华周刊》第45卷第8期，1936年12月23日。
④ 华道一：《一二九运动一年来之史的检讨（下）》，《清华周刊》第45卷第8期，1936年12月23日。
⑤ 华道一：《一二九运动一年来之史的检讨（下）》，《清华周刊》第45卷第8期，1936年12月23日。
⑥ 华道一：《一二九运动一年来之史的检讨（下）》，《清华周刊》第45卷第8期，1936年12月23日。
⑦ 华道一：《一二九运动一年来之史的检讨（下）》，《清华周刊》第45卷第8期，1936年12月23日。

一时期和教育界、舆论界增强联络。在纪念五四运动十七周年时，北平学联给蒋梦麟、胡适等五四运动的先进者们写了一封公开信，对他们表示敬意，认为"一二·九"运动是受五四运动的"伟大影响"而产生的，诚恳地检讨过去处理师生关系及与学校当局关系中的不妥之处，希望教授们可以给予他们"新的教训和新的指导"。① 青年学生运动的范畴和重点得到了反思和重新定义：

> 青年运动的涵义，确切的说来，应该包括整个青年活动的全部历程。以明确的姿态出现的游行示威以及一切大规模的集体行动，知识青年平时蓄积的力量，在必要时的一种公开检阅，严格的说，这并不能是青年运动的主要任务，尤不能是青年运动的最终目标。青年运动最有价值的工作，应该在青年一切日常生活的活动中，（包括研究，娱乐，运动……）培养力量，蓄积力量。②

北平学生运动路线在"三三一"之后的转变，与中国共产党在这期间对于相关学生组织的引导有密切关系。事实上，当时北平学联的一些骨干成员都是中共地下党员，比如清华大学的蒋南翔、燕京大学的黄华、北京大学的俞启威、女一中的郭秋明。1935年年底北平学生南下扩大宣传途中成立的民族解放先锋队，更是完全在中共领导下建立和发展。该组织成员一方面以抗日救国运动为具体实践，另一方面也提出了"反帝反封建"的终极目标，致力于将救亡运动的实践与民族革命理论结合起来。③ 1936年4月，中共中央派刘少奇到天津主持北方局工

---

① 《救亡情报》第3期，1936年5月17日，转引自唐宝林《刘少奇与一二九运动的转折》，《近代史研究》1988年第3期。

② 余莫文（蒋南翔）：《中国青年运动的检讨》，《北方青年》第1卷第2期，1937年6月25日。

③ 《民族解放先锋队队员须知》，载中共北京市委党史资料征集委员会编《一二九运动》，中共党史资料出版社1987年版，第206页。

作，开始纠正学生运动中表现出来的过于"左"倾的错误。他严厉批评北平学联纪念郭清烈士的示威行动，并警告"这样的行动，如果再有一次以至几次的话……最后只能剩下你们几个布尔什维克在秘密的房子内去'抗日救国'"①。他又进一步指出："今天的形势，是日本帝国主义要把中国从半殖民地的地位，变为完全殖民地的地位。中国社会的各阶级、阶层除开少数甘心做亡国奴和汉奸的人之外，甚至从前是动摇的、反对革命的，现在都开始或已经同情、赞助与参加抗日反汉奸的民族革命斗争了。党的策略任务，就是要用极广泛的民族统一战线，去团聚各阶级、阶层、派别及一切抗日反卖国贼的分子和力量，开展神圣的民族革命战争。"② 在这一思想指导下，北平的学生运动开始走上"联合战线"的道路，致力于通过多种多样的活动形式团结更多的群众。

1937年2月，国民党五届三中全会召开。会议前夕中共中央曾致电全会，提出停止内战、一致对外五项要求并做出四项保证，主张国共重新合作，团结抗日。这次会议的召开，国民党基本确定了停止内战、实行国共合作的原则，国共合作的抗日民族统一战线已初步形成。学生们"一二·九"以来奔走呼号的"停止内战、一致对外"的要求基本得以实现。在中共的指导下，北平的学生运动更进一步地向符合青年学生特点和兴趣并且易于被学校当局和师长接受的活动形式发展。根据清华大学杨述在"一二·九"五周年时的回忆，1937年春天，北平市学联组织了香山和温泉的旅行，旅行中组织了唱歌、演剧、爬山、野餐等活动。这一时期，清华左翼学生将团结教师的对象，由进步的助教和教员（如吴晗、华罗庚等）进一步扩大到知名的、中间的教授（如朱自清、冯友兰、吴景超等）。这一时期学生们组织的房山春游就邀请了朱自清参加。此

---

① 刘少奇：《论北平学生纪念郭清烈士的行动——给北平同志的一封信》（1936年4月5日），载中共北京市委党史资料征集委员会编《一二九运动》，中共党史资料出版社1987年版，第64页。

② 刘少奇：《肃清关门主义与冒险主义》（1936年4月10日），《一二九运动资料》第2辑，人民出版社1982年版，第1—2页。

外，3月12日孙中山诞辰，北平市学联举行了公祭活动，是《塘沽协定》后在北平举行的第一次纪念孙中山的集体活动。① 当时在北京大学读书的孙思白回忆，这一时期北大组织了诸多社团和读书会。他曾经向一份名为"炮火"的壁报投稿，还和同学王德昭等共同组织了"新哲学研究会"。此外，他还参加了学校的黎明歌咏团，学习了描述东北抗战的《打回老家去》。②

4月11日，北平市学联举办了第二次旅行——全市性汤山温泉旅行。这次旅行比第一次香山旅行规模更大，人数在5000人以上。这次集体旅行，以中国大学等校学生演出的《审讯救国会七领袖》的话剧而闻名，崔纪与张瑞芳合演的《放下你的鞭子》也被人称赞。参加大会的北平市各学校都提供了精彩的游艺节目。北大学生向大会献上了胡琴表演、杂技等节目。北大"救亡啦啦队"的表演也是大会的精彩节目之一。救亡啦啦队的组织者与指挥者是北大学生李涛，而歌词、曲谱都是他自己编写的。啦啦队男女队员每人都戴一顶彩色的高纸帽，其表演博得了观众的阵阵掌声。

这年的春季清明前后，民先队也开展了新形式的队员生活，东城区队部决定在樱桃沟举办春季露营五天，参加者是东城区各校民先队员一百几十人。北大是东城区的主要学校，参加的人数较多，露营司令由杨雨民担任。活动课目，除每早吹号升旗、爬山比赛（夺取山顶一面小旗，上书"收复失地"）是固定的项目以外，上下午课目，每天临时安排，有练歌、行军、座谈、听报告、游击演习、演剧等。名人讲演，请的是中国学院齐燕铭教授，讲的是当前形势。军事演习请朱明指导，练习过一次山头的攻防战。游艺节目中有学生用京剧形式表演西安事变中"捉蒋"的一幕，是最早以戏剧形式表现西安事变的。最后一天以营火

---

① 杨述：《一二九漫语》，生活·读书·新知三联书店1981年版，第44—45页。
② 孙思白：《"一二九"时代生活散记》，载孙思白主编《北京大学一二九运动回忆录》，北京大学出版社1988年版，第131—132页。

晚会结束。①

1937年7月7日，北平众多大学的二年级学生正在西苑接受军事训练，民先队的成员们在北平西郊的大觉寺完成了为期十天的军事夏令营。日军当日突袭中国宛平驻军，中国军队奋起还击，卢沟桥事变爆发。7月16日，蒋介石在庐山举行谈话会，北京大学校长蒋梦麟、文学院院长胡适、清华大学校长梅贻琦、南开大学校长张伯苓等教育界权威人物，以及傅斯年、梁实秋、陶希圣等知名教授都参加了这次会议。第二天，蒋介石发表了关于抗日立场的讲话："万一真到了无可避免的最后关头，我们当然只有牺牲，只有抗战！""如果战端一开，就是地无分南北，年无分老幼，无论何人，皆有守土抗战之责任，皆应抱定牺牲一切之决心。"②这无异于向全中国发出进入战争状态的总动员令。7月28日夜，宋哲元部队撤出北平，北平开始陷入日寇之手。8月5日，日军进驻西郊清华园。8月8日，日军进入北平城内，位于沙滩的北京大学各院相继沦陷。短短一个月时间，北平的知识分子和普通百姓经历了家国巨变。继东北之后，很多北平的学子也成为流亡者。无论是因为学校关系留在北平的燕京大学、辅仁大学等校的学生，还是南渡的北京大学、清华大学的学生，抑或西迁的北平师范大学的学生，都告别了前一个时代北平"大学城"中的生活，从此开启了新的时空历程。

---

① 以上关于汤山温泉旅行和樱桃沟露营的情况，见孙思白主编，张泉田等执笔《红楼风雨——北大"一二·九"历史回顾》，北京大学出版社1988年，第206—207页。
② 《中华民国重要史料初编——对日抗战时期》第二编（二），台北：中国国民党中央委员会党史委员会1981年版，第55—58页。

结　　语

一　差异化的大学生形象

1928年到1937年北平的大学生群体，虽说表面上都在同一个城市的大学中读书和生活，但是其群体形象无论在具体的历史情境中还是在不同人的口头或笔下，往往呈现出分化多于统一的特点。日常生活方面，学生们的分化最为明显。在北平城市空间中不同的大学集聚区，往往意味着不同的生活方式和外在形象。东城区北京大学沙滩地区的"拉丁区"面向校外知识青年开放，代表的是一种自由开放的学术风气，其学生也以自由追求学术的形象而著称。西郊的清华大学和燕京大学，则在封闭而设施完善的校园中为学生安排集体化的生活，从而塑造了更具集体意识的学生群体。西南城区的中国学院和民国学院追求招生数量而缺乏相应设施。住在校外公寓中的学生被五光十色的都市生活吸引，向往成为散漫的都市消费者。而这些住在公寓中的学生，时常受到当时平津地区报纸舆论的道德谴责，被描绘和评价为胡乱花钱、生活放荡的群体。具体到物质生活，燕京、清华大学的学生生活与北京大学、北平师范大学的学生生活，引发了报纸、校刊和学生杂志上关于学生生活"贵族化"和"平民化"的议论。经由这些涉及生活方式和社会地位的讨论，我们发现不同大学内部学生的生活水准分化严重，并不存在同质化的学生生活。而且，在20世纪30年代的北平，身穿蓝布长衫的"现代寒士"形象普遍受到一般学生和社会舆论的认可。而北平各大学的女学生们，则通过外在形象的经营和两性关系的发展来追求一种"摩登"的都市中产阶层女性形象。具体到不同的大学和个人，又反映出不同的传统和倾向。针对女学生的"摩登"风尚，媒体和议论者则认为有成为"玩物"的危险，并从"新女性"的社会责任和传统伦理道德等不同角度展开批评与引导。

从教育接受的角度来说，北平不同大学的学生一方面受到当时普遍性的教育风气的影响而具有共性，另一方面各大学特定的教育环境也将之塑造为知识理念和价值取向颇为不同的群体。比如当时很多专业的学生的知识结构主要是受美国教科书影响而形成。而由于学校的英语教育理念不同，燕京大学和清华大学的学生对于英语的掌握更为地道、更为接近其本国使用者，而北平大学的学生则被安排通过学习英语和专业知识成为中国的技术型官僚。清华大学内部，校长梅贻琦培养通才的建议与学生们想成为专才的期待发生矛盾。此外，清华工学院与文、理、法三学院之间"职业化"和"学术化"的争议，也导致工学院学生因自己的专业产生学业与职业选择的困惑。而北平不同大学的国文系中，学生们有成为考据学家还是文学批评家，成为国故研究专家还是新文学家的不同选择。这也是由不同大学国文系主持者不同的文学教育理念引导而来的。

论及学生的社会实践活动，无论是社会调查和社会服务还是民族救亡活动，学生们试图扮演的都是一种引领民众的"精英"角色。在开展社会调查和创建民众学校的过程中，学生们往往忽略北平的地方特色和民众的现实条件，而站在国家知识精英的角度行事，这种启蒙立场使他们的实践远离了现实。而在民族救亡活动中，燕京大学的学生作为"一二·九"运动的主要发起者，通过爱国运动表现了强烈的民族认同，改写了人们关于教会大学学生不问国事的刻板印象。"一二·九"运动中，国民党官员、共产党革命者和自由主义学院派教授对于学生的职责有不同的定位。国民党官员认为学生应该"非政治化"，将活动和言论尽量局限在校园之内；共产党革命者认为学生应当坚持反帝反封建的革命立场，采取多种方式团结群众组成抗日统一战线；自由主义学院派教授同情学生，但是反对学生罢课，认为"读书"才是"救国"的正途。学生自身分裂为"救国派""读书派""享乐派"，各自有不同的选择。

综上所述，20世纪30年代，在日常生活、知识接受和社会实践的不同领域内，北平大学生经由自我和媒体、学校当局、教授、不同政党等内外部因素的作用，在实践和话语两个层面都呈现出多元而分化，同时也在某些方面具有共性的群体形象。

二 受限的历史主体

五四时期，北京大学学生的公众形象极具历史典型性。尽管学生内部仍然有不同的选择与分化，但是五四大学生以新文化运动和五四运动的先锋形象为人们所熟知。在社会的普遍印象中，这些学生居住在北大沙滩附近的公寓中，接受北大新文化教授的指导，经由新文化刊物《新青年》和《新潮》等结合在一起，致力于引进和讨论各种西方学说，最终成为新文化运动和五四学生运动的主要参与者。这一时期的北大学生，一方面拥有全国最高学府学生的知识精英光环，另一方面还扮演着引领普通大众从事救国活动的社会角色。

本书所讨论的1928年至1937年间的北平大学生，所面对的是与五四时期差异巨大的时代环境。这一时期的北平高等教育，经过前期的大学区制度风潮以及一系列调整之后逐渐趋于稳定，1930年后自由主义学院派知识分子聚集北平各大学中，试图将已经被废除首都地位但是仍保留学术和教育传统的北平打造成一个疏离于现实政治的"大学城"。在这样的环境下，学生们被导向校园内的读书生活。即使那些一向致力于政治活动的学生，也因为国民党政府实行的一系列压制学生团体、限制学生言论的政策而在这一时期走向沉寂。然而，这一时期中国国内外却充斥着一系列的危机。30年代初国内发生了诸多自然灾害和贸易危机，"农村破产"成为当时的流行语，很多大学生一方面要面对家庭经济状况困窘，另一方面还将面临毕业后的就业困难。1931年"九一八"后东北沦陷，身处华北的北平也受到民族危机的威胁，这给学生的思想和求学生活带来了紧迫感。此外，新文化运动引领的伦理革命并不彻底，面对新旧传统的冲突，学生们往往在个人内心和家庭、舆论的不同价值取向之间摇摆为难，形成了一种"广泛的""虚无的""不着重人的生命力的"人生观。[①]

在以上种种内外部因素影响下，这一时期北平的大学生对于自我身份的定位充满了矛盾和无奈。比如在日常生活中，由于经济危机和民族危机的影响，燕京大学和清华大学相对"西方化"的生活、农村学生进入北平后的都市生活、大学女生"摩登"的外在形象等这些本来可以算作私人领域内的问题，都成为被质疑、挑战和批评的对象。批评他们的既有其他学校或者本校和他们生活观不同的学生，还有杂志报纸等社会媒体。而在知识接受的过程中，学生们相对更为被动，他们必须按照学校制定的入学试题和课程来规划学习。尽管他们可以通过学校校刊发表对于课程和专业设置的一部分意见，但是学校对于学生意见的回应往往十分有限。这一时期，中国高等教育界追求"美国化"的倾向，以及国民政府注重发展实科的政策，对北平大学生的知识接受产生了深刻的影响。随着"九一八"之后中国民族危机的日益上升，民族主义成为影响学生思想和行动的重要潮流，国民党政府对学生的压制日益将学生推向共产党倡导的反帝反封建革命，不断通过爱国运动介入现实。尽管很多学生在爱国运动中重新行动起来，但是不可否认的是，他们的行动已经与五四时期不同，而日益被现实裹挟。还有那些选择和坚持"读书"的学生，民族危机中的他们也不可能完全疏离于现实，而被卷入校园内的派系斗争之中。[②]

[①] 李长之：《现代中国青年几种病态心理的分析》，《自由评论》第10期，1936年2月7日。
[②] 一个例子是致力于学术研究和考取留美庚款资助的何炳棣。其因维护学校正常的教学秩序而与清华救国会学生发生冲突，被学校记大过。见何炳棣《读史阅世六十年》，中华书局2012年版，第72—87页。

对于1928年到1937年北平的大学生而言，他们的种种实践和言论，乃至思想和心理状态都要受到外界多种因素的制约和影响。其中最为重要的三股势力分别是执政的国民党政府、左翼的共产党革命者以及自由主义的学院派教授。此外，这一时期，不同政治倾向的媒体往往按照他们的需要将大学生塑造成不同的形象。比如在"一二·九"学生运动后，北平的报纸上不允许刊登任何相关的信息，事实上并未解散的北平学联也一度被国民党的官办报纸宣布解散。而在上海，邹韬奋主编的左翼刊物《大众生活》，则激情澎湃地叙述着"一二·九"和"一二·一六"示威游行的过程，赞美着北平爱国大学生的形象。

综上所述，相对于五四时期而言，1928年到1937年间的北平大学生面对着一系列社会外部环境的影响和限制。在知识接受和社会实践领域，乃至相对个人的日常生活领域，他们发挥主体能动性的空间都较为有限。

三 艰难的价值选择

近代以来，西风东渐、西学东渐对于中国各个方面的变迁都产生了巨大的影响。无论是器物上的革新、政治上的改良革命还是文化上的反传统，都是受到西方影响或者主动学习西方的产物。在这一过程之中，师法西方的新式教育无疑扮演了一个非常核心的角色。其最重要的意义之一，就是为上述各方面的变革生产了历史的主体和参与者——学生群体。与此同时，新式教育的建立以及传统科举制度的废除，瓦解了中国的传统知识体系和政治、文化、社会的整合方式。大学生来到城市中的大学，学到了城市的生活方式，他们即在知识结构、社会职能和生活方式上都面临中与西、旧与新的复杂交织与对立。在知识接受过程中，是应该完全依赖西方知识体系，还是应该建立本国的知识系统？尤其是中国传统的文史之学，所谓的"国故"，到底如何与近代西方的分科教育和知识谱系进行对接？在社会职能上，学生们应该接受现代教育独立、学术自由的价值观，在学校以纯粹的知识和学理研究为重心，还是应当继承中国的士大夫传统,以救国救民为己任?生活方式上,衣食住行、读书看报、人际网络建构、婚姻家庭观念,是选择中国传统的一端,还是拥抱都市中的西式生活?中国近现代学生一直面对着两个主要层面的关系处理与价值选择。其一是在文化层面上与传统生活方式和本土价值之间的关系,其二是在社会层面上与现实政治和普通大众之间的关系。

与上述关系和价值选择纠缠在一起的,还有近代以来不断上升的民族主义潮流。如学者罗志田所言,近代中国民族主义具有"反抗"与"建设"两个并存的面向。[①] 所谓"爱国"和"强国",是应该坚持中国的传统、抵御西方文化的入侵,还是应该反传统、追求"西化"?这些问题都曾经在中国近现代史上引起长久的争论,也令身处历史当中的学生们切身地感受到选择的矛盾和焦虑。当他们接受西式的知识,进入都市中生活,以成为某类专业和职业人才为目标,甚至为了进入更高的学术殿堂而远渡重洋时,他们何以维系自己与乡土中国的文化传统以及更广大的民众之间的联系,何以寄托自己的民族感情?一部近现代大学生生活、读书和社会活动的历史,同时也是一部中国知识分子的心灵史。

对于1928年到1937年的北平大学生而言,中与西、旧与新、学术独立与现实关怀、学而优则仕与成为专业人才,这些不同的文化和价值选择,遍布于他们的日常生活、知识接受和社会实践领域。20世纪30年代在清华大学中国文学系任教的浦江清曾经指出:"在我们这一辈,把中西分别得清楚。但是,在中西合流的新文化里所培养出来的青年,他们对于原来的所谓'中''西'已不复能区别,在意识里只感到古今新旧的区分。"[②] 这一时期,学生们的生活、学习和社会活动中,体现了一系列新旧中西的价值选择,并且正如浦江清所意识到的那样,中西之间的差异

---

① 罗志田:《乱世潜流:民族主义与民国政治》,中国人民大学出版社2013年版,"原序"第1页。
② 浦江清:《论大学文学院的文学系》(1948年),载浦汉明编《浦江清文史杂文集》,清华大学出版社1993年版,第239页。

有的已经表面化为旧与新的区分。

日常生活领域,不同的校园文化往往塑造着具有中、西不同文化倾向的学生。作为外国教会所办大学的燕京大学和前身为留美预备学校的清华大学,因为校园生活设施的西方化,就被北京大学的学生抨击为专门制造"假洋人"。女学生中,很多人以"西化"为"新潮",所以不仅穿着西式服装、使用进口化妆品,以求"表面欧化",而且学习英语专业,以"口操洋语"为其身份地位的象征。[①] 校园中的两性关系,既涉及中西的差异,也关联着新旧的不同。校风比较西化的燕京大学,有尊重女生的传统,学校也鼓励男女社交,而在1928年后才开放女禁的清华大学,学校刊物上仍然有很多抱怨男女同学关系流于表面、交往密切会被其他同学议论的文章,这无疑是学生们难以突破传统两性伦理观的结果。随着1931年"九一八"之后民族危机上升,民族主义思潮同样影响到学生的日常生活,比如男生穿蓝布长衫、军训制服,都成为表达民族认同、表示现实关怀的一种手段。

中国现代高等教育从一开始就引自国外,从最早仿效日本和德国,到20世纪20年代之后逐渐为留美归国学者所掌控而走向"美国化",其对学生的知识结构乃至文化价值观的影响都不可估量。不同大学的英语入学考试体现出一个"文化优先性"的问题:燕京和清华大学强调作文,注重考察学生们在英语环境中使用英语的能力,而北京大学等校强调翻译,实则是要求学生以本国语言和文化为参照学习西方语言。陈寅恪的清华国文考试题,则通过"对对子"这一被学生认为复古的形式,洞见了"新旧"背后的"中西"之别,表达了一个人文学者在国难当中对于本国知识文化"殖民地化"的担忧。[②] 这一时期北平不同大学的国文教育,更是体现出中国传统"国故"之学与西方分科知识体系之间的冲突。

[①] 菁如:《北平女学生生活调查》,《世界日报》1932年9月8日第6版。
[②] 罗志田:《斯文关天意:1932年清华大学入学考试的对对子风波》,《近代史研究》2008年第3期。

当时北平很多大学的国文系中，历史、文字、音韵之学兼而有之，文学的研究方法则忽视文学本位的鉴赏和批评，而被考据化和历史化，其体现的是一种中国传统文史之学向现代知识转型过程中的困境。此外，20世纪30年代燕京大学、清华大学社会学专业师生开展的社会调查活动，由于以西方知识框架处理中国历史传统和现实问题，最终也陷入了一种"错位"的困局。在人文学科领域，学生们以西方知识结构和文化价值为旨归所建立起来的知识精英形象，对那些从中国历史传统中生发出来的研究对象，往往很难实现真正的"了解之同情"。而在科学领域，正如任鸿隽所提示的，如果一味地追求西方的知识和方法，同样并不一定适合中国学生的知识基础和中国现实的应用条件。[①]

在中西、新旧这样比较显著的文化和价值冲突之外，大学生还面临着社会角色选择的矛盾。科举制时代的士大夫，学而优则仕，作为教育精英的他们与国家政治密切联系。而科举制取消之后，学生们的未来出路是不确定的，学校只能提供相关专业的知识和文凭，却不能保证将来的职业和前途。1928年之后北平知识分子期盼着建立一个相对纯粹的学术之城，体现了中国现代知识分子试图通过构建一个以学校、社团、刊物为核心的"知识人社会"而重建社会重心的努力。[②] 但是学生们的一系列实践活动中，仍然埋伏着一条现实介入的线索，并且因为民族危机的日益上升而越发明显。

这一时期，对于学生的教育和塑造，被一部分由五四一路走来的学院派知识分子视作"救国"的一部分，是改造国民性的一种体现。在这一认识的基础上，我们便不难理解清华大学校长梅贻琦为何要提倡"通才教育"、发展工学院，其目的正在于为国家建设储备"新国民"和建设人才。而杨振声和朱自清之所以不断地在清华大学提倡新文学，与当时整个文学研究领域追求学术化和专业化的趋向背道而驰，也正是因为他

[①] 任鸿隽：《一个关于理科教科书的调查》，《独立评论》第61号，1933年7月30日。
[②] 许纪霖：《重建社会重心：近代中国的"知识人社会"》，《学术月刊》2006年11月。

们赋予了新文学以"塑造国魂，培养国民"①的重要价值。至于学生主办的民众学校，则是以一种启蒙主义的思路，试图借此服务于社会大众。及至"一二·九"运动，学生们更是将对国家和社会的关心发展为实际的爱国活动。这一学生运动最原始的动力，事实上是学生们改造国家、拯救国家的民族主义激情，也只有爱国心和社会责任感，而不是政治的力量，可以在学生运动中激发出其最饱满的情感，促使其做出最热烈的行动。

总而言之，1928年到1937年北平大学生的历史实践与群体形象背后，隐含着中西新旧的文化选择，以及象牙塔内与十字街头之间的社会责任问题。这些不同价值选择之间的矛盾和张力，并不仅仅属于大学生这一群体，还属于接受新式教育的现代知识分子，乃至深受外国影响的整个中国近现代社会历史进程。关注和回应这些历史价值层面的问题，能让我们更加深刻地思考中国人和中国社会的过去、现在和未来。

---

① 杨振声：《今日中国文学的责任》，《国闻周报》第11卷第1期，1934年1月1日。

参考文献

一 连续出版物

《北大日刊》,北平,1929年4月—1931年9月。

《北大学生周刊》,北平,1930—1931年。

《北大周刊·一二一六示威特刊》,北平,1935年。

《北京大学日刊》,北平,1931年9月—1932年9月。

《大公报》,天津,1928—1937年。

《独立评论》,北平,1932—1937年。

《国立清华大学校刊》,北平,1928年10月—1929年12月。

《青年月刊》,南京,1935年10月—1937年12月。

《清华副刊》,北平,1929年10月—1937年1月。

《清华暑期周刊》,北平,1932年7月—1935年9月。

《清华校友通讯》,北平,1934—1937年。

《清华学报》,北平,1928—1937年。

《清华中国文学会月刊》,北平,1931年4月—1931年8月。

《清华周刊》,北平,1928—1937年。

《清华周刊副刊》,北平,1931年3月—1932年1月。

《全国各大学暨高级中学投考指南》,北平,1933年、1934年、1935年。

《师大国学丛刊》,北平,1931年1月—1932年3月。

《师大月刊》，北平，1932年11月—1937年3月。

《世界日报》，北平，1928—1937年。

《现代青年》，北平，1935—1937年。

《燕大年刊》，北平，1928年、1930年、1936年、1937年。

《燕大旬刊》，北平，1934—1935年。

《燕大周刊》，北平，1929—1936年。

《燕京新闻》，北平，1936年。

《燕京月刊》，北平，1931年。

《益世报》，天津，1928—1937年。

《中央日报》，南京，1928—1937年。

《自由评论》，北平，1935—1936年。

二 资料书籍

北大学生会三十五周年纪念筹备会出版委员会编：《北京大学卅五周年纪念刊》，1933年。

北京大学校史馆编：《北京大学校史论著目录索引（1898—2003）》，北京大学出版社2004年版。

北京师范大学校史编委会：《北京师范大学校史纪事（1902—2011）》，北京师范大学出版社2012年版。

北京师范大学校史编写组编：《北京师范大学校史（1902—1982）》，北京师范大学出版社1984年版。

北京师范大学校史资料室编：《一二·九运动与北平师大》，北京师范大学出版社1985年版。

北平协和医学院编：《私立北平协和医学院简章》，1930年。

白吉庵、刘燕云编：《胡适教育论著选》，人民教育出版社1994年版。

《北平学术机关指南》，北平图书馆协会，1933年。

曹伯言整理：《胡适日记全编》第5、6册，安徽教育出版社2001年版。

《朝阳学院概览》，1933年。

陈乐人主编：《二十世纪北京城市建设史料集》（上），新华出版社2007年版。

陈明远：《何以为生：文化名人的经济背景》，新华出版社2007年版。

陈平原、夏晓虹编：《北大旧事》，北京大学出版社2009年版。

董鼐总编辑：《学府纪闻：国立北京大学》，台北：南京出版有限公司1981年版。

董鼐总编辑：《学府纪闻：国立清华大学》，台北：南京出版有限公司1981年版。

董鼐总编辑：《学府纪闻：私立辅仁大学》，台北：南京出版有限公司1982年版。

董鼐总编辑：《学府纪闻：私立燕京大学》，台北：南京出版有限公司1982年版。

辅仁大学编：《北平辅仁大学简章》，1932年。

辅仁大学编：《辅仁大学》，1930年。

《国立北平大学一览》，1932年。

《国立北平师范大学一览》，1934年。

何炳棣：《读史阅世六十年》，中华书局2012年版。

何兆武：《上学记》，生活·读书·新知三联书店2006年版。

季羡林：《清华园日记》，青岛出版社2015年版。

蒋梦麟：《过渡时代之思想与教育》，上海：商务印书馆1933年版。

蒋梦麟：《西潮·新潮》，岳麓书社2000年版。

《交通大学北平铁道管理学院同学录》，交通大学北平铁道管理学院，1934年。

教育部高等教育司编：《全国高等教育统计》，教育部高等教育司1928、1933、1935、1936年版。

教育部中国教育年鉴编审委员会编：《第一次中国教育年鉴》，上海：开明书店 1934 年版。

教育部教育年鉴编纂委员会编：《第二次中国教育年鉴》，上海：商务印书馆 1948 年版。

李铁虎编著：《民国北京大中学校沿革》，北京燕山出版社 2007 年版。

刘半农著，徐瑞从编：《刘半农文选》，人民文学出版社 1986 年版。

鲁静、史睿编：《清华旧影》，东方出版社 1998 年版。

马芷庠编，张恨水审定：《北平旅行指南》，北平：经济新闻社 1935 年版。

钱穆：《八十忆双亲　师友杂忆》，生活·读书·新知三联书店 1998 年版。

清华大学校史研究室编：《清华大学史料选编·第二卷（上、下）·国立清华大学时期（1928—1937）》，清华大学出版社 1991 年版。

孙思白主编，张泉田等执笔：《红楼风雨——北大"一二·九"历史回顾》，北京大学出版社 1988 年版。

王学珍、郭建荣主编：《北京大学史料·第二卷（1912—1937）》，北京大学出版社 2000 年版。

王学珍、张万仓编：《北京高等教育文献资料选编（1861—1948）》，首都师范大学出版社 2004 年版。

王学珍主编：《北京高等教育史》（上卷），中国广播电视出版社 2010 年版。

王振乾、丘琴、姜克夫编著：《东北大学史稿》，东北师范大学出版社 1988 年版。

吴宓著，吴学昭整理注释：《吴宓日记》第 3—6 册，生活·读书·新知三联书店 1998 年版。

吴学昭：《听杨绛谈往事》，生活·读书·新知三联书店 2008 年版。

夏鼐：《夏鼐日记》卷一，华东师范大学出版社 2011 年版。

萧乾：《未带地图的旅人——萧乾回忆录》，中国文联出版公司 1991

年版。

新晨报丛书处编:《北平各大学的状况》,北平:新晨报出版部1928年版。

徐乃乾主编,北京辅仁大学校友会编:《北京辅仁大学校史(1925—1952)》,中国社会出版社2005年版。

薛君度、熊先觉、徐葵主编:《法学摇篮——朝阳大学(增订版)》,东方出版社2001年版。

燕京大学编:《燕大生活》,1937年。

燕京大学编:《燕京大学》,1933年。

燕京大学校友校史编写委员会编,张玮瑛、王百强、钱辛波主编:《燕京大学史稿(1919—1952)》,人民中国出版社2000年版。

张谷岑编:《大学投考指南》,上海:共和书局1933年版。

张友鸾等:《世界日报兴衰史》,重庆出版社1982年版。

张中行:《负暄琐话》,中华书局2006年版。

赵荣声、周游编:《"一二·九"在未名湖畔》,北京出版社1985年版。

中法大学编:《北平中法大学一览》,1935年。

中法大学史料编写组:《中法大学史料》,北京理工大学出版社1995年版。

中国协和医科大学编:《中国协和医科大学校史(1917—1987)》,北京科学技术出版社1987年版。

中国学生社编辑:《中国大学图鉴》,上海:良友图书公司1933年版。

周予同:《中国现代教育史》,上海:良友图书印刷公司1934年版。

[美]司徒雷登:《在华五十年》,李晶译,译林出版社2015年版。

三 研究专著

曹子西主编,习五一、邓亦兵撰著:《北京通史》第九卷,中国书店1994年版。

陈平原、王德威编：《北京：都市想像与文化记忆》，北京大学出版社2005年版。

陈映芳：《"青年"与中国的社会变迁》，社会科学文献出版社2007年版。

陈映芳：《在角色与非角色之间——中国的青年文化》，江苏人民出版社2002年版。

程凯：《革命的张力——"大革命"前后新文学知识分子的历史处境与思想探求（1924—1930）》，北京大学出版社2014年版。

邓云乡：《文化古城旧事》，河北教育出版社2004年版。

董玥：《民国北京城：历史与怀旧》，生活·读书·新知三联书店2014年版。

方惠坚、郝维谦、宋廷章、陈秉中编著：《蒋南翔传（修订版）》，人民文学出版社2022年版。

洪芳：《〈大公报〉与中国近代高等教育》，福建教育出版社2013年版。

黄华：《亲历与见闻——黄华回忆录》，世界知识出版社2007年版。

黄延复：《二三十年代清华校园文化》，广西师范大学出版社2000年版。

季剑青：《北平的大学教育与文学生产：1928—1937》，北京大学出版社2011年版。

姜涛：《公寓里的塔：1920年代中国的文学与青年》，北京大学出版社2015年版。

金以林：《近代中国大学研究（1895—1949）》，中央文献出版社2000年版。

瞿兑之著，虞云国、罗琤校订：《铢庵文存》，辽宁教育出版社2001年版。

李浩泉：《躁动的青春——民国时期北京大学的学生社团活动（1912—1949）》，华中科技大学出版社2014年版。

刘训华：《困厄的美丽——大转局中的近代学生生活（1901—1949）》，华中科技大学出版社2014年版。

罗志田：《裂变中的传承：20世纪前期的中国文化与学术》，中华书局2009年版。

罗志田：《乱世潜流：民族主义与民国政治》，中国人民大学出版社2013年版。

罗志田：《权势转移：近代中国的思想、社会与学术》，湖北人民出版社1999年版。

桑兵：《晚清学堂学生与社会变迁》，广西师范大学出版社2007年版。

施扣柱：《青春飞扬：近代上海学生生活》，上海辞书出版社2009年版。

苏双碧、王宏志：《吴晗传》，上海人民出版社1998年版。

苏云峰：《从清华学堂到清华大学，1928—1937：近代中国高等教育研究》，生活·读书·新知三联书店2001年版。

汪润：《"夺取汉学中心"的理念与实践——以〈辅仁学志〉为中心》，学苑出版社2018年版

王彬、崔国政辑：《燕京风土录》，光明日报出版社2000年版。

王东杰：《国家与学术的地方互动：四川大学国立化进程（1925—1939）》，生活·读书·新知三联书店2005年版。

王汎森：《傅斯年：中国近代历史与政治中的个体生命》，生活·读书·新知三联书店2012年版。

王汎森：《中国近代思想与学术的系谱》，河北教育出版社2001年版。

味橄：《北平夜话》，上海：中华书局1936年版。

魏泉：《士林交游与风气变迁：19世纪宣南的文人群体研究》，北京大学出版社2008年版。

吴建雍等：《北京城市生活史》，开明出版社1997年版。

许慧琦：《故都新貌：迁都后到抗战前的北平城市消费（1928—1937）》，台北：台湾学生书局有限公司2008年版。

颜浩：《北京的舆论环境与文人团体：1920—1928》，北京大学出版社2008年版。

杨东平:《城市季风:北京和上海的文化精神》,东方出版社 1994 年版。

杨早:《清末民初北京舆论环境与新文化的登场》,北京大学出版社 2008 年版。

应星:《新教育场域的兴起(1895—1926)》,生活·读书·新知三联书店 2017 年版。

张灏:《张灏自选集》,上海教育出版社 2002 年版。

张玲霞:《清华校园文学论稿(1911—1949)》,清华大学出版社 2002 年版。

赵世瑜:《小历史与大历史——区域社会史的理念、方法与实践》,生活·读书·新知三联书店 2006 年版。

赵园:《艰难的选择》,上海文艺出版社 1986 年版。

[法] P. 布尔迪厄:《国家精英——名牌大学与群体精神》,杨亚平译,商务印书馆 2004 年版。

[法] P. 布尔迪厄、[法] J. C. 帕斯隆:《继承人——大学生与文化》,邢克超译,商务印书馆 2002 年版。

[法] P. 布尔迪约、[法] J. C. 帕斯隆:《再生产——一种教育系统理论的要点》,邢克超译,商务印书馆 2002 年版。

[法] 米歇尔·福柯著,汪民安主编:《福柯读本》,北京大学出版社 2010 年版。

[法] 皮埃尔·布尔迪厄:《区分:判断力的社会批判》,刘晖译,商务印书馆 2015 年版。

[荷兰] 柯博识:《私立北京辅仁大学,1925—1950:理念、历程、教员》,袁小涓译,台北:辅大出版社 2007 年版。

[加] 许美德:《中国大学 1895—1995:一个文化冲突的世纪》,许洁英主译,教育科学出版社 2000 年版。

[美] 戴维·斯沃茨:《文化与权力:布尔迪厄的社会学》,陶东风译,上海译文出版社 2012 年版。

[美] 费正清主编：《剑桥中华民国史》第二部，章建刚等译，上海人民出版社1992年版。

[美] 葛凯：《制造中国：消费文化与民族国家的创建》，黄振萍译，北京大学出版社2007年版。

[美] 理查德·桑内特：《肉体与石头：西方文明中的身体与城市》，黄煜文译，上海译文出版社2016年版。

[美] 舒衡哲：《中国启蒙运动——知识分子与五四遗产》，刘京建译，新星出版社2007年版。

[美] 魏定熙：《北京大学与中国政治文化（1898—1920）》，金安平、张毅译，北京大学出版社1998年版。

[美] 魏定熙：《权力源自地位：北京大学、知识分子与中国政治文化，1898—1929》，张蒙译，江苏人民出版社2015年版。

[美] 西德尼·D. 甘博：《北京的社会调查》，邢文军等译，中国书店2010年版。

[美] 叶文心：《民国时期大学校园文化（1919—1937）》，冯夏根等译，中国人民大学出版社2012年版。

[美] 叶文心：《民国知识人：历程与图谱》，生活·读书·新知三联书店2015年版。

[美] 周策纵：《五四运动史》，陈永明等译，岳麓书社1999年版。

[美] 李欧梵：《上海摩登：一种新都市文化在中国（1930—1945）（修订版）》，毛尖译，上海三联书店2008年版。

[新加坡] 黄坚立：《难展的双翼：中国国民党面对学生运动的困境与决策（1927—1949）》，商务印书馆2010年版。

[英] E. P. 汤普森：《英国工人阶级的形成》，钱乘旦等译，译林出版社2013年版。

[英] 彼得·伯克：《历史学与社会理论（第二版）》，姚朋等译，刘北成修订，上海人民出版社2010年版。

［英］雷蒙德·威廉斯：《漫长的革命》，倪伟译，上海人民出版社 2013 年版。

John Israel, *Student Nationalism in China*, 1927–1937, California: Stanford University Press, 1966.

四 相关论文

常建华：《他山之石：国外和台湾地区日常生活史研究的启示》，《安徽大学学报》（哲学社会科学版）2015 年第 1 期。

陈尔杰：《民国北京"平民教育"的渊源与兴起（1912—1920）》，博士学位论文，北京大学，2012 年。

陈鹏：《试论 1928 年迁都对北京的影响》，《北京社会科学》2010 年第 4 期。

陈鹏：《试论 1928 年迁都后北平人城市意识的新自觉》，《福建论坛》（人文社会科学版）2012 年第 12 期。

陈平原：《首都的迁徙与大学的命运——民国年间的北京大学与中央大学》，《文史知识》2002 年第 5 期。

陈瑜：《中国大学研究（1912—1949）》，硕士学位论文，北京大学，2013 年。

陈蕴茜：《身体政治：国家权力与民国中山装的流行》，《学术月刊》2007 年第 9 期。

何婧雅：《北平左翼文化运动的发生：1927—1933》，硕士学位论文，中央民族大学，2012 年。

胡悦晗：《民族国家叙事中的都市想象——近代中国的"文明"上海与"文化"北平》，《合肥师范学院学报》2012 年第 5 期。

胡悦晗、谢永栋：《中国日常生活史研究述评》，《史林》2010 年第 5 期。

黄令坦：《北平教授与一二九运动》，《北京社会科学》2016 年第 4 期。

季剑青：《20 世纪 30 年代北平"文化城"的历史建构》，《文化研究》第

13 辑，2013 年。

姜涛：《"一二·九"与王瑶先生的学术起点》，《北京大学学报》（哲学社会科学版）2014 年第 6 期。

李蕾：《1928—1937 年北平大学文学教育观念考察——以清华大学为中心》，《清华大学学报》（哲学社会科学版）2011 年第 4 期。

李蕾：《北平文化生态（1928—1937）与京派作家的归趋》，《中国文学研究》2009 年第 4 期。

李力：《学术研究·社会服务·文艺娱乐——抗战前民国大学生社团之形态与功能研究》，《现代大学教育》2014 年第 4 期。

林峥：《"到北海去"——民国时期新青年的美育乌托邦》，《北京社会科学》2015 年第 4 期。

刘超：《论 1927 年后北平在中国知识界的地位》，《北京社会科学》2008 年第 4 期。

刘超：《民国文化格局中的平津知识界——一项基本性的翻案》，《社会科学战线》2008 年第 8 期。

刘超：《现代中国知识界的"南北问题"——以东大和清华为例》，《社会科学论坛》2011 年第 2 期。

刘文楠：《规训日常生活：新生活运动与现代国家的治理》，《南京大学学报》（哲学·人文科学·社会科学版）2013 年第 5 期。

罗志田：《近代中国社会权势的转移：知识分子的边缘化与边缘知识分子的兴起》，《开放时代》1999 年第 4 期。

罗志田：《课业与救国：从老师辈的即时观察认识"五四"的丰富性》，《近代史研究》2010 年第 3 期。

罗志田：《斯文关天意：1932 年清华大学入学考试的对对子风波》，《近代史研究》2008 年第 3 期。

马俊江：《二十世纪三十年代北平小报与故都革命文艺青年——以〈觉今日报·文艺地带〉为线索的历史考察》，博士学位论文，北京大学，

2009 年。

欧阳军喜：《一二九运动再研究：一种思想史的考察》，《中共党史研究》2014 年第 2 期。

谯珊：《民国时期青年学生择偶观考察》，《云南社会科学》2005 年第 6 期。

瞿骏：《"没有晚清，何来五四"之再思——以"转型时代"（1895—1925）学生生活史为例》，《学术月刊》2009 年第 7 期。

瞿骏：《辛亥前后的学堂、学生与现代国家观念普及》，《华东师范大学学报》（哲学社会科学版）2011 年第 5 期。

桑兵：《近代中国学术的地缘与流派》，《历史研究》1999 年第 3 期。

孙邦华：《中国教育现代化运动中的中国化与美国化、欧洲化之争——1932 年国联教育考察团报告书〈中国教育之改进〉的文化价值观及其反响》，《教育研究》2013 年第 7 期。

孙芳：《从〈赵子曰〉看老舍对现代"学生"形象的解构》，《中国现代文学研究丛刊》2009 年第 5 期。

田正平、陈玉玲：《国民政府初期对北平高等教育的整顿：以北平大学为中心的考察》，《高等教育研究》2012 年第 1 期。

王汎森：《"烦闷"的本质是什么——"主义"与中国近代私人领域的政治化》，《知识分子论丛》第 13 辑，2015 年。

王建伟：《南京国民政府时期北平的文化格局（1928—1937）》，《安徽史学》2014 年第 5 期。

王建伟：《逃离北京：1926 年前后知识群体的南下潮流》，《广东社会科学》2013 年第 3 期。

王建伟：《一段扰攘不安的岁月：后五四时期北京的学界生态》，《江苏社会科学》2014 年第 5 期。

王虔：《民国时期女学生群体的媒介形象呈现——以 20 世纪 30、40 年代〈世界日报〉为例》，硕士学位论文，中国青年政治学院，2011 年。

王印焕：《试论民国时期学生自由恋爱的现实困境》，《史学月刊》2006年第11期。

武增锋：《二十世纪三十年代大学生就业难问题的透视》，《社会科学》2003年第9期。

肖可：《〈世界日报〉"教育界"专栏教育问题报道的研究（1926—1936）》，硕士学位论文，湖南大学，2013年。

许纪霖：《都市空间视野中的知识分子研究》，《天津社会科学》2004年第3期。

许纪霖：《近代中国双城记中的知识分子》，《东方早报》2012年11月4日。

许纪霖：《重建社会重心：近代中国的"知识人社会"》，《学术月刊》2006年第11期。

许小青：《首都迁移与"最高学府"之争——以北大、中央大为中心的探讨（1919—1937）》，博士后出站报告，中山大学。

严海建：《南京国民政府初期北平大学区风潮论析》，《南京大学学报》（哲学·人文科学·社会科学版）2009年第1期。

颜芳：《近代学术转型视野下的燕京大学国学教育》，博士学位论文，北京师范大学，2011年，2008年。

杨昂：《学风、世变与民国法学：朝阳大学研究（1912—1946）》，博士学位论文，中国人民大学，2005年。

张德明：《燕京大学对"九一八事变"的反应》，《党史研究与教学》2013年第2期。

张德明：《燕京大学与"一二·九"运动论析》，《北方民族大学学报》2013年第1期。

庄莹：《少年中国——现代文学中的学生形象流变（1895—1945）》，博士学位论文，复旦大学，2012年。

索　引

蔡元培　23,25,27,37,101—103,
　106,107,143,151,168,174,190
场域　1,3—5,13,15,16,79,100,108
大学区　57,61,101—104,117,200
戴季陶　168,174,190
费孝通　51,116,153,154,174
公寓　4,14,26,28,30,45,50,51,58,
　61—63,69—73,81,198,200
国故　33,44,118,132,135,137—
　140,199,202,204
国立北京大学(北京大学、北大)1,2,
　4,10—14,20,21,22—31,34,35,
　36,41,42,44,45,47—50,51,52—
　55,57,59,61—65,68—70,74,75,
　79,80,81—83,85,86,88,89,93,
　94,102—106,109,110,115,117,
　118,131—134,136,137,140,141,
　144,151,155—159,165,168,169,
　172,173,182,183,184—187,188—
　192,194,196—198,200,204
国立北平大学(北平大学、平大)　2,
　4,5,10,13,16,17,35,40,47,48,
　52,55—58,60,79,87,88,93,94,
　96,102,103,109,116,117,148,
　150,159,160,166,171—173,182,
　187,189—191,199—203,206
国立北平师范大学(北平师范大学、
　师大)　2,13,24,34,35,47,52,
　57,58,60,63,74,79—84,86,88,
　89,94—98,102,103,131—134,
　137—139,156—159,170—173,
　182,187,188,190,197,198
国立清华大学(清华大学、清华)　2,
　4,10—13,22,35,36,38,41,42,
　47—54,57,58,60,61,65—68,74—
　79,81,82,89,94,97,98,104—106,

索　引

109,110,111,115—117,119—126,
128—132,134—137,139,142—
147,149,151—159,162,166,170,
171,172,173,182—184,187,189,
190,192,193,194,195,197—199,
201,203—205

国文学会　130—143,145

何炳棣　50,65,76,111,126,201

胡适　25,26,36,38,41,42,44,45,
50,51,61,65,102,103,138,139,
141,151,191,192,194,197

黄华　53,54,76,77,162,172,194

季羡林　48,49,53

蒋梦麟　36,103,151,194,197

考试　9,22,48—50,53,100,108—
111,113—120,126,164,204

科举　2,7,8,10,17,18,21,22,25,
28—31,41,49,106,126,202,205

空间　1—5,10,14—21,23,26,28—
32,34,38,40,41,55—58,60—66,
68—71,77,81,85,95,98,100,101,
141,144,148,152,154—156,159,
167,182,184,198,202

李石曾　37,101—103,106

鲁迅　41,45,46,141,142,146,152

罗家伦　27,36,94,104,105,121

梅贻琦　36,104,106,121—123,126,
128,197,199,205

民众学校　4,156—159,199,206

摩登　80,83—93,199,201

日常生活　3—5,8—10,13,14,16,
23,54—56,62,65,66,72,74,84,
113,115—117,150,152,155,170,
173,194,198,200—204

沙滩　21,23,24,26—28,30,50,51,
61—63,65,183,197,198,200

社会服务　6,13,150,151,154,156,
160,199

社会实践　3—5,13,16,148,150—
152,159,160,199,200,202,203

省立东北大学（东北大学）　35,53,
54,166,171,172,182,185,187,
189—192

实科　4,121,126—128,201

士大夫　2,11,19—21,28—31,41,
48,117,203,205

司徒雷登　107,108,163

私立朝阳学院（朝阳学院）　35,52,
60,94,109,171

私立辅仁大学（辅仁大学、辅大）　2,
12,35,36,47,52,58,60,109,117,
118,183,184,187,190,197

私立民国学院（民国学院）　4,35,
52,58,60,69,70,73,182,187,190,
198

私立燕京大学（燕京大学、燕大）　2,

4,35,36,38,42,47,48,50—54,57,58,60,61,65—68,70,74—79,81,85,89,94—96,98,105—110,114—117,115,116,119,131,132,135,139,141,151—153,155—167,169—178,180—184,187,189,190,192,194,197—199,201,204,205

私立中法大学（中法大学） 35,36,47,52,58,60—62,187

私立中国学院（中国学院） 4,10,35,52,58,60,69,70,73,89,94,98,187,196,198

通才 120—123,126,130,199,205

吴春晗 50,51

校刊 16,56,97,106,121,123,128,134—136,145,158,164,173,175,198,201,204

新文化 8,11,13,14,17,21,23,25—28,30,31,34,41,43—45,55,103,137,142—144,200,201,203

新文学 14,27,28,131,132,135,137,139—147,199,205,206

宣南 18—21,23,25,28—30

杨振声 135—137,142—146,205,206

张兆麐 54,76,162,167,169,170,172,177,178

知识分子 2—4,7,11,16,25,28—31,35,38,40—46,80,86,103,106,150—152,159,160,173,174,190,197,200,203,205,206

中华教育文化基金董事会 38,44,105

朱自清 43—45,119,134,135,137,138,142,144—146,173,195,205

后　　记

　　本书缘起于十年前笔者的博士论文开题。当时我从山东大学来到首都师范大学入读文化研究专业。由于硕士阶段研究山东大学校史上的文学家教授，博士阶段进一步对民国北京城市史和高等教育生发了兴趣，同时也是想通过这个题目探索如何将自己学到的文化理论与历史现象以及多年的大学生活经验结合起来。从论文写作到今日修改出版，一路上离不开师友们的鼓励与支持。

　　首先要感谢我的博士导师邱运华教授。邱老师在对我们的指导中，非常强调学生源自本心的兴趣以及对问题的独立思考，并且总是耐听聆听、适时点拨，这对我此后的研究思路与人生规划，都产生了诸多影响。在我博士毕业留京后，邱老师也时常关心我的工作和生活状况，令我感到十分温暖。首都师范大学文化研究专业是一个特设专业，在我就读期间，那里有开文化研究风气之先的陶东风教授。陶老师对于中国当代小说的精彩解读、对于阿伦特思想的精辟分析，都刻入了我的专业知识背景之中。在我入读首师大第二年，学术风格独树一帜的汪民安教授也加入了文学院。他对于20世纪西方思想和现代艺术的讲解，常常神妙地还原出思想家的生活场景或者艺术家的创作人生，成为我难以忘怀的课堂。首师大文化研究专业的学术训练，教会了我一些新的看待世界和思考问题的方法。

在博士论文写作期间，我曾受到首师大研究生学术交流项目资助，前往台湾"中研院"近代史研究所访问学习。那里丰富的民国史资料以及浓厚的学术交流氛围，为我打开了新的研究视野。我在那里的指导老师游鉴明研究员就女大学生历史的挖掘和口述史资料的使用等问题给予我诸多指引。游老师作为女性学者所独具的细腻妥帖又智慧坚韧，从那时起深深地影响了我。在学术交流活动中，我有缘结识了当时在北京社科院历史研究所工作的王建伟研究员。王老师在近代北京城市史领域深耕多年，受到他的研究成果启发，我的博士论文研究线索日益清晰起来。书稿修改过程中，王老师的意见也帮助我弥补了不少专业欠缺之处。

本书经过专家匿名评审，最终入选"中国社会科学博士论文文库"出版项目，并且获得中国社会科学院经费资助，令我感到非常荣幸。书稿修改出版阶段，我已经是中国社会科学出版社重大项目出版中心编辑团队的一员，在此对各位支持我的领导和同事表示由衷的感谢。尤其感谢书稿编辑过程中，细致审稿、提供诸多宝贵意见的黄春生编审、张潜副编审和孙延青博士。

此外，我还必须感谢山东大学威海校区文化传播学院的张红军教授。张老师指导了我的本科毕业论文，后来又成为我的硕士导师。他在学术上严谨清明、总是全力以赴，生活中则充分活在当下、多才多艺。张老师为学为人的态度，以及多年来对学生的爱护支持，一直激励着我坚守初心。浙大宁波理工学院的王军伟老师也曾经在我本科和硕士读书期间给予了诸多切实的帮助，比如在数据库不发达的年代去浙大网吧帮我下载复制旧期刊资料。这些雪中送炭的举动让我始终铭感于心。北京大学科学技术与医学史系的张藜教授，曾在我从事博士后研究阶段担任我的合作导师。张老师从学术到工作上对我的全面指导，以及谆谆教诲我继续坚持学术发表的良苦用心，都成为鞭策我不断自省和超越的动力。

我还要特别感谢这些年一直关心和支持我的陈国战师兄、王谦师兄、王传超师兄、李瑞华同学、丁玥澍同学、郭云娇同学、杨宁同学、王慧斌同学、孙丽君同学。与你们的交流让我有了心灵的参照物，可以标记自己在人生地图上的位置，也在一个变幻万千的世界中获得了一些真实的共鸣。

最后，感谢一直无条件地爱我、支持我，耐心看着我成长的家人。我越来越意识到你们对我是如此重要，如此珍贵。

需要特别说明的是，本书作为一个跨学科研究课题，受到作者的知识结构局限，可能会有一些表述不周全、不深入之处。期待学界同行的包容与指正。

二零二四年春